컴퓨팅 사고를 위한

파이썬

컴퓨팅 사고를 위한
파이썬

초판 1쇄 발행 2019년 2월 28일
초판 2쇄 발행 2020년 3월 20일

지은이 | 한선관, 김태령
펴낸이 | 김승기
펴낸곳 | ㈜생능출판사 / **주소** 경기도 파주시 광인사길 143
출판사 | 등록일 2005년 1월 21일 / **신고번호** 제406-2005-000002호
대표전화 | (031) 955-0761 / **팩스** (031) 955-0768
홈페이지 | www.booksr.co.kr

책임편집 | 유제훈 / **편집** 신성민, 김민보, 권소정 / **디자인** 유준범
마케팅 | 최복락, 심수경, 차종필, 백수정, 최태웅, 명하나, 김범용
인쇄 제본 | 영신사

ISBN 978-89-7050-972-3 03000
값 29,000원

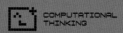

COMPUTATIONAL
THINKING

컴퓨팅 사고를 위한

파이썬
P Y T H O N

```python
Data = 'Computational'
Process = 'Thinking'

def algorithm(a, b):
    Computer = a
    Science = b
    CT = Computer + ' ' + Science
    return CT

print('Computer Science is', algorithm(Data, Process))


'Computer Science is Computational Thinking'
```

한선관 · 김태령 지음

생능출판

✦ 들어가며

　많은 사람들이 코딩에 관심을 가지는 사회가 되었습니다. 주변에서 코딩에 대한 관심이 높아졌음을 어렵지 않게 볼 수 있습니다. 코딩 능력에 대한 직업적 요청도 높아졌습니다. 코딩을 막연히 컴퓨터를 만드는 기술, 자율자동차를 개발하는 기술, 컴퓨터 과학자가 되는 기술로 생각합니다. 하지만 코딩을 포함한 컴퓨터 과학은 이보다 더 많은 내용을 포함하고 있습니다.

　컴퓨터 과학은 단지 기계를 다루는 기술이 아닙니다. 오롯이 생각에 대한 학문입니다. 코딩은 생각을 꺼내 구체화하는 과정입니다. 이를 통해 컴퓨터 과학의 문을 열고 컴퓨터가 여는 미래의 세상을 이해할 수 있습니다. 코드를 읽을 수 있으면 자신의 생각을 읽을 수 있고, 사회를 읽을 수 있으며, 세상의 변화를 읽을 수 있습니다.

　파이썬은 이러한 능력을 제공하는 강력한 도구입니다.

　간단한 문법 구조와 술술 읽혀지는 스크립트 그리고 다양한 분야에서 유용하게 사용하는 실용성을 차치하고라도, 우리의 생각을 고도화하여 메타 인지 능력을 신장시켜 주고 문제 해결력을 키워 줍니다. 바로 컴퓨팅 사고라고 하는 새로운 생각 도구를 모두에게 제공할 수 있습니다. C, Java, C++ 등 좋은 프로그래밍 언어가 있지만 파이썬을 권유하는 이유입니다.

　귀도 반 로섬(Guido van Rossum)에 의해 시작된 파이썬 프로젝트는 인터넷에 오픈 소스로 공개되고 공유되면서 집단 지성이 참여하였고 가장 영향력이 있는 프로그래밍 언어로 거듭나고 있습니다. 데스크톱 프로그래밍, 웹에서 프론트엔드의 GUI 프로그래밍, 백엔드의 서버 서비스 프로그래밍, 스마트폰으로 대변되는 모바일 프로그래밍, 콘텐츠 산업의 강자인 온라인 게임 프로그래밍과 IoT(사물인터넷)에 사용되는 임베디드 프로그래밍뿐만 아니라, 빅데이터 알고리즘과 인공지능 모델링을 위한 프로그래밍 등 첨단 소프트웨어 분야의 강자로 파이썬이 군림하고 있습니다.

이 책은 파이썬을 통해 코딩의 기본적인 지식을 이해하고 개발 능력을 키우며 컴퓨팅 사고를 이용하여 컴퓨터 과학의 직업적인 관점을 살펴보는 데 도움이 되도록 구성하였습니다. 코딩 입문자들을 가르치며 경험했던 내용들을 담아 최대한 상세하고 친절하게 작성하였습니다. 이러한 친절이 학습하는 데 방해가 될 것이 염려스럽지만 선생님의 마음으로 녹여 저술하였습니다.

이 책이 나오기까지 많은 분들의 도움을 받았습니다. 우리 곁에서 책의 방향과 구성, 코드의 세밀한 내용까지 조언하고 검토해 준 류미영 박사님, 서정원, 송해남, 한승엽에게 감사의 말을 전하고 싶습니다. 책이 출판되도록 도와주신 생능출판사의 김승기 대표님과 저술의 시작부터 믿어 주시고 교정까지 꼼꼼하게 해 주신 최일연 이사님 그리고 아름다운 책으로 만들기 위해 애써 주신 편집자와 디자이너분께 진심으로 감사드립니다.

컴퓨팅 사고의 개념을 제시한 지넷 윙의 말을 빌어 파이썬 학습의 가치를 살펴보며 거듭 감사의 말씀을 드립니다.

컴퓨팅 사고는 더 이상 특수한 철학으로 존재하지 않으며, 인간 활동의 필수 요소가 될 것입니다. 그리고 파이썬 코딩을 통해 형성된 컴퓨팅 사고는 모든 이에게 자연스러운 삶의 일부가 될 것입니다.

2020년 3월
한선관, 김태령

컴퓨팅 사고를 위한 파이썬 활용법

이 책은 다양한 분야에서 파이썬을 사용하고 싶은 입문자를 위하여 만들어졌습니다.
처음 프로그래밍을 배우는 사람도 쉽게 개념을 이해하고, 이를 실제로 적용해 볼 수 있
도록 단계별로 학습 내용을 배치하였습니다. 또한 컴퓨팅 사고(Computational Thinking)
를 배양할 수 있도록 현실에서 발생하는 다양한 문제들을 예제로 정리하였습니다.

● 컴퓨터 과학과 컴퓨팅 사고 과정 ●
컴퓨터 과학 지식을 활용하여 코딩으로
실세계의 문제를 해결하는 컴퓨팅 사고
과정을 설명하고 있다.

● 장 소개와 컴퓨팅 사고 ●
각 장에서 배울 내용을 요약하여 설명
하고 있으며, 컴퓨팅 사고의 주요 내용
을 소개하고 있다.

● 장 구성 요소 ●
각 장에서 무엇을 배우는지 제시하고
있으며, 어떠한 프로그램을 만드는지 미
리 알아볼 수 있다.

● 개념 설명 ●
해당 장에서 배울 개념을 자세하게 설
명하고 있으며, 그림을 통해 쉽게 이해
하도록 하고 있다.

● 따라하며 배우기 ●
해당 장의 내용을 하나씩 따라하면서
배울 수 있도록 설명하고 있으며, 화면
과 소스를 자세히 제시하고 있다.

● 프로그램 만들기 ●
개념과 내용을 배운 후 바로 연습할 수
있도록 하였으며, 프로그램 만들기를 통
해 컴퓨팅 사고를 기를 수 있다.

이 책의 특징은 다음과 같습니다.

> • 프로그래밍을 처음 시작하는 사람도 쉽게 배울 수 있도록 기초부터 차근차근 설명하였습니다.
> • 기초적인 스크립트를 따라하면서 자연스럽게 익힐 수 있도록 내용 설명과 연습문제를 제시하였습니다.
> • 현실 내용을 토대로 프로그램을 만들 수 있는 문제를 바로 배치하였습니다.
> • 해당 단원과 그 이전 단원의 내용을 포함한 문제를 제시하여 복습의 의미와 함께 컴퓨팅 사고를 기를 수 있도록 하였습니다.
> • Pyturtle, Tkinter, Pillow, BeautifulSoup, NumPy, Matplotlib 등 파이썬만이 가지는 장점을 보여주는 다양한 라이브러리를 경험하도록 하였습니다.

이 책은 이처럼 다양한 내용을 싣고 있기 때문에 다양한 목적으로 이용할 수 있습니다.

만약 프로그래밍에 관심을 가지고 배우고 싶은 초보자일 경우 0장부터 시작하여 15장까지 순서대로 책을 따라하며 해 볼 수 있습니다. 코딩의 어려움을 생각하여 개념의 난이도별로 순서를 조절했기 때문에, 일주일에 한 번 기준 14주 계획으로 이 책을 마무리할 수 있습니다.

주	1	2	3	4	5	6	7
단원	1장/2장 변수/연산	3장 조건	4장 반복	5장 Pyturtle	6장 문자열	7장 자료형	8장 파일

주	8	9	10	11	12	13	14
단원	9장 내장 함수	10장 외장 함수	11장 Tkinter	12장 객체	13장 프로젝트	14장 Pillow	15장 Library

만약 업무에 파이썬을 적용하여 효율성을 높이고 싶은 직장인/일반인이라면 보다 반복적인 부분에서 사용하므로 프로그램의 기본적인 구조를 이해하고, 실제 사용에 집중하는 것이 좋습니다. 12주 계획으로 파이썬의 범용성을 체험하고 적용할 수 있습니다.

주	1	2	3	4	5	6
단원	1장/2장 변수/연산	3장 조건	4장 반복	5장 Pyturtle	6장 문자열	7장 자료형
주	7	8	9	10	11	12
단원	8장 파일	9장 내장 함수	10장 외장 함수	12장 객체	13장 프로젝트	15장 Library

만약 미래를 대비하기 위해 프로그래밍을 배우고자 하는 대학생/비전공자라면 개념부터 시작하여 왜 사용해야 하는가까지 조금 더 다양하게 파이썬을 접해 보고 나의 진로에 어떻게 사용할 수 있는지 확인해 보는 것이 좋을 것입니다.

주	1	2	3	4	5	6	7	8
단원	0장/1장 CT	2장 변수/연산	3장 조건	4장 반복	5장 Pyturtle	6장 문자열	7장 자료형	8장 파일
주	9	10	11	12	13	14	15	16
단원	9장 내장 함수	10장 외장 함수	11장 Tkinter	12장 객체	13장 프로젝트	13장 프로젝트	14장 Pillow	15장 Library

☀️ 차례

생능출판사 홈페이지(https://www.booksr.co.kr/)에서 '컴퓨팅 사고를 위한 **파이썬**'을 찾으면 '보조자료'에서 소스를
다운로드하여 사용할 수 있습니다.

컴퓨팅 사고와 프로그래밍

세상을 변화시키는 기술의 중심에 IT와 컴퓨터 과학이 있다. 정보기술을 구현하는 프로그래머와 컴퓨터 과학자의 생각을 읽으면 변화의 방향을 예측할 수 있다. 컴퓨터 과학자는 컴퓨팅 사고를 통해 현실의 문제를 해결한다. 파이썬의 코딩으로 컴퓨터 과학자의 생각을 따라해 보고 컴퓨팅 사고의 강력함을 경험해 보자.

컴퓨팅 사고 컴퓨터 과학자처럼 생각하라.

 Python

컴퓨터 과학과 프로그래밍
컴퓨팅 사고란?
컴퓨팅 사고의 과정

컴퓨터 과학과 프로그래밍

컴퓨터 과학은 정보처리를 위한 컴퓨터 시스템에 관한 학문이다. 컴퓨터 시스템은 크게 하드웨어와 이를 구동하기 위한 소프트웨어, 데이터와 사용자의 영역으로 구분한다.

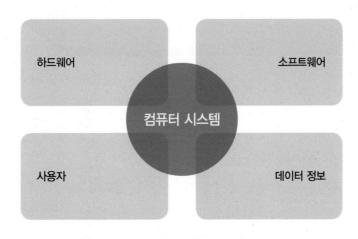

컴퓨터 시스템

정보처리는 인간(User)이 다루는 정보(Information)를 컴퓨터 시스템이 다룰 수 있는 최소 단위의 데이터(bit)로 변환하는 것으로부터 시작한다. 이진 데이터로 변환한 인간의 정보는 컴퓨터 하드웨어(Hardware)에서 사용하기 위해 하드웨어의 구조에 맞게 표현해야 한다. 데이터(Data)를 입력받은 컴퓨터는 하드웨어를 구동하기 위해서 처리의 절차, 즉 알고리즘을 구체화해서 구현해야 한다. 이것을 소프트웨어(Software)가 담당하는데, 이 소프트웨어를 개발하는 데 사용하는 것이 프로그래밍 언어이다.

컴퓨터가 구동하기 위해서는 컴퓨터가 인식할 수 있는 언어, 즉 기계어로 지시해야 한다. 하지만 기계어는 인간이 사용하는 언어와 형식이 다르고 표현 방법도 다르기 때문에 이해하기 어렵다. 이를 해결한 것이 인간의 언어와 유사하게 만든 고급 언어

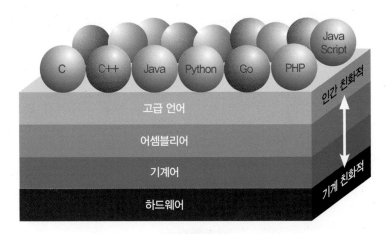

프로그래밍 언어

이다. 고급 언어에는 C, C++, Java, Python, Go, PHP, JavaScript 등이 있다.

　프로그래밍 언어를 이용하여 알고리즘을 구현하는 행위를 '프로그래밍' 또는 '코딩'이라고 한다. 코딩은 문제 해결 과정을 절차대로 나열하여 컴퓨팅 머신이 문제를 해결하도록 구현하는 행위이다. 문제 해결의 과정은 인간의 사고 과정으로 알고리즘이라고도 한다. 다르게 보면 알고리즘을 구현하는 행위는 인간의 사고 과정을 표현하는 행위로, 코딩은 인간의 사고 과정에 커다란 긍정적 영향을 미친다. 코딩은 문제를 해결하기 위해 필요한 요소와 배경지식을 가지고 문제를 작게 잘라 시각적으로 표현하며 단순화하는 과정이며, 문제가 가진 패턴을 찾아 규칙을 발견하고 문제 해결의 일반화된 방법을 찾는 것이다. 코딩을 통해 문제 해결 과정의 전반적인 사고 과정을 형성하여 고도의 인지 능력을 갖게 된다. 또한 문제 해결에 필요한 기능적 전문성과 기술의 변화 그리고 미래 사회에 대한 다양한 예측 능력을 갖게 된다.

　이렇게 컴퓨터 과학의 지식을 활용하여 코딩으로 구현하고 실세계의 문제를 컴퓨팅 파워로 해결하는 사고 역량을 컴퓨팅 사고라고 한다. 컴퓨터 과학과 코딩(프로그래밍) 그리고 컴퓨팅 사고의 관계를 표현하면 다음 그림과 같다.

컴퓨터 과학, 코딩, 컴퓨팅 사고의 관계

컴퓨팅 사고란?

컴퓨팅 사고(Computational Thinking, CT)는 문제 해결을 위한 사고력의 한 종류이다. 시모어 페퍼트(Seymour Papert)에 의해 처음 논의된 컴퓨팅 사고는 2008년 지넷 윙(Jeannette Wing)에 의해 정리된 후 창의성, 문제 해결력, 논리력과 같은 주요 사고

컴퓨팅 사고

력 중 하나로 떠오르고 있다. 특히, 지넷 윙은 이 컴퓨팅 사고를 단지 컴퓨터 과학자가 아닌 모든 사람에게 필요한 읽기, 쓰기와 같은 근본적인 사고력이 되어야 한다고 강조하며, 컴퓨팅 사고의 과정으로 추상화와 자동화를 제시하였다.

컴퓨팅 사고의 과정

컴퓨팅 사고는 추상화와 자동화의 과정을 거친다. 추상화(Abstraction)는 복잡한 문제를 해결할 수 있는 상태로 만드는 일련의 과정을 뜻한다. 예를 들어, 올해 학교의 입학 경쟁률을 예측해 본다고 가정하자. 그럼 가장 먼저 해야 할 일은 최근 몇 년의 지원자 수를 조사하는 것이다. 그리고 그 과정에서 지원에 영향을 미친 변인들을 찾아보고, 이들의 관계를 표현하는 과정이 포함된다. 관계에 대한 분석이 끝난 이후에는 이들의 관계를 식(알고리즘)으로 나타낼 수 있다. 이러한 일련의 과정들과 각각의 문제들에 대한 분해와 분석이 '추상화' 과정이다. 자동화(Automation)는 추상화된 문제를 자동화 기기를 통하여 문제를 해결할 수 있도록 만드는 과정을 말한다. 앞의 경쟁률

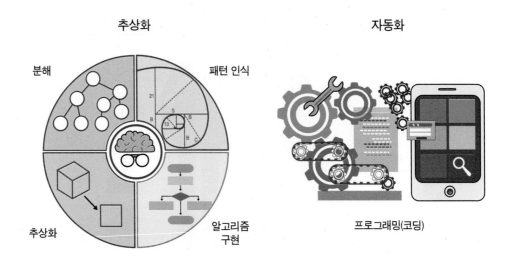

컴퓨팅 사고 과정

예측에서 추상화 과정을 통해 도출한 알고리즘을 자동화 기기에 적용하고, 각 변인들에 값을 입력하여 경쟁률이 계산되도록 프로그램을 만들었다면 이는 '자동화' 과정에 해당한다고 볼 수 있다.

구글(Google)은 추상화를 분해, 패턴 인식, 추상화, 알고리즘의 4가지 요소로 나눈다. 주어진 문제를 작은 크기의 자료(bit, 이진 자료)와 작은 규모의 문제(모듈, 프로세스, 절차 등)로 분해하면 해결하기 쉽다. 분해된 자료와 절차는 일정한 규칙과 패턴이 있는데, 이것을 찾아내거나 만드는 것을 패턴 인식이라고 한다. 규칙 또는 패턴을 우리가 알고 있는 공식, 원리, 상징 체계 등으로 간단하게 표현한 것을 추상화라고 하며, 추상화된 자료와 절차는 문제 해결의 단서를 제공한다. 문제 해결의 일련의 절차를 알고리즘이라고 하는데, 컴퓨터가 처리하도록 순서도, 의사코드, 프로그래밍 언어로 표현한다. 이러한 분해, 패턴 인식, 추상화, 알고리즘은 컴퓨터 과학자들이 컴퓨터 시스템으로 문제를 해결하고 사고 과정을 추출하는 핵심 요소이다.

CT의 핵심 개념

구성 요소	내용
자료 수집	문제를 해결하기 위해 관련 자료를 수집하는 단계
자료 분석	수집한 자료를 목적에 맞게 분류하고 분석하는 단계
자료 표현	수집한 자료 내용을 그래프, 차트, 이미지 등으로 표현하는 단계
문제 분해	문제를 해결하기 위해 문제를 해결 가능한 단위로 나누는 단계
추상화	문제를 해결할 수 있도록 주요 개념들을 설정하는 것
알고리즘과 절차화	추상화된 단계를 순서적 단계로 표현하는 단계
자동화	알고리즘화된 내용을 컴퓨팅 기기를 이용하여 문제 해결의 최선책을 선택하는 단계
시뮬레이션	실제로 실험하기 어렵고 실행하기 어려운 내용을 모의실험하는 단계
병렬화	목표를 수행하기 위한 자원을 동시에 수행할 수 있도록 하는 것

CSTA(Computer Science Teachers Association)와 ISTE(International Society for Technology in Education)에서는 컴퓨팅 사고를 앞의 표와 같이 9가지로 세분화하였다.

또한 CSTA와 ISTE는 컴퓨팅 사고가 다음과 같은 태도를 신장시킨다고 하였다.

• 복잡한 문제를 다루는 데 있어서의 자신감

• 어려운 문제를 다루는 인내력

• 모호성에 대한 허용 능력

• 답이 정해지지 않은 개방형 문제를 다룰 수 있는 능력

• 공동의 목표나 문제 해결을 위해서 다른 사람과 의사소통하고 일할 수 있는 능력

컴퓨팅 사고를 이해하기 어렵다면 '컴퓨터 과학자(Computer Scientist)'를 떠올려 보자. 컴퓨터 과학자들이 컴퓨팅 머신을 이용하여 주어진 문제를 풀 때 어떠한 배경지식과 어떠한 과정으로 문제를 해결하는지 살펴보자.

컴퓨터 과학자가 문제를 해결하는 방법

우리는 문제 해결을 위한 컴퓨팅 사고의 개념을 다음과 같이 크게 5가지로 분류하여 그 개념들을 과정으로 제시해 볼 수 있다. 학자들마다 차이는 있으나 그 단계의 본질은 모두 비슷하고 문제에 따라 생략되는 과정이 많다.

우리는 앞으로 이 책을 통해 파이썬 코딩을 배우고, 이와 같은 컴퓨팅 사고의 과정을 체험해 볼 것이다. 그렇게 함으로써 프로그래밍 능력과 컴퓨팅 사고를 동시에 기를 수 있을 것이다. 단지 주어진 알고리즘의 과정을 단순하게 작성하는 코더(coder)가 아닌 창의성과 문제 해결력을 지닌 프로그래머(programmer)가 되는 것이다. 자, 이제 그 첫 걸음을 시작해 보자.

## Chapter 1

파이썬의 세계로

파이썬(Python)은 프로그래머인 귀도 반 로섬 (Guido van Rossum)이 1991년에 개발한 프로그래밍 언어이다.

　파이썬은 다른 프로그래밍 언어에 비해 배우기가 쉬운데, 프로그래머가 한 줄의 문장을 입력하고 엔터키를 치면 인터프리터(해석기)가 이것을 해석해서 바로 실행하기 때문이다.

　이제부터 프로그래밍 언어 중 최상위에 있는 고급 언어 파이썬의 세계로 들어가 보자.

컴퓨팅 사고　문제를 추상화하고 해결 과정을 자동화하라.

 Python

01 프로그래밍 언어란?

프로그래밍 언어(Programming language)란 문제 해결의 절차, 즉 알고리즘을 컴퓨터 시스템이 실행되도록 구현하는 언어이다. 일을 처리할 때 순서대로 하나씩 해결하는 것처럼 프로그래밍 언어는 컴퓨터가 인간의 정보를 데이터로 바꾸어 처리할 수 있도록 순서대로 구현하는 도구이다.

순서대로 구현하는 행위를 '프로그래밍' 또는 '코딩'이라고 한다. 또한 프로그래밍을 하는 사람을 '프로그래머' 또는 '코더'라고 한다. 프로그래머는 코딩을 하는 과정에서 문제 해결의 과정을 계획하고 새로운 해결 전략을 구안하는 등의 창의적 활동을 한다.

프로그래머가 프로그래밍의 과정을 통해 구현된 결과물을 '프로그램' 또는 '소프트웨어'라고 한다. 이렇게 프로그램 또는 소프트웨어가 하드웨어에 체계적으로 구현되어 하나 이상의 일을 처리하는 체제를 '시스템'이라고 한다.

대표적인 고급 프로그래밍 언어에는 C, C++, Java, Python 등이 있으며, 고급 언어로 개발된 코드는 기계 수준의 언어로 번역해야 실행할 수 있다. 실행 전에 모든 코드의 내용을 번역하여 기계어로 바꾸는 방식을 컴파일러(Compiler)라고 한다. 실행하면서 한 명령씩 기계어로 번역하는 방식은 인터프리터(Interpreter)라고 한다. C, C++, Java 등은 컴파일러 방식이고, Python은 인터프리터 방식이다.

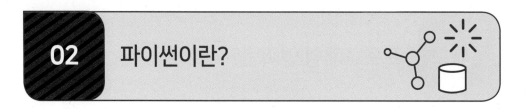

02 파이썬이란?

　파이썬(Python)은 스크래치, 엔트리, C, 자바(Java)와 같은 고급 프로그래밍 언어 중 하나로 귀도 반 로섬(Guido van Rossum)이 1991년에 개발한 고급 언어이다. 처음 프로그래밍을 배우는 사람부터 프로그래밍에 숙달한 사람까지 모두 다 사랑하는 파이썬은 현재 가장 영향력 있는 언어이다.

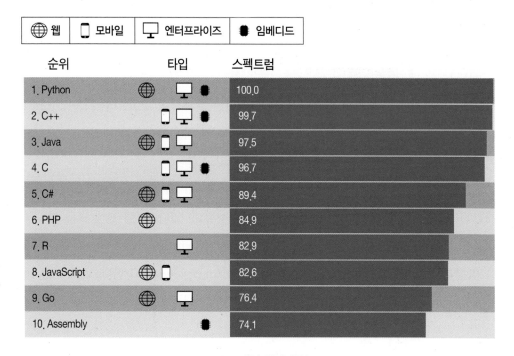

순위	타입	스펙트럼
1. Python	🌐 🖥 ▪	100.0
2. C++	📱 🖥 ▪	99.7
3. Java	🌐 📱 🖥	97.5
4. C	📱 🖥 ▪	96.7
5. C#	🌐 📱 🖥	89.4
6. PHP	🌐	84.9
7. R	🖥	82.9
8. JavaScript	🌐 📱	82.6
9. Go	🌐 🖥	76.4
10. Assembly	▪	74.1

프로그래밍 언어 순위

(출처: IEEE Spectrum, The 2018 Top Programming Languages, Stephen Cass.)

파이썬의 장점은 크게 세 가지로 나눌 수 있다.

- 파이썬은 배우기 쉽다.
- 파이썬은 사용하기 쉽다.
- 파이썬은 생산성이 뛰어나다.

1. 파이썬은 배우기 쉽다

파이썬은 초보자에게 가장 좋은 언어이다. 왜냐하면 파이썬은 텍스트 코딩 언어 중 처음 본 사람도 해석할 수 있을 정도로 간결하고 쉬운 문법을 가지고 있기 때문이다. 예를 들어 자바, C언어, 파이썬으로 'Hello World'를 출력하기 위한 코드는 다음과 같다.

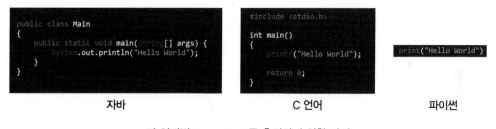

자바   C 언어   파이썬

각 언어별 Hello World를 출력하기 위한 방법

또한 파이썬은 인터프리터 언어(interpreted language)이다. 파이썬은 한 줄의 문장을 입력하고 나면 인터프리터가 이를 바로 해석하여 실행한다. 이에 따라 자신이 명령한 문장의 결과 또는 오류를 바로 확인할 수 있다. 이는 처음 배우는 사용자가 프로그래밍할 때, 특히 오류가 발생할 경우 큰 도움이 된다.

2. 파이썬은 사용하기 쉽다

파이썬은 다양한 라이브러리를 제공하고 있다. 라이브러리란 특별한 목적을 위해 개발된 소스의 집합이다. 즉, 무언가를 만들기 위해서 자신이 일일이 소스를 구성할 필요가 없다.

```java
import java.io.IOException;
public class BrowserControl {
    public static void main(String[] args){
        Runtime runtime = Runtime.getRuntime();
        try {
            runtime.exec("explore.exe http://www.koreasw.org/");
        } catch (IOException ex){

        }
    }
}
```

자바

```python
import webbrowser
url = "http://koreasw.org/"
webbrowser.open_new(url)
```

파이썬

웹 브라우저 실행 후 특정 웹 사이트로 이동하기

또한 파이썬은 높은 확장성을 가지고 있다. 기존의 자바스크립트, PHP와 같은 고급 언어들이 웹 개발이나 시스템 프로그래밍 등 한정된 분야에서만 사용할 수 있는 것과는 달리, 파이썬은 시스템에 접근하거나 GUI 프로그래밍, 웹, 데이터 분석, 사물인터넷 등 다양한 분야에 사용할 수 있다. 심지어 가장 사용자를 많이 확보하고 있는 C나 C++ 프로그램을 파이썬에서 연동하여 사용하거나 그 반대의 경우도 가능하다.

3. 파이썬은 생산성이 뛰어나다

일반적으로 파이썬을 이용한 프로그램 개발은 다른 언어를 이용한 프로그램 개발보다 3배 이상 빠르다. 또한 프로그래밍 개발 능력의 일반적 수준에 도달하기 위한 시간이 다른 언어에 비할 수 없을 정도로 빠르다. 이러한 장점 때문에 이미 많은 나라의 대학에서 첫 프로그래밍 언어로 파이썬을 선택하여 교육하고 있다. 이렇게 파이썬은 수많은 장점이 있는 언어이다. 현재로서는 처음 배우는 프로그래밍 언어로 파이썬이 다른 언어보다 매우 가치가 높다.

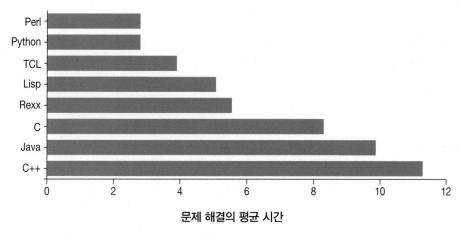

문제 해결의 평균 시간

(출처: Nick Humrich, "Yes, Python is Slow, and I Don't Care," HACKERNOON.)

Tip 인터프리터 언어 Vs. 컴파일러 언어

파이썬과 같이 고급 언어로 작성된 프로그램은 기계어로 번역되어 실행된다. 즉, 인간이 사용하는 if, for, print(), input() 등의 언어가 0과 1(off, on의 전기적 신호)로 변경되어야 실행이 된다. 따라서 고급 언어로 된 소스 코드는 번역기를 이용하여 기계어로 번역된다.

소스 코드(고급 언어)	번역기	목적 코드(기계어)
```\nimport turtle\nt=turtle.Pen()\nfor j in range(3):\n t.penup()\n t.goto(j,0)\n tri()\n```	컴파일러 인터프리터	01001101101001010100001000 00111111010101010101010 10001111100001100101010 10111010010000011111101 01010

번역기는 소스 코드를 미리 번역하여 기계어로 바꾸어 실행하는 컴파일러(compiler)와 소스 코드를 한 줄씩 실행하면서 바로바로 번역하여 실행하는 인터프리터(interpreter)가 있다. 컴파일러는 완성된 소스 코드를 미리 번역하기 때문에 오류 등의 문제가 없어야 제대로 기계어로 바뀐다. 미리 번역되었기 때문에 실행 속도가 빠른 장점이 있다. 그리고 번역된 기계어의 기능을 바꾸거나 순서를 바꿀 경우에는 소스 코드를 수정한 뒤 다시 기계어로 번역해야 한다. 반면, 인터프리터는 한 줄씩 번역되기 때문에 소스 코드를 실행하면서 오류를 바로 확인하고 고칠 수 있다. 한 줄씩 실행되기 때문에 컴파일러보다 실행 속도가 느린 편이다. 대표적인 컴파일러형 언어에는 C, C++, Pascal, Java 등이 있고, 인터프리터형 언어에는 Python, PHP, Perl, JavaScript 등이 있다.

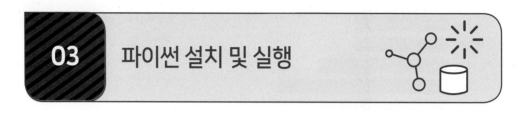

03 파이썬 설치 및 실행

파이썬을 설치하기 위해서 우선 파이썬 공식 홈페이지(https://www.python.org)에 접속한다.

메뉴 중 Downloads를 클릭하고 자신의 운영체제에 맞는 최신의 파이썬 프로그램을 다운로드한다. 윈도우즈를 예로 들면 다음 프로그램 중에 알맞은 것을 선택한다.

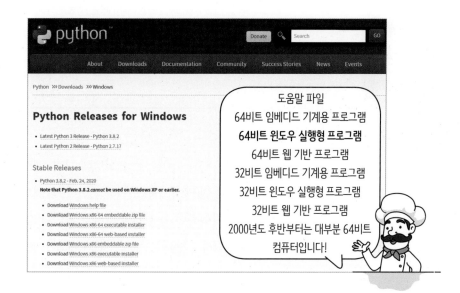

파이썬 설치 프로그램을 다운로드했으면 설치를 시작한다.

설치가 시작되면 첫 화면에서 반드시 **Add Python 3.8 to PATH** 항목에 체크하고 Install Now를 클릭한다. 파이썬 해당 버전을 오래 쓸 예정이라면 Customize installation에서 보이는 모든 옵션에 체크하고, 설치 경로도 'C:\Python\'과 같이 간단히 설정해주면 나중에 더 편리하다. 이후 설치 화면은 순서대로 진행하면 된다.

04 파이썬 셀 사용하기

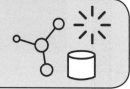

　왼쪽 하단의 윈도우에서 IDLE (Python 3.8 64-bit)를 찾아 실행해 보자. 파이썬을 처음 실행할 때 가장 먼저 보이는 화면을 파이썬 셀(Python shell)이라고 한다. 파이썬 셀은 명령어 단위로 실행할 수 있는 장소로 명령을 입력하면 실행 결과를 바로 확인할 수 있다. 커서가 있는 프롬프트(> > >)에 명령어를 입력하고 엔터를 누르면 결과가 즉시 출력된다.

　"Hello, World!" 프로그램은 컴퓨터 프로그램을 배울 때 가장 먼저 하는 예제로 흔히 쓰인다. 우리도 새로운 세상에 인사하는 가장 간단한 프로그램을 실행하면서 시작해 보자.

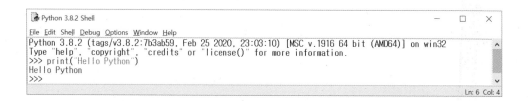

　여러분이 만든 첫 프로그램의 결과를 확인할 수 있다. 여러분은 명령어를 통해 컴퓨터에게 명령을 내렸고, 파이썬 인터프리터는 그 명령을 해석하여 컴퓨터에 전달하였다. 명령어를 전달받은 컴퓨터는 명령을 수행하고, 결과를 우리가 볼 수 있도록 출력하였다. 여러분이 프로그래밍을 통해 컴퓨터를 동작하도록 만든 것이다. 이제 여러분은 파이썬 프로그래머를 뜻하는 파이써니스타(pythonista)가 되었다. 앞으로 파이썬의 모든 것을 파헤쳐 나가 보자.

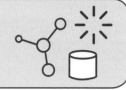

05 간단한 계산 수행하기

IDLE로 제공되는 파이썬 셸은 대화식 인터프리터이다. 값을 입력하는 것 외에는 파이썬 프로그램을 실행하는 것과 똑같은 방식으로 동작한다. 프롬프트(>>>)에 명령어를 사용하는 방식과 사용하지 않는 방식으로 15를 출력해 보자.

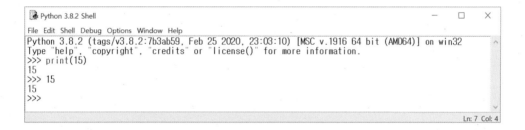

값이 15로 똑같이 출력되는가? 파이썬 셸에서는 숫자 계산을 편리하게 할 수 있도록 명령문을 쓰지 않더라도 여러 계산을 할 수 있다. 그러나 실제 프로그램을 만들기 위해서는 파이썬 명령문을 통해 작업해야 한다.

다음과 같이 간단한 출력문과 여러 계산을 통해 파이썬 계산을 수행해 보자. 컴퓨터에서 덧셈(+)과 뺄셈(−)은 일반적인 기호를 사용하지만 곱셈은 애스터리스크(*)를, 나눗셈은 슬래시(/)를 사용한다.

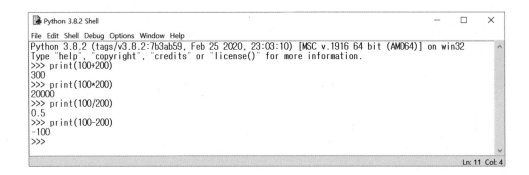

이외에도 엄청나게 큰 수를 사용하여 계산할 수도 있다. 알다시피 컴퓨터에게 계산
은 식은 죽 먹기보다 쉽다. 숫자 계산뿐 아니라 다음과 같은 계산을 수행할 수도 있다.

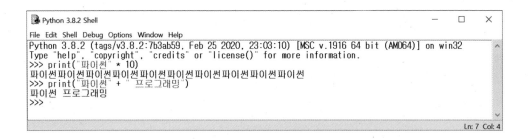

이렇게 여러 가지 방법으로 파이썬 셸을 직관적으로 사용할 수 있다. 그 밖에 다양
하게 사용법을 알아 가자.

Practice

1. 괄호가 포함된 계산 5 * (10 + 10) / 2를 수행해 보자.

2. 괄호를 제외하고 5 * 10 + 10 / 2를 수행하여 결과를 비교해 보자.

3. 자신의 이름을 100번 출력해 보자.

앞서 파이썬 셸을 사용해 보았다. 파이썬 셸을 사용하다 보면 "정말 이런 방식으로 복잡한 프로그램을 작성할 수 있을까?"라는 의문이 든다. 인터프리터 언어라고 해서 정말 언어를 한 줄씩 실험하며 수행해야 하는 것은 아니다. 파이썬의 기본 프로그램인 IDLE에는 일반적인 텍스트 편집기인 스크립트 모드를 지원하고 있다. 파이썬 셸의 메뉴 중 [File] – [New File]을 선택하면 텍스트 편집기가 등장한다. 편집기에서 아래와 같이 프로그램을 만들어 실행해 보자.

실행을 하기 위해서는 [Run] – [Run Module]을 클릭하거나 [F5] 키를 눌러 실행할 수 있다.

실행 전에 소스 코드를 저장하는 창이 나타난다. 바탕 화면 또는 실습 폴더에 저장한다. 저장하면 프로그램이 바로 시작된다.

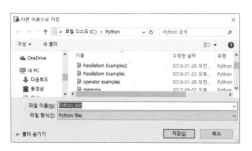 

여러분이 작성한 프로그램이 실행되었다. 눈치 빠른 독자들은 자신이 작성한 소스코드가 어떤 역할을 하는지 벌써 알아차렸을 것이다. 그리고 수정해 볼 수도 있다. 예시와 똑같은 파일명으로 저장한 경우, 스크립트 편집 창 메뉴의 [File] − [Open]에서 Python_test.py 파일을 불러와 수정할 수 있다.

 Tip 파이썬 설치 폴더

처음 설치 시 기본 설치를 선택하면 파이썬 설치 폴더는

C:₩Users₩사용자이름₩AppData₩Local₩Programs₩Python₩Python38

입니다. 처음 설치할 때 설치 경로를 간단하게 만들거나 실습 파일을 저장하는 폴더를 간단하게 만들어두면 더 편하게 할 수 있어요.

Practice

1. 소스 코드에 turtle.forward(200)을 추가하여 실행해 보자.
2. 자신이 저장한 파일이 어디 있는지 탐색기에서 찾아 실행해 보자.
3. 이제부터 코딩의 효율성을 위해 작성된 소스는 바탕 화면 등에 새로운 폴더를 만들어 저장하고 실습해 보자.

07 파이썬 철학

"Life is too short, you need Python."

 프로그래밍 언어는 매우 많은 종류가 있고 종류마다 다른 스타일을 가진다. 그 스타일은 사용자에게 쉽게 느껴질 수도 있고 어렵게 느껴질 수도 있다. 또 스타일 덕분에 프로그램의 사용성이 결정되기도 한다. 파이썬은 스타일 이전에 프로그래밍에 대한 철학을 담고 있다. 여러분이 파이썬을 가장 먼저 배우는 이유인 파이썬만의 철학을 알아보자. 셀 모드에서 'import this'라고 입력하고 실행해 보자.

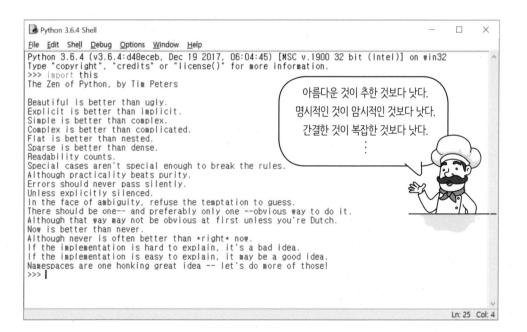

08 파이썬 파일 저장과 불러오기

프로그래밍 작업을 하다 보면 예기치 못한 오류들로 인해 작업 시간이 길어질 수 있다. 이때 미리 파일을 잘 저장해야 여러 파일들로 인해 혼선이 생기지 않는다.

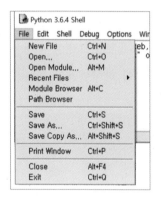 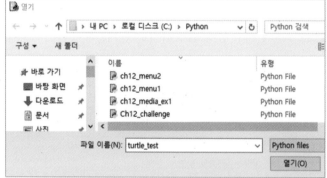

소스를 저장할 때에는 메모장 형태의 스크립트 모드에서 저장한다. [File] – [Save]를 선택하면 현재 파일을 저장한다. [Save As]를 선택하면 현재의 소스를 덮어쓰지 않고 다른 이름으로 파일을 저장한다.

파일 불러오기도 마찬가지이다. [File] – [Open]을 통해 파일을 불러온다. 파일을 저장할 때 처음 지정되는 기본 경로는 파이썬을 설치한 상위 폴더이다. 따라서 처음 설치할 때 설치 파일에 기본적으로 설정되어 있는 경로가 아닌 쉬운 경로를 설정하는 것이 좋다. 불러올 때에도 기본 경로에서 불러오게 되므로 예제를 연습할 때는 기본 경로를 적극 활용하자.

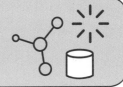

09 파이썬 오류 메시지 해석하기

프로그래밍을 하다 보면 예기치 않은 오류가 많이 발생한다. 프로그램은 사용자의 의도를 오직 코드만을 통해 판단하기 때문에 간단한 오타에도 오류가 발생하곤 한다. 하지만 두려워할 필요는 없다. 오류를 해결해야 완벽한 프로그램이 만들어지고, 파이썬의 경우 오류 지적 사항을 이해하기만 하면 어렵지 않게 수정할 수 있다. 프로그래밍에서 오류는 버그(bug)라고 하고, 수정하는 작업을 디버깅(debugging)한다고 한다. 대표적인 오류를 확인하고 해석하는 방법을 알아보자.

```
Python 3.8.2 Shell                                                    —  □  ×
File Edit Shell Debug Options Window Help
Python 3.8.2 (tags/v3.8.2:7b3ab59, Feb 25 2020, 23:03:10) [MSC v.1916 64 bit (AMD64)] on win32
Type "help", "copyright", "credits" or "license()" for more information.
>>> pritn(41)
Traceback (most recent call last):
  File "<pyshell#0>", line 1, in <module>
    pritn(41)
NameError: name 'pritn' is not defined
>>>
                                                                      Ln: 8 Col: 4
```

위의 경우는 print(41) 대신 pritn(41)로 잘못 입력한 경우이다. 오류 메시지를 하나씩 확인할 수 있다.

```
>>> pritn(41)
Traceback (most recent call last): ············· 오류 함수 역추적 시작
   File "<pyshell#0>", line 1, in <module> ··· 파일 "<pyshell#0>"의 라인 1번째에
      pritn(41) ································ pritn(41)이 오류
NameError: name 'pritn' is not defined ········· pritn은 정의되지 않은 이름
```

오류 부분을 역추적한 결과 파일 〈pyshell#0〉의 첫 번째 라인의 pritn(41)이 오류였고, 오류가 난 이유도 잘 알 수 있었다. 스크립트 편집 창에서 실행하여 오류가 난 경우에는 오류 난 파일 이름에 "〈pyshell#0〉" 대신 자신이 저장한 파일 이름이 있을 것이다.

다음의 경우를 보자. 스크립트 창에서 아래와 같이 바로 오류를 출력하는 경우도 있다.

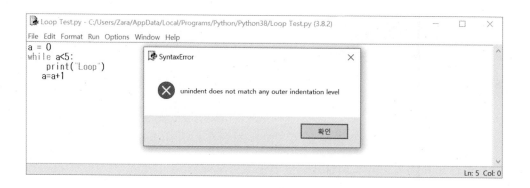

SyntaxError는 구문 오류라는 뜻이다. 정해진 맞춤법이 틀렸다는 뜻으로 이해하면 된다. 코드를 잘 살펴보면, print("Loop")와 a=a+1의 시작 줄이 다르다는 것을 알 수 있다. 파이썬에서는 같은 계층의 명령어에 대해서는 들여쓰기한 시작 줄이 같도록 설정되어 있는데, 시작 줄이 달라 프로그램이 이 계층을 판단할 수 없어 오류 메시지를 출력하였다. 시작 줄의 경우에는 탭(Tab) 버튼 또는 공백(Space) 네 칸으로 구분한다. 코드 구조 및 계층에 대해서는 차후에 익힌다.

처음에 가장 많이 일어나는 오류 두 가지를 확인하였다. 파이썬을 처음 하게 되면 가장 많이 접할 오류들이다. 다른 오류의 경우에도 오류 메시지 형식은 크게 다르지 않다. 빨간 글씨에 두려워하지 말고 하나씩 차근차근 실행하다 보면 오류를 금세 해결할 것이다.

## Chapter 2

변수와 연산자

변수는 알고리즘이 실행되는 동안 저장해 두는 공간을 말한다. 변수가 필요한 이유는 컴퓨터가 입력을 받아서 처리를 하기 전 잠시 저장해 놓는 데이터 공간이기 때문이다. 간단히 말해 변수는 데이터를 넣어 두는 방이라고 생각하면 된다.

연산자는 덧셈, 뺄셈 등의 수학적 처리를 하는 부호이다. 연산자에는 산술연산자, 증감연산자, 논리연산자가 있다.

이 장에서는 이러한 변수와 연산자의 개념을 이해하고 어떻게 실행하는지 알아본다.

 문제 해결에 사용될 자료를 비트 단위로 분해하라.

 Python

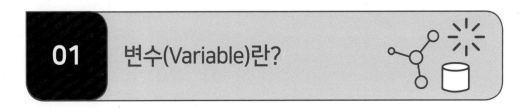

01　변수(Variable)란?

　프로그래밍 언어는 변수를 반드시 사용한다. 이는 컴퓨터의 구조와도 관련이 있다. 컴퓨터는 값을 저장하기 위해 메모리라는 것을 사용하는데, 메모리에 저장된 곳을 가리키는 이름이 바로 변수이다. 예를 들어, 지난 주말 아침에 먹었던 음식 이름이 '스크램블 에그'라고 했을 때, 이를 참조하기 위해서 수십 번 먹었을지도 모를 '스크램블 에그'를 찾기보다 '7일_아침'이라는 이름표를 붙이는 것이 훨씬 찾기 쉽고 저장 공간도 작게 차지한다. 따라서 컴퓨터 프로그래밍 언어에서는 변수를 설정하는 것이 기본이다.

　쉽게 말해, 우리가 저장하고자 하는 값에 이름을 붙인다고 생각해 보자. 이제 여러분은 값 대신 이름을 부르게 될 것이다. 그 이름이 바로 변수이다.

　이제 파이썬에서 a 변수를 만들어 보자. a라는 이름을 가진 변수에 정수 3을 저장해 보자. 그리고 다음과 같이 출력해 본다.

```
>>> a=3
>>> print(a)
3
```

여러분은 단 한 줄로 변수를 생성하고 값을 저장하였고, 다음 줄로 변수의 값을 찾아 출력하는 데 성공하였다.

>>> 변수명 = 저장할 값

 Tip 변수에서 사용하는 등호

우리가 아는 일반적인 등호(=, equals sign)는 수학에서 '같다'라는 의미로 통용된다. 그러나 프로그래밍 언어에서 등호(=)는 '값을 저장한다 또는 할당한다'라는 의미로 사용한다. 키보드에서 이를 대체할 만한 기호가 그다지 없기 때문이다. 프로그래밍 언어에서 수학적인 의미와 같은 '같다'라는 뜻을 사용하기 위해서는 등호를 두 번(==) 사용한다.

Practice

1. b라는 변수를 설정하고 음수 3을 저장한 후 출력해 보자.
2. 자신의 이름을 변수명으로 한 후 자신의 나이를 할당해 보자.

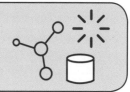

02 변수 생성 및 규칙

변수의 생성은 매우 간단하지만 그렇다고 지켜야 할 규칙이 아예 없지는 않다. 아기가 태어날 때 이름은 자유롭게 지을 수 있지만, 숫자만으로 이름을 등록하거나 성 없이 이름만 등록할 수 없듯이 변수를 만들고 값을 할당할 때 몇 가지 지켜야 할 규칙이 있다. 일반적으로 프로그래머가 사용하는 변수 이름을 알아 두면 나중에 공부할 때 큰 도움이 된다. 아래의 이름을 가지는 변수들을 생성하고 가능한 것을 체크해 보자.

aBC	ab!	aB1	1ab
_ab	AB_C	1_	에이비

어떤 것이 오류가 없는가? 변수들을 생성해 보면 변수 이름에 사용할 수 있는 규칙을 쉽게 알 수 있다. 변수에 사용할 수 있는 문자는 소문자(a~z), 대문자(A~Z), 한글 등 각 나라의 문자, 숫자(0~9), 언더바(_)뿐이다.

또한 변수에 사용할 수 없도록 지정된 경우 역시 존재한다. 예약어(reserved word)가 그 경우인데, 예약어는 파이썬의 문법적인 용어로 다른 곳에서 많이 사용되는 단어이다. 다음과 같이 입력하여 예약어를 확인해 보자.

```
>>> import keyword
>>> print(keyword.kwlist)
['False', 'None', 'True', 'and', 'as', 'assert', 'break', 'class', 'continue', 'def',
'del', 'elif', 'else', 'except', 'finally', 'for', 'from', 'global', 'if', 'import', 'in',
'is', 'lambda', 'nonlocal', 'not', 'or', 'pass', 'raise', 'return', 'try', 'while', 'with',
'yield']
```

어떤 변수 이름이 좋을까? 파이썬의 철학에서 보았듯이 파이썬은 가독성을 높이고
아름답고 간결한 것을 추구하는 언어이다. 알아보기 편하고 코드를 처음 보는 사람이
이해하기 좋은 변수 이름이면 좋다. 기초 과정을 배우는 지금 단계에서는 크게 신경
쓰지 말자.

Tip 변수 이름을 짓는 여러 가지 방법

변수 이름을 짓는 방법들을 앞으로 예시를 통해 확인해 보자. 만약 여러 이름을 저장하는 곳에 상대의 성을 저장
한다면 YourLastName, yourLastName, your_last_name, s_YLN, YOUR_LAST_NAME, struYourLastName
등 여러 규칙 중에서 한 가지 방법을 이용한다. 중요한 것은 하나의 프로젝트 내에서는 하나의 일관된 규칙으로
작성하는 것이 좋다.

---

03 다양한 타입의 변수

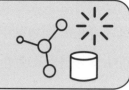

정숫값을 할당한 변수를 만들었고 변수 이름에 사용될 수 있는 규칙을 알아보았다. 이번에는 변수에 존재하는 특징을 하나 알아보자. 변수에는 들어 있는 값에 따라서 변수의 형태가 결정되어 있다. 변수는 저장 공간의 한 부분을 차지한다. 따라서 변수를 설정할 때 컴퓨터는 저장 공간을 할당하는데, 이 공간의 크기는 내가 쓴 변수의 크기나 길이만큼이 아니라 변수의 타입에 따라 결정된다. 따라서 어떤 값이 할당될지 모르는 변수에 의한 공간 낭비를 막기 위하여 변수마다 타입을 가지고 있다.

파이썬은 다른 프로그래밍 언어에서 변수 설정 시 애초에 타입을 설정하는 것과 달리 값을 할당하면 그때 타입이 설정되기 때문에 훨씬 더 쉽게 사용할 수 있다. 아래와 같이 변수를 설정하고 타입을 알아보자.

```
>>> a=176
>>> type(a)
<class 'int'>
```

a라는 변수에 176이 할당되어 있고, type(변수 이름)을 통해 변수의 타입을 알아볼 수 있다. 또한 변수를 설정하지 않더라도 타입을 아래와 같이 알아볼 수 있다.

```
>>> type(176.9)
<class 'float'>
```

type()에 값을 바로 입력하여 타입을 확인할 수 있다. 〈class 'float'〉에서 class는 객체의 정의이고, 그 정의가 'float'라는 것을 이야기한다. 쉽게 말하면 형태가 float라는 뜻이다. 문자열을 통해 한 번 더 확인해 보자.

```
>>> b="키는 height"
>>> type(b)
<class 'str'>
```

변수에 문자열을 할당할 때에는 따옴표(" " 또는 ' ') 안에 써야 한다. 작은따옴표와 큰따옴표의 차이는 없다. 어떤 것을 써도 좋다.

그렇다면 이 클래스의 정의로 나타나는 int, float, str 등은 무엇인지 알아보자. 파이썬은 다른 언어에 비해 이를 자세하게 알 필요가 없으니 무엇을 뜻하는지 보고만 넘어가자. 뒤에서 반복적으로 다루니 지금 외울 필요는 없다. 특히, list부터 set까지는 뒤에 나오는 7장에서 다룬다.

객체 정의	뜻	자료 예시	변수 설정 방법 예시
int	integer, 정수	3 5 15 −24	a=3
float	float, 부동소수점	3.2 4.55 −12.7	a=3.2
str	string, 문자열	"abc", '문자열'	a="abc"
bool	boolean, 불린	True, False	a=True
list	list, 리스트	[1, 2, 3, "list"]	a=[1, 2, 3, "list"]
tuple	tuple, 튜플	(1, 2, 3, "tuple")	a=(1, 2, 3, "tuple")
dic	dictionary, 딕셔너리	{1:"name", 2:"phone", "abc":"def"}	a={1:"name", 2:"phone", "abc":"def"}
set	set, 집합	{1, 2, 3, "set"}	a={1, 2, 3, "set"}

이왕 하는 김에 형태를 변형하는 것도 연습하자. 형 변환은 간단한 프로그램을 만들 때 아이디어의 초석이 될 수 있다.

먼저 객체의 정의(class)가 불린(bool)인 것을 만들어 정수형(int)으로 만들어 보자.

```
>>> a = True
>>> a
True
>>> int(a)
1
```

a가 True라는 불린(bool) 형태의 값을 가졌는데, 이를 정수형(int)으로 변환하니 값이 1인 것을 확인할 수 있다. 불린(bool)에서 True는 1, False는 0 값을 가지기도 한다는 것을 알 수 있다.

이와 같은 방법으로 정수 역시 부동소수점(float) 타입으로 변환하거나 불린(bool) 타입도 문자열로 변환할 수 있다. 한 가지 예를 더 살펴보고 이 사실을 확인하자.

```
>>> int(4 + 7.1)
11
>>> str(4 + 7.1)
'11.1'
>>> 4 + 7.1
11.1
```

4 + 7.1은 원래 소수점이 있기 때문에 부동소수점(float) 형태이지만 정수형(int)으로 변환하거나 문자열(str)로 변환할 수 있음을 확인할 수 있다. 다만 문자열로 변환한 이후에 수학적 계산은 할 수 없다. 형 변환이 프로그램의 오류 해결을 위한 중요한 열쇠가 되기도 하니 잘 알아 두자.

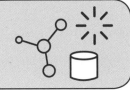

04   변수에 값 입력받기

앞서 변수에 값을 입력하는 것을 배웠다. 그렇지만 프로그램은 사용자와 상호작용하는 것이므로, 프로그래머 혼자 변수를 입력하고 다루는 것은 큰 의미가 없다. 사용자와의 대화를 통한 첫 번째 작업은 사용자에게 값을 묻고 물은 값을 변수에 저장하는 일이다. 값을 물어 입력을 받는 명령어는 input이다. 아래와 같이 입력해 보자.

```
>>> input("아무 숫자나 입력하세요 : ")
아무 숫자나 입력하세요 : 2019
'2019'
```

명령어 셸이기 때문에 위와 같이 바로 출력된다. 하지만 실제로는 컴퓨터 어느 곳에도 저장되어 있지 않기 때문에 입력받은 값을 또 쓸 수 없다. 그렇다면 입력받은 문자 또는 숫자를 어떻게 하면 변수에 할당할 수 있을까? 명령어 자체를 변수에 등호(=)로 넣으면 된다. 따라해 보자.

```
>>> a = input("아무 숫자나 입력하세요 : ")
아무 숫자나 입력하세요 : 2020
>>> a
'2020'              # 숫자를 입력했지만 '2020'으로 문자가 되었다.
```

이제 input()의 질문이 변수 a에 할당되는 모습을 보았다. 이제 사용자와 본격적으로 커뮤니케이션할 수 있는 프로그램의 기틀을 마련하였다.

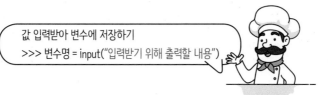

값 입력받아 변수에 저장하기
>>> 변수명 = input("입력받기 위해 출력할 내용")

만약 "아무 숫자나 입력하세요" 질문에 대한 답을 질문의 오른쪽이 아닌 아래에 쓰고 싶다면 스크립트 창에서 아래와 같이 만들 수도 있다. input()의 따옴표 안에 들어가는 내용은 단지 출력할 내용이고 input() 명령어만 있다면 입력할 수 있기 때문에 print()와 input()으로 나누어도 상관없다.

print("아무 숫자나 입력하세요.") a = input()	print("아무 숫자나 입력하세요."); a = input()

세미콜론(;)은 한 줄 안에 두 줄에 해당하는 명령어를 쓰고 싶을 때 사용한다.

 Tip 입력 명령어 특징

입력 명령어(input) 특징은 입력받는 모든 값의 자료형이 문자형(str)으로 정의된다는 점이다. type(a)로 확인해 보면 <class 'str'>이다. 만약 이를 숫자로 만들고 싶다면 입력받을 때 int(input())으로 받거나 a = int(a)처럼 입력 후에 자료형을 다시 변환해 준다.

Practice

1. 변수 height에 키(tall)를 묻고 값을 할당해 보자.
2. 변수 height를 정수형(int)으로 만들어 소수점 아래를 버려 보자.
3. 변수 weight에 상대방의 몸무게를 실수형(float)으로 묻고 값을 할당해 보자.
4. 변수 height와 변수 weight를 더한 값을 출력해 보자.

문장 말하는 앵무새

값 입력받아 문장 출력하기

변수를 만들고 이에 값을 입력받아 할당할 수 있는 방법을 배웠으니 간단한 프로그램을 만들어 보자. 아래와 같이 기능하는 프로그램이다.

🔘 화면

> 당신의 나이는 몇 살입니까?   30
> 당신은 30 년을 살았습니다.

매우 간단한 프로그램이지만 연습하기에 좋다. 화면상에 입력문 한 줄과 출력문 한 줄을 볼 수 있다. 그리고 입력받은 값을 출력하기 위해서 변수라는 공간에 저장해 둘 필요가 있다. 변수는 본인만의 규칙대로 설정해 보자. 프로그램을 구성할 때는 스크립트 모드에서 작성한다.

🍡 프로그램 분석

> 당신의 나이는 몇 살입니까?·········· 입력문(input), 대답은 변수 'a'에 저장
> 당신은 30 년을 살았습니다.·········· 출력문(print), 30은 변수 'a'에 있는 내용

✿ SOURCE

```
a = input("당신의 나이는 몇 살입니까?    ")
print("당신은",a,"년을 살았습니다.")
```

적정 몸무게 산출하기

앞과 비슷한 문제를 풀어 보자. 적정 몸무게를 산출하는 공식은 다양하지만, 여유롭게 산출하여 적정 몸무게를 (키-100)으로 정하자.

🔘 화면

```
당신의 키는?    180
당신의 적정 몸무게는 80 kg입니다.
```

여기서 중요한 점은 입력문(input)으로 받은 명령어는 자료형이 문자형(str)으로 설정된다는 것이다. 받은 입력값을 정수형 또는 실수형으로 변환해야 한다. 한 번 도전해 보자.

❋ SOURCE

```python
a = int(input("당신의 키는?     "))
print("당신의 적정 몸무게는 ", a-100, "kg입니다.")
```

☕ Tip input의 기본형

input()으로 입력받은 값은 항상 문자(str)로 입력받는다.

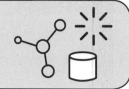

05 연산자(Operator)란?

일반적인 연산자의 뜻은 '연산을 하기 위한 기호'를 의미한다. 즉, 식을 구성하기 위해서 필요한 것으로 +, −, = 등이 모두 연산자라고 할 수 있다. 프로그래밍 언어에서의 연산자는 수학적인 의미와 똑같이 사용하기도 하지만 수학에서는 볼 수 없는 기호와 개념을 사용하기도 한다. 여기에서는 여러 연산자 중 꼭 필요한 것만 알아본다. 먼저 대입연산자(=)이다. 변수와 함께 연산자를 배우는 이유는 바로 이 대입연산자 때문이다. 일반적으로 수학에서는 3 + 5 = 8과 같이 식의 정답을 이야기할 때 쓰인다. 하지만 프로그래밍 언어에서는 다르다.

```
>>> a = 3
>>> a
3
>>> a = 10
>>> a
10
```

이미 변수에서도 보았듯이 a라는 변수에 3을 대입하는 것으로 수학과는 다른 의미의 대입연산자가 쓰였다. 이렇게 한 숫자만 대입하는 것이 아니라 여러 변수를 한꺼번에 대입하거나 여러 연산을 한꺼번에 대입하는 것도 가능하다.

```
>>> a = b = 3
>>> a, b
(3, 3)
>>> a = b = 3 + 5
>>> a, b
(8, 8)
```

수학에서는 왼쪽 식을 계산한 다음 오른쪽 식을 계산하는데, 프로그래밍 언어에서는 오른쪽의 값을 왼쪽에 대입하는 방식으로 연산이 이루어진다. 참고로 셸에서는 a, b라고만 해도 값이 출력되지만 실제 프로그램에서 출력할 때는 print(a, b)와 같이 입력한다. 이제 천천히 연산자의 종류를 하나씩 알아보자.

Practice

1. 'a'와 'b'라는 변수에 문자열 "Assignment operator"가 동시에 할당되도록 해 보자.
2. 위에서 설정한 두 변수 a, b를 출력문(print)을 이용하여 출력해 보자.

06 산술연산자

연산자 중 가장 기본은 산술연산자이다. 산술연산자는 우리가 흔히 아는 연산을 위한 기호를 이야기한다. 더하기(+), 빼기(−), 곱하기(*), 나누기(/) 등을 포함한다. 앞서 파이썬을 처음 실행시켰을 때 이를 해 보았지만 한 번 더 연습해 보자. 곱하기를 할 때는 애스터리스크(*)를, 나누기를 할 때는 슬래시(/)를 이용한다.

소스	화면 출력
>>> 3+5	8
>>> 3-5	-2
>>> 3*5	15
>>> 3/5	0.6 # 결과는 실수형 자료

이외에도 연산에 활용하기 위한, 그리고 수학적 아이디어를 적용하기에 편리한 여러 가지 산술연산자가 있다. 아래의 내용과 몇 가지를 더 실행해 보고, 무엇인지 추측해 보자.

소스	화면 출력
>>> 7 // 3	2
>>> 7 % 3	1
>>> 7 ** 3	343

규칙을 찾았다면 쉽게 알 수 있을 것이다. 슬래시 두 번(//)은 나눗셈 후 소수점 아랫자리를 버리는 것으로 몫 개념으로 이해하면 된다. 퍼센트(%)는 나눗셈을 한 후 나머지를 반환한다. 애스터리스크 두 개(**)는 제곱을 나타낸다. 7**3은 7의 3제곱을 뜻한다. 자유자재로 쓸 수 있도록 연습하자.

더하기	빼기	곱하기	나누기	몫	나머지	제곱
+	−	*	/	//	%	**

Practice

1. 직접 암산하기 힘든 큰 숫자의 사칙연산을 수행해 보자.(+, −, *, /)

2 실수형(float) + 정수형(int)의 덧셈, 뺄셈, 곱셈, 나눗셈을 수행해 보자.

3. 음수(−)와 음수(−)의 곱셈과 나눗셈을 실행해 보자.

4. 11711을 17로 나누었을 때의 몫과 나머지를 구해 보자.

5. 19로 나누었을 때 몫이 4123이고 나머지가 15인 값을 구해 보고 이를 검산해 보자.

6. 5자리 이상의 자연수 중 17로 나누어떨어지는 가장 큰 수를 구해 보자.

7. 3의 7제곱을 구해 보자.

8. 3^{3^3}을 구해 보자.

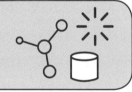

07 비교 및 논리 연산자

이제 프로그래밍에서 많이 쓰이는 연산자 중 마지막 부분이다. 이외에도 몇 가지의 연산자가 있지만 기초 과정에서 그리 많이 쓰이지 않고 다른 연산자로 충분히 대체할 수 있다. 비교연산자(Comparison Operators)는 수학 시간에 배웠던 부등호(inequality sign)와 직관적으로 같다. 아래의 예를 통해 확인하자.

소스	화면 출력
>>> 5 > 3	True
>>> 5 < 3	False
>>> 3 <= 3	True # =<는 오류 발생
>>> 3 >= 3	True # =>는 오류 발생

이 몇 가지의 예만 보고도 빠르게 이해할 수 있을 것이다. 수학의 부등호와 똑같기 때문이다. 따라서 직관적으로 같지 않은 경우만 확인하면 쉽게 알 수 있다.

소스	화면 출력
>>> 3 == 3	True
>>> 3 != 3	False # =!는 오류 발생

왜 등호(=) 하나가 아니라 두 개(==)를 쓸까? 변수에서 이야기했듯이 등호 하나를 쓰는 것은 프로그래밍에서 대입연산자의 역할을 하기 때문이다. 값을 할당하라는 뜻으로 말이다. 따라서 앞으로 '같다(equal)'의 의미를 표현하기 위해서는 등호를 두 번

(==) 사용한다. 등호 두 개 대신 느낌표(!=)가 붙으면 '같지 않다'라는 의미이다.

논리연산자(Logical Operators)는 회로도의 직렬연결, 병렬연결로 생각하면 쉽다. 전기신호가 직렬로 들어올 때를 'and', 병렬로 들어올 때를 'or'이라고 생각하자. 출력은 전기가 통해 불이 켜지는 모습으로 생각한다. 다음을 통해 확인하자.

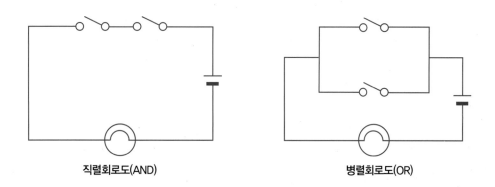

직렬회로도(AND)   병렬회로도(OR)

소스	화면 출력
>>> 1 and 1	1
>>> 0 and 0	0
>>> 1 or 1	1
>>> 1 or 0	1

전기신호가 어렵다면 and는 곱셈의 개념으로, or은 덧셈의 개념으로 이해해도 좋다. 논리연산자까지는 제어문에서 쓰는 빈도가 꽤 높다. 그러니 연습을 통해 익혀 두자.

Practice

1. '5와 5는 같다.'의 명제를 코드로 타이핑해 보자.
2. '8과 5는 같지 않다.'의 명제를 코드로 타이핑해 보자.
3. 논리연산자의 1과 0 대신 True와 False를 넣어 연산해 보자.

08 문자열 연산

앞서 말했듯이 자료형에는 정수형, 실수형뿐 아니라 문자열인 경우도 있다. 만약 문자열을 저장하고 있는 변수에 덧셈이나 곱셈 같은 연산자를 사용하면 어떻게 될까? 아래와 같이 간단한 예를 통해 덧셈부터 확인해 본다.

```
>>> a = "문자열"
>>> b = "연산"
>>> a + b
'문자열연산'
```

예상했던 결과대로 두 개의 문자열이 합쳐져 나오는 것을 확인할 수 있다. 곱셈도 확인해 본다.

```
>>> "문자열" * 10
'문자열문자열문자열문자열문자열문자열문자열문자열문자열문자열'
```

책의 앞부분에서 다루었던 내용이기 때문에 쉽게 예상했을 것이라고 생각한다. 문자열의 뺄셈, 나눗셈 등이나 기타 수식은 적용되지 않는다.

```
>>> "'문자열'" * 10
"'문자열"문자열"문자열"문자열"문자열"문자열"문자열"문자열"문자열"문자열'"
```

문자열의 곱셈(*)은 문자열을 곱한 수만큼 반복 출력하고, 덧셈은 두 문자열을 연결해 줍니다.

문자열을 다루는 부분은 파이썬의 큰 장점이고, 고급 사용자로 가기 위한 과정 중 하나이므로, 뒤에서 문자열만 다루는 시간을 가질 것이다.

Practice

1. 사용자에게 입력(input)받은 문자를 곱셈하여 10번 나타나도록 해 보자.
2. '무궁화 꽃이 피었습니다.'를 띄어쓰기 기준으로 나누어 덧셈을 해 보자.

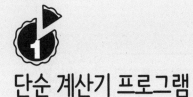

단순 계산기 프로그램

덧셈 계산기 만들기

여러분은 변수와 연산자를 배웠다. 여러 가지 예제를 통해 간단한 것부터 실용적인 것까지 하나하나 만들어 보자. 그 첫 번째 단계인 덧셈 계산기를 만들어 보자. 숫자만 나오는 프로그램이 아니라, 계산 결과를 자세하게 안내하는 프로그램으로 만들자.

🔘 화면

```
덧셈 첫 번째 숫자는?  5
덧셈 두 번째 숫자는?  8
두 숫자의 합은 13 입니다.
```

Tip 문자형을 정수형으로 바꾸기

사용자에게 입력(input)받은 문자형(str)을 정수형(int)으로 바꾸기 위해서는 값 또는 변수에 정수형(int)을 적용한다.

❋ SOURCE

```python
a = int(input("덧셈 첫 번째 숫자는?  "))
b = int(input("덧셈 두 번째 숫자는?  "))
print("두 숫자의 합은", a+b, "입니다.")
```

나눗셈 계산기 만들기

앞의 프로그램을 통해 덧셈, 곱셈, 뺄셈, 나눗셈 등을 쉽게 적용할 수 있다는 것을 알 았다. 이제 배웠던 연산자 중 나눗셈에 관련된 연산자를 이용하여 몫과 나머지를 알 려 주는 프로그램을 만들어 보자.

🔘 화면

```
피제수는?  13
제수는?  5
나눗셈의 몫은 2 나머지는 3 입니다.
```

❋ SOURCE

```python
a = int(input("피제수는?  "))
b = int(input("제수는?  "))
print("나눗셈의 몫은", a//b, "나머지는", a%b, "입니다.")
```

2 성적 계산 프로그램

프로그램 만들기

이름과 각 과목의 성적을 입력하면 총합과 평균을 알려 주는 프로그램을 만들어 보자.

화면

```
이름을 입력하세요 : 조의황
국어 성적을 입력하세요 : 95
수학 성적을 입력하세요 : 98
사회 성적을 입력하세요 : 84
과학 성적을 입력하세요 : 90
영어 성적을 입력하세요 : 79
조의황 님의 성적은
총합 446 점, 평균 89.2 점입니다.
```

input()으로 받은 숫자를 계산할 수 있는 형태로 변환하는 것 잊지 마세요.

SOURCE

```
name = input("이름을 입력하세요 : ")
korean = int(input("국어 성적을 입력하세요 : "))
math = int(input("수학 성적을 입력하세요 : "))
society = int(input("사회 성적을 입력하세요 : "))
science = int(input("과학 성적을 입력하세요 : "))
english = int(input("영어 성적을 입력하세요 : "))
test_sum = korean + math + society + science + english
test_average = test_sum / 5

print(name, "님의 성적은")
print("총합", test_sum, "점, 평균", test_average, "점입니다.")
```

한 걸음 더

- 만약 각 과목의 값을 소수점까지 입력받으려면 어떻게 해야 할까?
- 만약 변수 두 개만으로 앞의 프로그램을 구현한다면 어떻게 만들 수 있을까?

수학 계산기(1)

피타고라스 정리

피타고라스 정리는 유클리드 기하학의 직각삼각형의 세 변 사이에 성립하는 관계이다. 직각삼각형의 빗변의 제곱은 두 직각 변의 제곱 합과 같다. 이를 식으로 나타내면 $a^2 + b^2 = c^2$이다. 변의 길이는 실수로 받을 수 있도록 하자.

🔘 화면

```
첫 번째 직각 변의 길이(cm) : 15.3
두 번째 직각 변의 길이(cm) : 12.1
빗변의 길이는 19.50640920313116 cm입니다.
```

✱ SOURCE

```python
a = float(input("첫 번째 직각 변의 길이(cm) : "))
b = float(input("두 번째 직각 변의 길이(cm) : "))
print("빗변의 길이는", (a**2+b**2)**0.5, "cm입니다.")
```

원의 넓이 구하기

원의 넓이는 보통 파이(π)를 이용해서 나타내고 파이값은 3.141592…로 시작한다. 원의 반지름을 입력하면 원의 둘레와 넓이를 자동으로 나타내도록 하자. 단, 소수 셋째 자리에서 반올림한다.(round(3.555, 2) = 3.56이고, π = 3.14이다.)

●화면

원의 반지름을 입력하세요(cm) : 5
원의 둘레는 31.4 cm이고 원의 넓이는 78.5 cm입니다.

❋ SOURCE

```python
r = float(input("원의 반지름을 입력하세요(cm) : "))
rod = round(2*3.14*r, 2)
area = round(3.14*(r**2), 2)
print("원의 둘레는", rod, "cm이고 원의 넓이는 ", area, "cm입니다.")
```

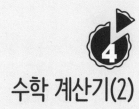

수학 계산기(2)

이차방정식의 해를 계산해 보자. 이차방정식에 대입할 수 있도록 근의 공식을 사용하여 구할 수 있게 한다.

◎ 화면

이차방정식 $ax^2 + bx + c$ 해 계산기입니다.
a 값 : 3
b 값 : 4
c 값 : 1
이차방정식 3 x^2 + 4 x + 1 의 해는

-4 ± 2.0

  6

근의 공식은
$$x = \frac{-b \pm \sqrt{b^2 - 4ac}}{2a}$$
예요.

❋ SOURCE

```
print("이차방정식 ax² + bx + c 해 계산기입니다.")
a = int(input("a 값 : "))
b = int(input("b 값 : "))
c = int(input("c 값 : "))
print("이차방정식 ", a, "x² +", b,"x + ", c,"의 해는")
print()
print(-b, "±", (b**2-4*a*c)**0.5)
print("----------")
print("  ", 2*a, "  ")
```

문자 자동 전송

　시중에는 휴대폰의 주소록을 불러들여 자동으로 문자를 보내도록 하는 프로그램이 있다. 연속으로 세 명의 이름을 입력받은 후, 이름을 넣어 새해 인사를 하는 문자 메시지 프로그램을 만들어 보자.

◉ 화면

```
첫 번째 이름을 입력하세요 : 동팔
두 번째 이름을 입력하세요 : 진수
세 번째 이름을 입력하세요 : 수정
동팔 님 올 2020년에도 새해 복 많이 받으시고 만수무강하세요.
진수 님 올 2020년에도 새해 복 많이 받으시고 만수무강하세요.
수정 님 올 2020년에도 새해 복 많이 받으시고 만수무강하세요.
```

❋ SOURCE

```python
name1 = input("첫 번째 이름을 입력하세요 : ")
name2 = input("두 번째 이름을 입력하세요 : ")
name3 = input("세 번째 이름을 입력하세요 : ")
print(name1, "님 올 2020년에도 새해 복 많이 받으시고 만수무강하세요.")
print(name2, "님 올 2020년에도 새해 복 많이 받으시고 만수무강하세요.")
print(name3, "님 올 2020년에도 새해 복 많이 받으시고 만수무강하세요.")
```

⚑ 한 걸음 더

이름을 입력받아 자동으로 새로운 문장을 생성한다면 어떤 곳에 사용할 수 있을지 생각해 보자.

BMI 계산

체질량지수(Body Mass Index, BMI)는 사람의 비만도를 나타내는 지표이다. 몸무게와 키의 관계로 계산할 수 있다. 비만도는 몸무게를 키(m)의 제곱으로 나타낸다. 이를 식으로 나타내면 다음과 같다.

$$\text{BMI} = \frac{\text{몸무게(kg)}}{\text{키(m)}^2}$$

만약 키가 2m인 사람이 몸무게가 100kg이라면 100을 4로 나눈 25가 BMI 값이 된다. 이제 이름을 입력하고 키와 몸무게를 입력하면 한 문장으로 입력자의 정보를 출력하고, BMI 값 역시 출력하는 프로그램을 만들어 보자. 세계보건기구(WHO) 기준에 따르면 비만은 30 이상, 과체중은 25 이상이다.

🖥 화면

```
이름을 입력하세요 : 파이썬
키(cm)를 입력하세요 : 176
몸무게(kg)를 입력하세요 : 72

파이썬님의 키는 176 cm이고 몸무게는 72 kg입니다.
BMI 지수는 23.24 입니다.
```

어렵지 않은 예제이다. 이 예제에서 변수에 넣었던 "파이썬"이 출력할 때 "파이썬님의 ~"와 같이 붙어 있는 것을 확인할 수 있다. print 명령어 안에서 변수와 문자열을 동시에 출력할 때 더하기 기호(+)를 사용하면 문자열을 붙여서 출력할 수 있다. 숫자 변수와는 사용할 수 없다.

Tip 함수 round

소수점을 반올림하여 나타내는 함수는 round(숫자, 나타낼 자릿수)이다.
round(3.141592, 2) = 3.14

✽ SOURCE

```
name = input("이름을 입력하세요 : ")
height = int(input("키(cm)를 입력하세요 : "))
weight = int(input("몸무게(kg)를 입력하세요 : "))
bmi = weight / (height / 100)**2

print()
print(name+"님의 키는 ", height, "cm이고 몸무게는 ", weight, "kg입니다.")
print("BMI 지수는 ", round(bmi, 2), "입니다.")
```

Chapter 3

조건

자동차가 목적지를 가기 위해 교차로에서 신호나 횡단보도 등의 도로의 상황에 따라 좌회전이나 우회전 등을 선택하면서 어떤 길을 가야 할지 결정하는 것처럼, 컴퓨터 프로그램은 입력값이나 논리식의 조건에 따라서 서로 다른 동작을 실행할 수 있어야 한다. 이처럼 선택의 문제에서 비교하면서 처리하는 조건에 대해 알아본다.

컴퓨팅 사고 여러 가지 조건이 포함된 문제는 두 개씩 비교해 가며 처리하라.

 Python

01 조건(Condition)이란?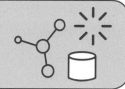

　프로그램을 작성하기 위해 여러 구조가 복합적으로 들어가게 되는데, 이는 프로그래머의 사고 구조를 실제로 구현하는 과정이다. 그중에서도 가장 먼저 필요한 구조는 순차(Sequence) 구조이다. 절차적으로 하나씩 나열된 것을 순차라고 하면 이해하는 데 어려움은 없다. 순차 구조에서 일부 순서를 변경하기 위해 사용되는 것이 조건(Condition) 구조이다. 컴퓨터가 단순한 계산기를 벗어날 수 있는 것은 상황에 따라 다른 반응을 보이기 때문이다.

　컴퓨터 프로그래밍 언어에서 조건문이란 프로그래머가 명시한 조건식에 따라 참인지 거짓인지 판단하는 것을 말한다. 실제 프로그래밍에서는 조건식이 참일 경우와 거짓일 경우에 각각 다른 것을 선택하여 명령을 수행한다. 조건문의 중요성과는 달리 개념이나 사용하는 문법은 어렵지 않다.

　이제 파이썬에서 조건 명령을 사용한 선택 구조를 만들어 보자. 명령어와 구조 역시 모두 직관적이기 때문에 어렵지 않게 선택 구조를 만들어 낼 수 있다.

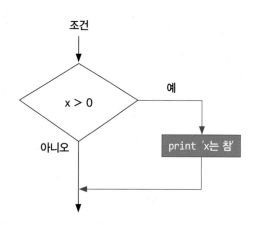

```
a = 3
if a > 2:
    print("a는 2보다 큽니다.")
```

실제 조건문은 if와 print()라는 두 명령을 이용하여 만들었다. 이 구조를 간단하게 해석하면 아래와 같다.

```
a = 3                              # a라는 변수에 숫자 3 할당
if a > 2:                          # 만약 a > 2라는 조건을 만족하면
    print("a는 2보다 큽니다.")      # "a는 2보다 큽니다."라는 문장을 출력
```

여기서 조건문인 if 명령 마지막에 콜론(:)이 사용되었다. 콜론의 의미는 이 아랫줄부터 들여쓰기 된 부분은 조건문(if) 안에 포함되어 실행된다는 의미이다. C와 같은 다른 프로그래밍 언어에서 { }와 같은 부분으로 종속절(포함)을 구분하는 것과 달리 파이썬에서는 들여쓰기로 구분한다. 이는 파이썬의 장점 중 하나이다. 들여쓰기 하나만으로도 코드 구조가 체계적으로 드러난다.

여기서 같은 들여쓰기 간격은 같은 차원의 하위 구조임을 의미한다. 들여쓰기 간격은 같아야 하며 콜론(:)을 사용하면 자동으로 들여쓰기 된 채로 시작한다. 스페이스(space)로 들여쓰기가 가능하지만 띄어쓰기의 간격이 눈에 잘 구분되지 않아 오류를 일으킬 가능성이 크니 탭을 사용하는 습관을 가지도록 하자.

Tip 등호 하나(=)와 두 개(==)의 차이

변수에서 사용되는 등호(=, equals sign)는 수학에서는 '같다'라는 의미로 통용된다. 그러나 프로그래밍 언어에서 등호(=)는 '값을 저장한다 또는 할당한다, 넣는다'라는 의미로 사용된다. 예전 키보드에서는 a ← 3과 같이 할당한다는 의미를 가진 기호가 그다지 없기 때문에 =를 사용하였고 현재까지 사용하고 있다. 프로그래밍 언어에서 수학적인 의미와 같은 '같다'라는 뜻을 사용하기 위해서는 등호를 두 번(==) 사용한다.

Practice

1. 변수에 숫자 3을 저장하고 이것이 3보다 클 경우 "세 살보다 큽니다."를 출력해 보자.
2. 변수에 자신의 이름을 입력하고 본인의 이름과 같을 경우 "본인입니다."를 출력해 보자.

02 알고리즘과 의사코드

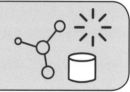

알고리즘이란 어떠한 문제를 해결하기 위한 절차를 순서대로 표현한 것을 의미한다. 컴퓨터는 일종의 기계이기 때문에 문제 해결을 위한 절차를 정확히 지정해 주지 못하면 제대로 동작하지 않는다. 이 문제 해결의 순서는 누가 지정해 주는 것일까? 그 것은 바로 프로그래머이다. 프로그래머는 이러한 절차를 머릿속에서 생각해 내고, 서로 소통하며, 프로그래밍을 한다.(컴퓨팅 사고의 과정) 알고리즘을 명확하게 표현하기 위하여 두 가지의 방식으로 나타내는데, 하나는 순서도(Flowchart)이고 다른 하나는 의사코드(Pseudo code)이다.

지하철을 타는 과정을 생각해 보자. 이를 순서도로 나타내면 다음과 같다.

① 개찰구로 간다.		개찰구로 간다.
② 교통 카드를 태그한다.		교통 카드를 태그한다.
③ 개찰구를 통과한다.		개찰구를 통과한다.

기호	명칭	설명
⬭	단말	순서도의 시작과 끝
→	흐름선	작업 흐름을 명시
⬡	준비	작업 단계 시작 전 준비(변수 및 초깃값 선언 등)
▭	처리	처리해야 할 작업을 명시(변수에 계산값 입력 등)
▱	입출력	일반적인 데이터의 입력 또는 결과의 출력
◇	판단	조건에 따라 흐름선을 선택(일반적으로 참, 거짓 구분)
⎼	프린트	프린터를 이용한 출력(서류 등의 지면에 출력)

여러 구조에 따라 다양한 기호들이 존재하지만 외울 필요는 없다. 자주 보다 보면 자연스럽게 익혀지므로 순서도라는 것이 있다는 것만 알아 두어도 충분하다.

의사코드는 슈도코드라고도 한다. 의사코드는 프로그램을 작성할 때 진행 과정을 단계별로 언어로 기록해 놓은 것이다. 많은 프로그래머들이 미리 의사코드를 통해 실제 코드를 작성하기 위해 이 작업을 수행하면서 알고리즘을 구상한다. 의사코드는 프로그래머들 간의 소통의 방법으로도 쓰인다. 여러 가지 방법이 있지만 정해진 답이 없으므로 협업자들끼리 정하면 된다. 지하철의 예에서 교통 카드 조건에 따른 의사코드로 쓴다고 하면 이런 느낌으로도 가능하다.

실제 행동	의사코드
개찰구로 간다. 만약 교통 카드가 있다면 　　　교통 카드를 태그한다. 교통 카드가 없으면 　　　일회용 교통 카드를 발급받는다. 개찰구를 통과한다.	개찰구 이동 IF 교통 카드: 　　　교통 카드를 태그 ELSE: 　　　일회용 교통카드 발급 개찰구 통과

문제 해결의 절차는 기본적으로 순차적인 구조이지만, 어떤 조건이나 패턴에 따라 조건 분기와 반복 분기를 통해서 크게 3가지 제어 구조를 가지고 있다.

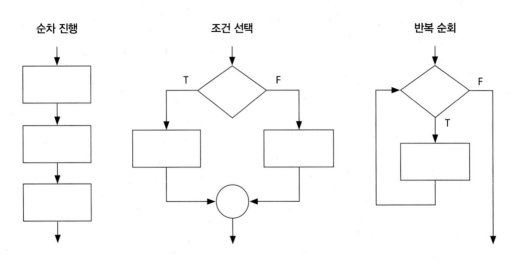

03 프로그래밍 구조에서의 조건문

 기본적으로 프로그래밍은 절차를 따른다. 처음부터 하나씩 실행하되 필요한 부분만 참조하는 식이다. 파이썬 역시 기본적으로 이러한 절차를 통해 프로그래밍이 실행된다. 하지만 일렬로 쭉 가다가 구조를 만나면 달라진다. 이 구조를 해결하고 나야 다음 단계로 넘어갈 수 있다.

 일상생활에서는 "만약 ~라면 ~이다."라는 말로 표현한다. 예를 들어, "만약 일요일에 날씨가 맑으면 소풍을 가자."라고 이야기하면 날씨가 맑을 때는 소풍을 가고 날씨가 맑지 않으면 아무것도 하지 않고 그냥 집에 있자는 것이다. 기본적인 선택 구조에서는 조건에 맞는 부분만 실행하고 나머지는 버려진다.

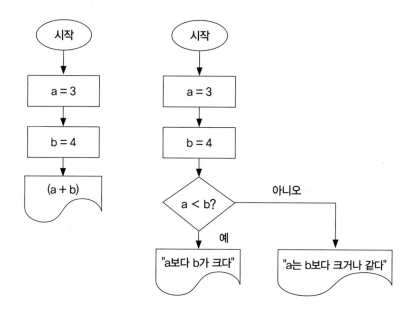

이러한 조건 구조를 활용하면 여러 가지 선택 분기점을 만들 수 있다. 다시 한 번 날씨로 돌아와 보자.

"날씨가 맑으면 소풍을 가고 날씨가 맑지 않으면 카페에 가자."라고 하면 다른 선택의 실행 결과를 만들 수 있다. 이와 같이 결합하는 정도에 따라 여러 구조가 만들어진다. 3개 이상도 가능하다. "날씨가 맑으면 소풍을 가고 비가 오면 카페에 가고 눈이 오면 운동장에 가자. 세 가지 다 아니면 집에 있도록 하자." 또는 "날씨가 맑고 20도 이상이면 소풍을 가고 날씨가 맑고 20도 미만이면 집에 있도록 하자. 눈이 왔을 때 0도 이상이면 카페에 가고 0도 이하면 집에 있자."와 같은 중첩된 조건 구조도 가능하다. 만들기 나름이고, 다양한 구조를 통해 여러 상황을 고려할 수 있다.

Practice

1. 변수에 숫자 3을 저장하고 이것이 3일 경우 "세 살입니다."라고 출력하는 프로그램을 순서도로 그려 보자.

2. 변수에 자신의 이름을 저장하고 본인의 이름이 맞을 경우 "본인입니다.", 아닐 경우 "본인이 아닙니다." 를 출력하는 내용의 알고리즘을 의사코드로 작성해 보자.

04 기본 조건문 만들기

　선택 구조를 만들기 위한 기본적인 조건 명령어를 익혀 보자. 앞에서 한 번 시도했던 사례이다.

소스	화면 출력

a=3
if a==3:
　　print("3이 맞습니다.")
if a==4:
　　print("4가 맞습니다.")
	3이 맞습니다.

　a라는 변수에 3을 할당하였고 이를 조건문에서 비교하였다. 두 번의 조건문을 통해 a가 3일 경우 "3이 맞습니다."라는 문장을 출력하도록 하였고, a가 4일 경우 "4가 맞습니다."라는 문장을 출력하도록 하였다. 결과는 3만 출력된다. 여기서 if 문장의 a==3에 등호(=)는 한 번이 아니라 두 번(==)을 쓴다. if 문의 경우 if 문 오른쪽에 쓰인 조건이 참일 경우에 들여쓰기 된 하위 명령을 수행한다. 또한 다음과 같은 부울(boolean)형 변수 또한 조건문으로 판별할 수 있다.

소스	화면 출력
a = True if a: 　　print("참입니다.")	참입니다.

Tip 부울(boolean) 자료형

부울(boolean) 자료형은 값이 True(참) 또는 False(거짓)인 것을 가리킨다. 파이썬에서 'if a:'는 'if a==True'와 같다. Boolean은 불, 부울, 불린, 불리언 등으로 불린다.

위의 if 문에서 비교연산자(>, <, == 등)가 없음에도 불구하고 "참입니다."라는 출력을 확인할 수 있다. 이는 기본값(Default)으로 조건문(if)이라는 것이 '참'인지를 판명하는 것이기 때문이다. a에 True라는 '참'값이 들어 있기 때문에 판별 결과가 참이 된다. 위 경우가 실제로 많이 쓰이지는 않지만, 조건문(if)이 if 명령문 오른쪽의 부울(boolean) 자료형을 판별하는 것임을 알 수 있는 자료이다. 숫자, 부울 이외에 문자도 실험해 보자.

소스	화면 출력물
a="파이썬" **if** a=="파이썬": print("파이썬 님이 맞습니다.")	파이썬 님이 맞습니다.

Practice

1. 변수 a에 False라는 부울 자료형을 할당하고, 조건문에서 False인 경우 "거짓"이라는 문장을 출력해 보자.
2. 변수 a에 숫자를 할당하고 조건문에서 a의 타입을 확인하여 int일 경우 "숫자형입니다."라는 문장을 출력해 보자.

05 입력(input)을 이용한 조건문

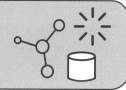

앞의 경우에서는 변수에 이미 값이 설정되어 있었다. 사실 이 경우에는 조건문을 쓸 필요가 없다. 운명이 이미 정해졌는데, 무슨 선택이 필요하겠는가. 하지만 여기에 우리가 배웠던 간단한 명령어를 함께하면 이야기가 달라진다. 사용자와의 상호작용을 만들기 위해서 사용자에게 자료를 직접 입력받는 것이다. 우리가 배운 입력 명령어(input)를 통해 이를 실행할 수 있다. 아래와 같이 실행해 보자.

소스 1	화면 출력
a = input("과일 이름을 입력하세요 : ") if a == '사과': print("입력한 과일은 사과입니다.")	과일 이름을 입력하세요 : 사과 입력한 과일은 사과입니다.

이렇게 사용자에게 입력을 받음으로써 인간을 위한 프로그램이 가능해진다. 인간의 선택에 따라 출력물이 달라짐으로써 진정한 상호작용이 가능해진 것이다. 이번에는 숫자를 입력받아 보자.

소스 2	화면 출력물
a = int(input("숫자를 하나 입력하세요: ")) if a == 3: print("입력한 숫자는 3입니다.")	숫자를 하나 입력하세요 : 3 입력한 숫자는 3입니다.

여기서 자주 하는 실수에 대하여 확인해 보자. 앞의 코드에서 만약 int를 넣지 않는 다면 어떻게 될까?

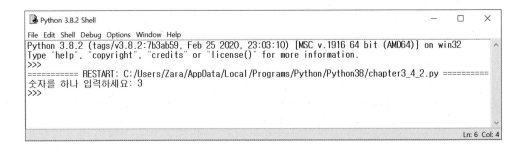

위와 같이 아무 일도 일어나지 않을 것이다. 똑같은 3인데 왜 아무 일도 일어나지 않을까? 정상적으로 동작하는 두 스크립트를 비교하면 알게 될 것이다.

int(정수형)를 사용	int(정수형)를 사용하지 않음

a = int(input("숫자를 하나 입력하세요 : "))
 if a == 3:
     print("입력한 숫자는 3입니다.")
	a = input("숫자를 하나 입력하세요 : "))
	 if a == "3":
	     print("입력한 숫자는 3입니다.")

첫 번째 소스는 숫자로 입력받아 숫자로 3을 확인하였고, 두 번째의 경우 문자로 입력받아 문자로 "3"을 처리하였다. 이렇게 서로 자료의 형태를 맞추어 주어야 비교 자체가 가능하다. 여러 번 이야기했지만 input 명령어는 기본적으로 문자로 자료를 받기 때문에 숫자의 비교연산자(>, <, ==) 등을 사용하고자 할 때는 입력받은 자료를 int( )로 미리 숫자형으로 바꾸어 주어야 한다.

프로그램 만들기

input 이용 예제

도어락 비밀번호

여러분은 기본적인 선택 구조를 만들 수 있는 능력이 생겼다. 이 간단한 선택 구조만 하더라도 많은 일들을 만들어 낼 수 있다. 현실의 많은 선택들을 프로그램으로 옮겨 보자.

화면

```
비밀번호는 무엇입니까? 0610
문이 열렸습니다.
```

SOURCE

```
password = input("비밀번호는 무엇입니까? ")
if password == "0610":
    print("문이 열렸습니다.")
if password != "0610":
    print("비밀번호가 틀렸습니다.")
```

반 배치

　if 문의 경우에 두 번 쓰는 것도 가능하다. 선택 구조에서 원하는 답이 아닐 경우 해당 코드는 실행되지 않기 때문에 조건문을 여러 번 만들어 여러 개를 확인해 보아도 된다.

⊙ 화면

이름이 무엇입니까? 김수현	이름이 무엇입니까? 이승기
3학년 6반으로 가시면 됩니다.	3학년 2반으로 가시면 됩니다.

�֎ SOURCE

```
name = input("이름이 무엇입니까?")
if name == "김수현":
    print("3학년 6반으로 가시면 됩니다.")
if name == "이승기":
    print("3학년 2반으로 가시면 됩니다.")
```

Tip 여러 개의 조건 만들기

- 조건문을 여러 번 사용하여 여러 개의 원하는 답을 만들 수 있다.
- 조건문 안에 또 조건문을 사용해 이중의 선택 구조를 만들 수 있다.

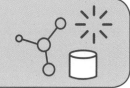

06 비교연산자를 이용한 조건문

맨 처음 예에서 보았듯이 조건문에는 같다(==)를 확인하는 것 외에도 다른 여러 관계연산자(<, >, <=, !=)를 사용할 수 있다. 조건문에서는 필수적으로 이 비교를 사용한다. 왜냐하면 프로그램에는 수많은 선택이 있기 때문이다. 이 모든 경우의 수를 일일이 지정하여 각각의 동작을 지시하는 것은 불가능할 것이다. 상태를 수치화하고 이를 범위로 묶어 분기를 마련하는 것이 훨씬 더 효율적이다. 아래 예를 보면서 확인해 보자.

```
>>> temp = int(input("CPU Temperature : "))
CPU Temperature : 50
>>> if temp >= 30:
        print("CPU Fan Operation")

CPU Fan Operation
```

CPU의 온도를 입력받고, 30도 이상일 때 "팬 동작"이라는 메시지를 출력하는 간단한 프로그램이다. 여기서는 단지 변수로 숫자를 입력받고 출력문으로 메시지를 출력하지만 컴퓨터의 실제 구조도 하등 다를 바가 없다. 여기서는 '30도 이상'을 표현하기 위하여 temp >= 30에 관계연산자가 사용되었음을 알 수 있다. 만약 '30도 이하'라면 어떻게 할까? 반대로 temp <= 30이라고 하면 된다. 앞에서 컴퓨터가 수치화하여 선택의 가짓수를 줄이는 것처럼 우리 삶에서의 예를 프로그래밍할 때도 마찬가지이다. 다음의 경우를 실행시켜 확인해 보자.

```
hhmm = 1840
if hhmm > 1800:
    print("퇴근 시간이 지났습니다. 퇴근하세요.")
```

시간과 분을 4자리 숫자 형태로 입력한 후 시간이 지난 것으로 생각하고 메시지를 출력하는 간단한 조건문이다. 분(minute)은 60분까지이지만 4자리 숫자에서는 십의 자리에 불과하므로 크기를 비교하는 관계연산자를 써도 좋다. 이러한 각각의 상황들을 적당한 곳에서 잘라 선택 구조를 만드는 것은 전적으로 사람에게 달려 있다.

Tip 관계연산자와 논리연산자

- 관계연산자와 비교연산자는 수학에서의 크다, 작다, 같다, 이상, 이하 등의 두 수를 비교하는 연산자로서 참 (True), 거짓(False)의 값으로 표현된다.
- 논리연산자는 논리합(OR), 논리곱(AND), 부정(NOT) 등을 말한다.

관계연산자를 이용한 조건문 예제

15세 이상 영화

여러분은 기본적인 선택 구조를 만들 수 있는 능력이 생겼다. 이 간단한 선택 구조만 하더라도 많은 일들을 만들어 낼 수 있다. 현실의 많은 선택들을 프로그램으로 옮겨 보자.

🔴 화면

당신의 나이는?   17
이 등급의 영화를 볼 수 있습니다.

❋ SOURCE

```python
age = int(input("당신의 나이는? "))
if age >= 15:
    print("이 등급의 영화를 볼 수 있습니다.")
```

Tip 파이썬에서의 비교연산자 사용

- 비교연산자는 우리가 아는 수학적 기호(>, <, ==, <=, >=)로 나타낼 수 있다.
- 다른 언어와 달리 파이썬에서는 '12 < a <= 18'처럼 한 번에 두 영역을 비교하여 나타낼 수 있다.

예방접종 기간

관계연산자를 통해 이제 조건을 선택할 수 있는 폭이 넓어졌다. 관계연산자를 연속적으로 이용하여 조건문을 구성해 보자. 단, 이 방법은 파이썬에서만 가능하며, 직관적으로 프로그래밍할 수 있게 해 주는 파이썬의 장점이라고 생각하면 된다.

아이가 출생 후 몇 개월인지 입력하면, 개월 수에 따라 예방접종을 해야 하는 목록을 알려 주는 것을 만들어 보자.(중간에 생략된 달은 모두 포함된다. 예: 2개월, 6개월인 경우 2~6개월)

대상 감염병	출생~1개월	2개월	6개월	15개월
결핵	▰			
B형간염	▰	▰		
파상풍		▰	▰	
폐렴구균		▰	▰	▰

🔵 **화면**

> 아이가 태어난 지 몇 개월입니까? 5
> 파상풍 예방접종 대상자입니다.
> 폐렴구균 예방접종 대상자입니다.

✱ **SOURCE**

```
age = int(input("아이가 태어난 지 몇 개월입니까? "))
if 0 <= age <= 1:
    print("결핵 예방접종 대상자입니다.")
if 0 <= age <= 2:
    print("B형간염 예방접종 대상자입니다.")
if 2 <= age <= 6:
    print("파상풍 예방접종 대상자입니다.")
if 2 <= age <= 15:
    print("폐렴구균 예방접종 대상자입니다.")
```

07 논리연산자 이해하기

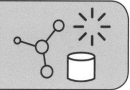

논리연산자(logical operator)는 부울 연산(boolean operation)이라고도 불리는 것으로 어떤 명제의 참과 거짓을 따지는 것이다. 조건문에서는 조건이 참인지 거짓인지 적절히 판별해야 적절한 작업을 수행할 수 있다. 자주 쓰는 논리연산자를 알아보고 실제 예를 살펴보자.

논리연산자	A	B	결과	의미
AND (A AND B)	1	1	1	A와 B가 모두 True(1)일 때 True(1)
	1	0	0	
	0	1	0	
	0	0	0	
OR (A OR B)	1	1	1	A와 B 중 하나만 True(1)이면 True(1) 값을 가짐
	1	0	1	
	0	1	1	
	0	0	0	
NOT A	A가 True(1)이면 False(0), A가 False(0)이면 True(1) 값을 가짐			

이를 다른 방식으로 중학교 때 배운 벤 다이어그램으로 생각해 볼 수 있다. AND는 교집합(A∩B)으로, OR은 합집합(A∪B)으로, NOT은 여집합(A^c)으로 생각하면 쉽게 이해가 된다. 만약 이것이 어렵다면 전기회로도를 떠올려도 좋다. AND는 직렬회로를 생각하면 된다.

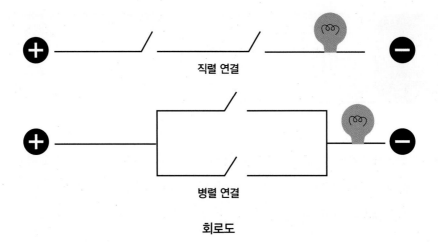

직렬 연결

병렬 연결

회로도

위 회로에서 직렬의 경우 두 개의 스위치가 모두 들어와야 불이 켜지고(AND), 병렬의 경우 둘 중 하나만 스위치가 들어와도 불이 켜진다(OR). NOT 게이트는 회로로 구성하면 더 어려우니 생략하자. 프로그래밍 언어에 논리연산자가 있는 이유는 디지털(0과 1)로 구성되어 있는 컴퓨터가 트랜지스터를 통해 수많은 경우의 수를 만들어 내기 위한 방법이라고만 생각해 두자.

08 논리연산자를 이용한 조건문

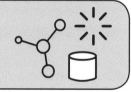

간단한 논리연산자를 실험해 보고, 또 이를 실제로 어떻게 사용할 수 있는지 알아보자.

```
>>> True and True
True
>>> True and False
False
>>> False and False
False
>>> True or True
True
>>> True or False
True
>>> False or False
False
>>> not True
False
```

앞에서 확인했던 논리 게이트를 실제로 확인해 볼 수 있다. 또한 1과 0의 논리값으로도 가능하다.

```
>>> 1 and 0
0
>>> 1 or 0
1
>>> not 0
True
```

이제 이것을 실제로 적용해 보자. a와 b 문제 중 한 개만 맞아도 점수를 획득하는 경우의 조건문을 프로그래밍해 보자. a와 b의 정답은 둘 다 1이다.

```
>>> a=1; b=3
>>> if a==1 or b==1:
        print("점수를 획득하였습니다.")

점수를 획득하였습니다.
```

이번에는 not 연산을 사용해 보자. 참고로 not 연산은 관계연산자의 '같지 않다(!=)'로도 구현할 수 있다. 소개팅을 나가 상대방 패션이 '샌들양말'만 아니면 다 마음에 든다고 가정해 보자.

```
>>> fashion = "맨발"
>>> if not fashion == "샌들양말":
        print("어머 정말 마음에 들어.")

어머 정말 마음에 들어.
```

Tip 틀리기 쉬운 논리연산자 오류

논리연산자로 조건식을 표현할 때 다음에 주의하자.

```
if a == 1 or a == 2:    # 사용 가능
if a == 1 or 2:         # 오류 발생
```

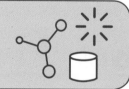

09 조건이 두 개 이상일 때, IF-ELSE

지금까지의 조건문은 "만약 ~이라면 A를 해라."와 같은 구조였다. 이런 경우에 어 떠한 것을 선택하기보다 휴게소에 가고 싶으면 중간에 휴게소를 들러 다시 고속도로 로 들어가는 정도의 분기점이었다. 그에 반해 IF-ELSE는 "만약 ~이라면 A를 해라. 아니라면 B를 해라."와 같은 두 갈래 길 중 하나를 선택하는 것과 같은 방식이다. 이 제 이 선택문을 만들어 보자.

```
>>> eyes_average = 1.8
>>> if eyes_average >= 1.0:
        print("항공기 조종사 지원이 가능합니다.")
else:
        print("항공기 조종사 지원이 불가합니다.")

항공기 조종사 지원이 가능합니다.
```

if로 조건을 설정해 준 후 아래 출력문("가능합니다.")을 통해 해당된 것을 실행시켜 주었다. 만약 이것에 해당하지 않는다면(else:) 다른 출력문("불가합니다.")을 출력하 는 것이다. 두 가지를 주의해야 한다. 첫째, else는 위의 if와 같은 들여쓰기로 실행한 다. 위 소스에서는 셸 모양(>>>)으로 인해 다른 들여쓰기 간격으로 보인다. 둘째, else 뒤에도 콜론(:)을 꼭 넣어 주어야 그 아래 행이 else에 종속하는 절이라는 것을 프로그 램이 이해할 수 있다.

이제 아래 예를 한 번 실행시켜 보자.

⊙ 화면

수능 평균 등급 : 2 수능 최저 기준을 만족합니다. 합격입니다.	수능 평균 등급 : 2.1 수능 최저 기준을 만족하지 않습니다. 불합격입니다.

✱ SOURCE

```python
grade = float(input("수능 평균 등급 : "))
if grade <= 2:
    print("수능 최저 기준을 만족합니다.")
    print("합격입니다.")
else:
    print("수능 최저 기준을 만족하지 않습니다.")
    print("불합격입니다.")
```

어렵지 않게 만들어 볼 수 있을 것이다. 다만 정수가 아니라 소수점 이하의 실수가 나올 수 있다는 점에서 정수형인 int가 아니라 실수형인 float로 처리한다는 점에 주의한다.

if 변수명 == "확인할 조건":
    조건이 참일 경우 실행할 명령
else:
    조건이 거짓일 경우 실행할 명령

▶ **Practice**

이름을 입력(input)받아 본인의 이름인 경우 "확인되었습니다."를, 본인의 이름이 아니라면 "다시 입력하여 주십시오."를 출력해 보자.

IF—ELSE를 이용한 프로그램

경찰 체력 검정

두 개의 선택을 만드는 IF—ELSE를 이용하여 여러 프로그램을 만들어 보자. 경찰 시험의 두 번째는 체력 시험이다. 다섯 개의 종목별로 기록 구간이 나누어져 있고 구간마다 1~10점까지 다양하다. 첫 번째 필기시험과 점수는 합산되지만 종목별로 모두 8점 이상을 맞으면 합격 가능성이 높다고 가정하고 예측 프로그램을 만들어 보자.

종목 기준	100m	1,000m	윗몸일으키기	좌우 악력	팔굽혀펴기
8점 커트라인	13.6	237	51	56	46

🔘 화면

> **100m 기록(초) :** 13.6
> **1000m 기록(초) :** 235
> **윗몸일으키기 기록(회) :** 52
> **좌우 악력 기록(kg) :** 56
> **팔굽혀펴기 기록(회) :** 56
>
> 합격 가능성이 매우 높습니다.

❋ SOURCE

```python
m100 = float(input("100m 기록(초) : "))
m1000 = float(input("1000m 기록(초) : "))
situp = int(input("윗몸일으키기 기록(회) : "))
gr_power = float(input("좌우 악력 기록(kg) : "))
pushup = int(input("팔굽혀펴기 기록(회) : "))
if m100<=13.6 and m1000<=237 and situp>=51 and gr_power>=56 and pushup>=46:
    print("합격 가능성이 매우 높습니다.")
else:
    print("합격 가능성이 낮습니다.")
```

공무원 시험 과락 판별

공무원 시험은 보통 필수 3과목(국어, 영어, 한국사)과 선택 2과목으로 나누어진다. 이 중 어느 한 과목이라도 40점 미만이면 과락이다. 한 해 응시자 중 평균 50% 정도 과락이 발생한다. 점수를 입력받은 후 어느 한 과목이라도 40점 미만일 경우 "과락"을 출력하고, 반대의 경우 "과락 아님"을 출력해 보자.

❋ SOURCE

```python
kor = float(input("국어 점수 : "))
eng = float(input("영어 점수 : "))
his = float(input("한국사 점수 : "))
opt1 = float(input("선택 과목 1 점수 : "))
opt2 = float(input("선택 과목 2 점수 : "))
if kor<40 or eng<40 or his<40 or opt1<40 or opt2<40:
    print("과락")
else:
    print("과락 아님")
```

조건이 3개 이상일 때, IF-ELIF-ELSE

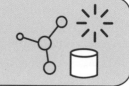

　프로그램을 만드는 데 선택의 가짓수가 당연히 두 개일 수는 없다. 현실에서와 마찬가지로 갈림길에는 여러 가지 선택지가 필요한 것처럼 말이다. 이럴 때 쓰는 것이 elif이다. 다른 프로그래밍 언어에서 ELSE IF로 쓰던 것이 파이썬에서는 elif로 간단하게 쓰인다. elif를 이용하면 "만약 A라면…a를 실행, 만약 B라면…b를 실행, 아니면 c를 실행하라."와 같은 방식으로 활용할 수 있다. 아래 예를 통해 확인해 보자.

```
>>> age = 15
>>> if age < 14:
        print("어린이입니다.")
elif 14 <= age <= 19:
        print("청소년입니다.")
else:
        print("성인입니다.")

청소년입니다.
```

　elif는 else와 마찬가지로 if 문과 같은 들여쓰기를 사용하며, 개수에 제한 없이 사용할 수 있다. 콜론(:) 역시 꼭 써 주어야 한다. 아래의 문제를 통해 연습해 보자. 90점 이상은 A부터 시작하고 60점 미만은 F로 하자.

🔘 화면

성적 평균 : 96	성적 평균 : 75
이번 학기 성적은 A 입니다.	이번 학기 성적은 C 입니다.

✽ SOURCE

```
exam = int(input("성적 평균 : "))
if exam >= 90: grade = 'A'   # 조건문 이하의 명령이 짧다면 바로 옆에 표기 가능
elif exam >= 80: grade = 'B'
elif exam >= 70: grade = 'C'
elif exam >= 60: grade = 'D'
else: grade = 'F'
print("이번 학기 성적은", grade, "입니다.")
```

성적에 따라 A~F까지 등급을 매긴 후 출력하였다. 위의 경우에는 첫 번째부터 숫자를 확인하여 해당 구간에서 빠져나간다. 즉, 75점이라면 첫 번째 if 문과 두 번째 elif 문을 확인한 후 세 번째 elif에서 빠져나간다. 따라서 중간의 B학점 조건이 '90 > exam >= 80'이 아니라 'exam >= 80'이어도 가능하다.

```
if 변수명 == 조건 1:
    조건 1이 참일 경우 실행할 명령
elif 변수명 = 조건 2:
    조건 2가 참일 경우 실행할 명령
else:
    모든 조건이 거짓일 경우 실행할 명령
```

Tip 조건문과 실행 명령 한 줄에 쓰기

if 문 다음에 수행할 문장을 콜론(:) 바로 뒤에 써 줄 수도 있다. 수행할 문장이 간단하다면 한 줄로 쓰는 것이 편할 수도 있다. 일반적으로는 다음 줄에 써 주는 것이 보기에 용이하다.

11 주석 달기

실제 프로그램을 개발하다 보면 간단한 프로그램 외에는 혼자서 작업을 하는 경우가 드물다. 대부분 팀을 이루어 하기 마련인데, 복잡한 코드를 그대로 두게 되면 다른 사람이 이해하는 데 어려움이 따르게 된다. 혼자서 개발할 때에도 마찬가지이다. 코드를 짜고 이를 그대로 두게 되면 시간이 지나 코드를 다시 볼 때 자신조차 이해하기 어려울 때가 있다. 이런 경우를 대비하여 프로그래밍할 때에는 보통 주석(remark)이라는 것을 추가한다. 이전의 프로그래밍 예에 주석문을 달아 보자.

```python
# 성적 점수로 등급을 나누는 프로그램입니다.
exam = int(input("성적 평균 : ")) # 성적 점수를 입력받음
if exam >= 90:      # 90점 이상부터 A
    grade = 'A'
elif exam >= 80:
    grade = 'B'
...
elif exam >= 70: grade = 'C'
elif exam >= 60: grade = 'D'
...    # 이번 학기부터 C와 D는 재수강하기로 하여 80점 미만은 F로 수정함

else: grade = 'F'
print("이번 학기 성적은", grade, "입니다.") # 성적 출력
```

위와 같이 주석은 두 가지 방법으로 달 수 있다. 첫 번째는 해시 기호(#)를 이용하는 것이다. 샵(#)을 놓으면 해당 줄의 샵(#) 이후부터는 모두 주석 처리되어 코드에서 기

계어 번역은 제외되며 그 부분은 실행되지 않는다. 두 번째는 따옴표 세 개(''')를 이용하는 것이다. 주석 처리하고 싶은 곳 이전에 따옴표 세 개를 놓고 이후에 따옴표 세 개를 놓으면 그 사이에 있는 해당 코드는 처리되지 않는다. 작은따옴표와 큰따옴표 둘다 사용할 수 있다. 그렇다면 언제 주석을 사용하는 것이 좋을까?

　첫 번째로는 코드가 특정한 방식으로 설정될 때이다. 프로그래밍은 여러 가지 방법으로 가능하지만 프로그래머의 의도에 따라 한 방식이 선택될 수 있다. 두 번째는 프로그래머가 만든 기능이 있으면 기능을 설명해야 한다. 나중에 배우게 될 함수에서 나오게 될 내용으로, 본인이 기능을 만들었다면 다른 사람이 이해할 수 있도록 해 주어야 한다. 세 번째는 쉽게 이해되지 않는 부분이다. 프로그래머가 보았을 때 쉽게 이해되지 않을 부분인 경우 주석을 다는 것이 좋다. 반대로 쉽게 이해할 수 있는 부분은 작성하지 않는 것이 오히려 좋다.

　앞으로 책에서 코드 내부의 주석(#, ''', """)을 계속 접하게 될 것이다. 복잡한 프로그램에서는 주석을 작성하는 것을 습관화하자.

Practice

이전에 작성했던 파일 하나를 열어 적정한 곳에 주석을 달아 보자.

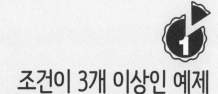

조건이 3개 이상인 예제

비만 기준

여러 가지의 선택을 만드는 IF-ELIF-ELSE를 이용하여 여러 프로그램을 만들어 보자. 전에 BMI를 계산해 본 적이 있을 것이다. 여기에 조건을 추가하여 키와 몸무게를 입력하면 계산되는 BMI에 따라 비만 분류를 계산하여 알려 주도록 해 보자. BMI 계산 기준은 [BMI = 몸무게 ÷ 키^2]이다.

BMI 기준	18.5~22.9	23~24.9	25~29.9	> 30
비만 분류	정상	과체중	비만	고도비만

🔘 화면

이름을 입력하세요 : 파이썬
키(cm)를 입력하세요 : 176
몸무게(kg)를 입력하세요 : 73

파이썬님의 키는 176 cm이고 몸무게는 73 kg입니다.
BMI 지수는 23.57 입니다. 과체중 입니다.

이전에 작성했던 것을 참고해도 좋다. 같은 내용에 조건문을 추가하여 비만도를 출력하는 프로그램을 만들어 보자.

```python
name = input("이름을 입력하세요 : ")
height = int(input("키(cm)를 입력하세요 : "))
weight = int(input("몸무게(kg)를 입력하세요 : "))
bmi = weight / (height / 100)**2

if bmi > 30:
    obe = "고도비만"
elif bmi >= 25:
    obe = "비만"
elif bmi >= 23:
    obe = "과체중"
elif bmi >= 18.5:
    obe = "정상"
else:
    obe = "저체중"

print()
print(name+"님의 키는 ", height, "cm이고 몸무게는 ", weight, "kg입니다.")
print("BMI 지수는 ", round(bmi, 2), "입니다.", obe, "입니다.")
```

Tip 소수 반올림 함수 round( )

소수 반올림은 round(숫자, 자릿수) 함수를 이용한다.

프로그램 만들기

2 수학을 이용한 프로그램 예제

짝수 홀수 구분

사용자가 자연수를 입력하면 짝수인지 홀수인지 구분하여 출력하고, 자연수가 아닐 경우 자연수가 아니라는 메시지를 출력해 보자.

화면

```
자연수를 입력하여 주십시오 : 20
짝수입니다.
>>>
자연수를 입력하여 주십시오 : -3
자연수가 아닙니다.
```

SOURCE

```
number = int(input("자연수를 입력하여 주세요. : "))
if number%2 == 0:
    print("짝수입니다.")
elif number%2 == 1:
    print("홀수입니다.")
else:
    print("자연수가 아닙니다.")
```

자릿수 판별하기

사용자가 입력한 자연수가 한 자릿수면 "한 자릿수", 두 자릿수면 "두 자릿수", 세 자릿수면 "세 자릿수", 그 이상이면 "세 자릿수 이상"을 출력해 보자.

화면

```
숫자를 입력하세요 : 33
두 자릿수
>>>

숫자를 입력하세요 : 1000
세 자릿수 이상
```

✲ SOURCE

```python
number = int(input("숫자를 입력하세요 : "))
if number >= 1000:
    print("세 자릿수 이상")
elif number >= 100:
    print("세 자릿수")
elif number >= 10:
    print("두 자릿수")
elif number >= 1:
    print("한 자릿수")
else:
    print("자연수를 입력하세요.")
```

프로그램 만들기

3

중첩 조건문 – 입대 영장

만약 남자이고, 20살 이상이고, 현재 학교에 재학 중이 아니라면 군대 영장을 보내 보자. 만약 중간에 조건이 맞지 않을 경우 "종료합니다." 메시지를 출력하고 끝내도록 하자.

화면

```
[남], [여] 중 하나를 입력하세요 : 남
현재 나이를 입력하세요 : 21
[재], [휴] 중 하나를 입력하세요 : 휴
군대에 입대하십시오.
>>>

[남], [여] 중 하나를 입력하세요 : 남
현재 나이를 입력하세요 : 19
종료합니다.
```

SOURCE

```
gender = input("[남], [여] 중 하나를 입력하세요 : ")

if gender == "남":
    age = int(input("현재 나이를 입력하세요 : "))
    if age >= 20:
        school = input("[재], [휴] 중 하나를 입력하세요 : ")
        if school == "휴":
            print("군대에 입대하십시오.")
        else:
            print("종료합니다.")
    else:
        print("종료합니다.")
else:
    print("종료합니다.")
```

자동판매기

돈을 넣으면 금액에 맞는 음료를 한 개만 뽑은 후 거스름돈을 되돌려 주는 자동판매기를 만들어 보자.

🔘 화면

```
사이다-700원 콜라-800원 물-1200원
얼마를 입력하겠습니까 : 2000
선택) 1-사이다 2-콜라 3-물 : 3
물이 나왔습니다. 덜컹
잔돈 800원 반환합니다.
>>>

사이다-700원 콜라-800원 물-1200원
얼마를 입력하겠습니까 : 700
선택) 1-사이다 2-콜라 3-물 : 2
음료수를 뽑을 수 없습니다.
잔돈 700 원 반환합니다.
```

✿ SOURCE

```
print("사이다-700원 콜라-800원 물-1200원")
money = int(input("얼마를 입력하겠습니까 : "))
drink = int(input("선택) 1-사이다 2-콜라 3-물 : "))

if drink==1 and money>=700:
    print("사이다가 나왔습니다. 덜컹")
    money = money - 700
elif drink==2 and money>=800:
    print("콜라가 나왔습니다. 덜컹")
    money = money - 800
elif drink==3 and money>=1200:
    print("물이 나왔습니다. 덜컹")
    money = money - 1200
else:
    print("음료수를 뽑을 수 없습니다.")

if money >= 0:
    print("잔돈", money, "원 반환합니다.")
```

5 주민등록번호로 출생지 출력하기

주민등록번호에는 많은 정보가 들어 있다. 생년월일은 물론이고, 성별, 출생지, 출생신고 주민센터 등 여러 가지가 있다. 주민등록번호를 숫자로만 입력하면 해당 주민등록번호에서 지역 번호 부분을 이용하여 출생지를 출력해 본다. 출생 지역 번호는 생년월일을 표시하는 여섯 자리와 성별을 나타내는 자리 다음의 두 자리이다. 예를 들면, 020101–3234567일 경우 23이 지역 번호이다.

서울	00-08	부산	09-12	인천	13-15
경기	16-25	강원	26-34	충청	35-47
전라	48-66	경상	67-91	제주	92-95

Tip 소수점 내림으로 정수 만들기

소수점 내림을 위해서 정수형을 만드는 int()를 사용할 수 있다.

🔘 화면

주민등록번호를 (–) 빼고 입력하세요 : 0302014070312
서울
>>>

주민등록번호를 (–) 빼고 입력하세요 : 0302014960312
잘못된 주민번호입니다.

✽ SOURCE

```
 # registration number=rn, local number=ln
rn = int(input("주민등록번호를 (-) 빼고 입력하세요 : "))
#뒤 6자리만 추출 예)0201013234567일 경우 0201013.234567을 0201013000000으
로 만들어 원래 번호에서 빼기
ln = rn - (int(rn/1000000) * 1000000)

#234567을 23.4567로 만들어 정수형으로 변환하여 23으로 만들기
ln = int(ln/10000)

if 0 <=ln<= 8:
    print("서울")
elif 9<=ln<=12:
    print("부산")
elif 13<=ln<=15:
    print("인천")
elif 16<=ln<=25:
    print("경기")
elif 26<=ln<=34:
    print("강원")
elif 35<=ln<=47:
    print("충청")
elif 48<=ln<=66:
    print("전라")
elif 67<=ln<=91:
    print("경상")
elif 92<=ln<=95:
    print("제주")
else:
    print("잘못된 주민번호입니다.")
```

Chapter 4

반복

사람은 같은 일을 계속 반복하면 싫증을 내고 더 이상 하지 않으려고 한다. 하지만 컴퓨터는 반복적인 일을 빠르고 유연하게 처리한다. 이 것이 컴퓨터의 큰 장점으로, 반복되는 부분을 잘 정리하여 프로그램으로 작성하면 쉽고 오류 없이 일을 시킬 수 있다. 이처럼 반복하는 패턴을 찾아 명령하면 반복의 조건이 끝날 때까지 수행하는 반복문에 대해 알아본다.

컴퓨팅 사고 반복되는 패턴을 찾아 핵심을 기호로 표현하라.

 Python

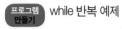

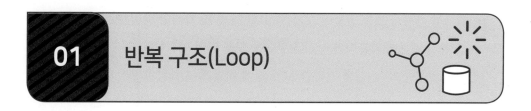

01 반복 구조(Loop)

기계가 지금의 위상을 차지하게 된 이유는 '반복'의 일을 쉼 없이 하기 때문이다. 끊임없이 사고를 하는 인간에게 높은 강도의 반복은 뇌의 피로도와 함께 생산성의 저하를 부른다. 하지만 기계는 다르다. 정해진 명령을 수행하는 작금의 프로그램과 기계는 물질의 폭발적인 생산 증대를 가져왔고, 이는 인간 사회의 발전과도 밀접한 관계가 있다. 기계는 휴식이 필요하거나 임금을 요구하지도, 불평하지도 않는다.

모든 프로그램은 반복 구조를 가지고 있다. 반복 구조가 없는 프로그램은 그 효율성이 인간의 것과 크게 다르지 않다. 컴퓨터에서 반복은 간단하게 시행할 수 있다. 반복을 불러일으키는 패턴을 찾아 코드 안에 수행할 명령을 입력해 두면 컴퓨터가 반복의 조건이 끝날 때까지 이를 묵묵히 수행한다.

파이썬에서 반복 구조를 만들어 보자. 중요한 만큼 몇 가지의 방법을 이용할 수 있다. 모두 중요하기 때문에 기본적인 구조를 만드는 것을 많이 연습할 필요가 있다.

기본적인 반복문이다. 실행 결과를 보기 전에 어떻게 출력될지 생각해 보자.

```python
i = 0
while i < 3:
    print(i, "번째 반복")
    i = i+1          # i+=1로 표현 가능함
```

아래의 출력 결과를 보고 반복문의 구조와 기능을 생각해 보자.

```
0 번째 반복
1 번째 반복
2 번째 반복
```

Tip 반복 변수 i, j

• 관용적으로 반복에 사용되는 변수는 i, j이다.
• 이미 쓰고 있는 변수 i에 1을 더할 때는 [i = i + 1]로 만들 수 있다.

```
i = i+1          # i+=1로 표현 가능함
```

---

02 while 반복문

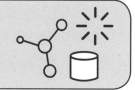

while 반복문은 조건식을 포함한 반복문이다. while 뒤에 조건식을 붙인 후 콜론(:)을 입력하면 다음 행부터 들여쓰기가 되며 조건이 '참'인 경우에 반복을 실행한다. 아래 예를 보자.

```
>>> i = 0
>>> while i < 5:
        print(i)
        i = i+1


0
1
2
3
4
```

하나씩 확인하면서 구조를 확인해 본다.

i = 0	변수 i에 0을 할당한다. 미리 변수를 설정하지 않으면 뒤에서 오류가 발생한다.
while i < 5:	while은 조건을 포함한 반복문이다. 뒤에 [i < 5] 부분이 참일 때만 반복 동작을 한다. 하위 구조를 포함하기 위해서는 조건문처럼 콜론(:)을 꼭 포함해야 한다.
print(i)	i를 반복하여 출력한다. 처음에는 0, 바로 아래에서 1을 더해 주면 다음 차례는 1이 될 것이다. 들여쓰기를 눈여겨보라.
i = i+1	i에 1을 더해 준다. 이 문장이 끝나면 조건이 맞을 때까지 다시 반복을 시작한다.

출력 결과에서도 확인할 수 있듯이 i는 0, 1, 2, 3, 4까지 출력된다. while 문은 참일 때만 동작하므로, i가 5가 되어 [while i < 5:]가 거짓이 되는 순간 더 이상 반복하지 않고 건너뛴다. while은 참일 때만 동작한다는 것을 기억하자. 아래와 같은 실험을 해 보면 while 뒤의 조건이 변하지 않는 참이므로 무한 번 동작한다는 것을 볼 수 있다.

```
>>> i = 0
>>> while True:
        print("반복 출력")

반복 출력
반복 출력
반복 출력
반복 출력
  ...
```

>>> while 반복 조건(참) : 수행할 명령

무한 반복되는 프로그램을 강제로 중지시킬 경우, 실행창에서 Ctrl+c를 입력한다.

Practice

1. while 문을 이용하여 자신의 이름을 다섯 번 출력해 보자.
2. while 문을 이용하여 자신의 이름을 무한 번 출력해 보자.

홀수 출력기

while 루프를 사용하여 홀수를 출력하는 프로그램을 만들어 보자. 조건은 1부터 시작하여 100 이하의 모든 홀수를 출력한다.

화면

```
1
3
...
99
```

✽SOURCE

```
i = 1
while i < 100:
    print(i)
    i = i+2
```

특정 숫자 반복 출력하기

이번에는 연속된 숫자를 출력하는 방법을 알아보자. 숫자가 순서대로 1, 2, 3, 0, 1, 2, 3, 0, 1, 2, 3, … 순서대로 30번째까지 계속 출력해 보자. 30번째까지 출력하면 마지막 숫자는 2이다.

❋ SOURCE

```
i = 1
while i < 31:
    print(i%4)          # %는 나머지의 연산자이다.
    i = i+1
```

피보나치 수열

이번에는 피보나치 수열을 출력해 보자. 숫자 0과 1부터 시작하여 현재 숫자 F_n은 $F_{n-1}+F_{n-2}$로 정의한다. 세 번째 숫자부터 적당한 숫자까지 출력해 보자.

❋ SOURCE

```
i=0; j=1; fibo=0
while fibo < 100:
    fibo = i+j
    print(fibo)
    i = j
    j = fibo
```

세미콜론(;)을 이용하면 한 줄에 여러 코드를
실행할 수 있습니다.

03 while로 반복 입력문 만들기

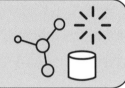

지금까지 배운 while 루프는 단순한 숫자를 반복 출력하거나 글자를 단순히 반복하기 위해 사용하기보다는 다른 방법으로 더 많이 쓰인다. 지금까지 프로그램은 한 번 실행하고 나면 종료되고 다시 실행해야 하는 번거로움이 있었다. 이제 특수한 경우를 제외하고는 아래와 같이 계속 반복할 수 있도록 만들어 보자.

◉ 화면

```
당신의 이름을 입력하세요. 'q'를 입력하면 종료합니다 : 김태령
김태령
당신의 이름을 입력하세요. 'q'를 입력하면 종료합니다 : q
q
```

while의 조건을 어떻게 설정하면 될까? while은 조건이 '참'일 때 동작한다. 그렇다면 한 가지의 경우만 제외하고 참으로 만들어 주면 된다. 비교연산자 중 '~가 아니다'를 뜻하는 것을 사용해 보자.

✻ SOURCE

```python
name = " "
while name != "q":
    name = input("당신의 이름을 입력하세요. 'q'를 입력하면 종료합니다 : ")
    print(name)
```

[name != "q"]가 거짓인 경우는 q를 입력하는 경우뿐이다. 따라서 q가 아닌 나머지 대답을 입력한 경우에는 계속 반복하게 된다. 이런 방식으로 지금까지 [i < 10]과 같이 썼던 것을 [i != 10]과 같이 쓸 수 있다. 이제 문제를 맞출 때까지 계속 다시 물어보는 간단한 퀴즈 프로그램을 만들어 보자.

◉ 화면

> 백제의 제13대 왕으로, 백제의 전성기를 이끌었고 마한과 대방을 합병한 왕은?
> 사비왕
> 백제의 제13대 왕으로, 백제의 전성기를 이끌었고 마한과 대방을 합병한 왕은?
> 근초고왕

어렵지 않게 작성했을 것이다. while의 조건에 사용될 변수를 꼭 미리 정의해 주자.

❊ SOURCE

```
answer = ' '
while answer != "근초고왕":
    print("백제의 제13대 왕으로, 백제의 전성기를 이끌었고 마한과 대방을 합병한 왕은?")
    answer = input()
```

이처럼 while 반복 명령은 조건이 참인 경우에만 반복이 가능하기 때문에 몇 번을 반복할지는 사용자의 입력 여부에 달려 있다.

while 사용 예제

Up & Down

숫자를 하나 정하고 그 숫자를 입력할 때까지 프로그램을 반복해 보자.

🔘 **화면**

```
예상 숫자를 입력하세요 : 45
  UP
예상 숫자를 입력하세요 : 52
  DOWN
예상 숫자를 입력하세요 : 50
  정답
```

✽ **SOURCE**

```python
answer = 50; number = 0
while number != 50:
    number = int(input("예상 숫자를 입력하세요 : "))
    if answer > number:
        print(" UP ")
    elif answer < number:
        print(" DOWN ")
    elif answer == number:
        print(" 정답 ")
```

숫자 주사위 만들기

주사위는 던지면 1~6까지의 숫자가 나온다. q를 누르면 종료하고 아무거나 입력하면 주사위 눈의 숫자를 계속 출력하도록 해 보자. 랜덤 숫자를 출력하는 방법은 프로그램 맨 첫 줄에 [from random import *]를 입력한 후 [randint(처음 숫자, 마지막 숫자)]로 발생시킨다.

◉화면

주사위 프로그램을 시작합니다. 첫 번째 숫자는
2
아무 키나 누르면 주사위가 던져집니다. 종료를 원하시면 'q'를 입력해 주세요.
6
아무 키나 누르면 주사위가 던져집니다. 종료를 원하시면 'q'를 입력해 주세요.q

✿SOURCE

```
from random import *
throw = 0
print("주사위 프로그램을 시작합니다. 첫 번째 숫자는")
while throw != 'q':
    print(randint(1,6))
    throw = input("아무 키나 누르면 주사위가 던져집니다. 종료를 원하시면 'q'를
입력해 주세요.")
```

프로그램 만들기

2 while을 이용한 프로그램 만들기

구구단 출력

숫자를 하나 입력하면 해당 숫자를 1~9까지 곱해 구구단을 출력하는 프로그램을 만들어 보자. 1을 입력하면 1단을 출력 후 종료한다. 반복 입력문과 1-9 반복에 두 번 while을 중첩하여 사용한다.

화면

```
(종료 '1')구구단 몇 단을 출력할까요 : 5
5 X 1 = 5
5 X 2 = 10
5 X 3 = 15
5 X 4 = 20
5 X 5 = 25
5 X 6 = 30
5 X 7 = 35
5 X 8 = 40
5 X 9 = 45
```

```
(종료 '1')구구단 몇 단을 출력할까요 : 1
1 X 1 = 1
1 X 2 = 2
1 X 3 = 3
1 X 4 = 4
1 X 5 = 5
1 X 6 = 6
1 X 7 = 7
1 X 8 = 8
1 X 9 = 9
```

SOURCE

```
num = 0;
while num != 1:
    num = int(input("(종료 '1')구구단 몇 단을 출력할까요 : "))
    i = 1
    while i < 10:
        print(num, "x", i, "=", num*i)
        i = i+1
```

가우스 계산기

숫자를 입력하면 1부터 해당 숫자까지 모두 더하는 계산기를 만들어 보자. 프로그램은 특정 숫자를 입력할 때까지 계속 반복한다. 1을 입력하면 종료한다.

🔘 화면

```
(종료 '1')숫자 입력 : 10
55
(종료 '1')숫자 입력 : 100
5050
(종료 '1')숫자 입력 : 1
1
```

✽ SOURCE

```
num=0
while num!=1:
    num=int(input("(종료 '1')숫자 입력 : "))
    i=1
    sum_n=0
    while i<num+1:
        sum_n=sum_n+i
        i = i+1
    print(sum_n)
```

주인공 체력 계산기

일반적인 게임의 경우 주인공의 체력이 0이 되면 게임이 끝난다. 주인공의 체력을 100으로 설정하고 데미지를 얼마 입힐지 입력한 후 0 이하가 되면 종료하도록 한다.

🔘 화면

```
주인공의 체력은 100 입니다.
얼마의 데미지를 입히시겠습니까 : 50
주인공의 체력은 50 입니다.
얼마의 데미지를 입히시겠습니까 : 47
주인공의 체력은 3 입니다.
얼마의 데미지를 입히시겠습니까 : 10
주인공이 죽었습니다.
```

✳ SOURCE

```python
hp = 100
while hp > 0:
    print("주인공의 체력은", hp,"입니다.")
    damage = int(input("얼마의 데미지를 입히시겠습니까 : "))
    hp = hp - damage
print("주인공이 죽었습니다.")
```

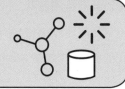

04   For 반복(iteration)

  while 반복은 숫자 반복 또는 조건 반복을 위해 사용한다. For를 사용하는 경우는 약간 다르다. For 반복문은 주어진 자료를 모두 순회할 때 주로 쓰인다. 이를 '이터레이션(iteration)'이라고 부른다. 예를 들면, 자료들의 목록에 [나, 가, 자]가 있다고 가정하자. 그럼 i 변수를 반복하면 i는 순서대로 '나, 가, 자'의 값이 대입된다. 1~3번을 단순히 출력하는 것이 아니라 i 변수가 나, 가, 자로 변하는 것이다. 이것이 자료를 순회한다는 의미이고, For 반복을 사용하는 이유이다. 아래의 예를 보면서 확인해 보자.

```
>>> a = ["호", "랑", "이"]
>>> for i in a:
        print(i)


호
랑
이
```

  첫 줄에 a = ["호", "랑", "이"]와 같이 되어 있는 것은 하나의 변수명에 여러 자료를 저장하는 것으로 '리스트'라고 부른다. 리스트는 대괄호([ ]) 안에 콤마(,)로 구분하여 저장한다. 변수와 마찬가지로 문자는 따옴표(" ", ' ') 안에, 숫자는 그냥 쓴다. 리스트를 다루는 방법은 차후에 다시 공부할 것이다. 다음의 예를 통해 For 반복을 다시 한 번 실험해 보자.

```
>>> b = ['용', 1, '가', 2, '리']
>>> for i in b:
        print(i)

용
1
가
2
리
```

while에서는 논리연산자를 사용했던 것과는 반대로 for i in b에서 in을 사용하였다. b 안의 값에서 반복을 실행한다는 의미로 생각해도 좋다.

for 반복
>>> for 변수명 in 리스트명:
　　수행할 명령

 Tip for와 while의 차이

• 한꺼번에 두 개 이상 출력하고 싶을 때는 print(a, b)와 같이 이용한다.

• for 문과 while 문의 차이
  for 문과 while 문은 반복문으로 사용되나 반복의 횟수에 있어서 차이가 난다.
  for 문은 반복의 범위가 결정되어 반복 횟수를 미리 알 수 있지만, while 문은 조건식과 사용자의 입력에 따라 반복이 지속될지 아니면 종료될지 결정되므로 가변적으로 변한다.

Practice

1. 좋아하는 색을 리스트로 설정하고, 이를 for로 반복하여 출력해 보자.
2. 단어를 3개 이상 리스트로 설정하고, 이를 '단어, 단어 길이'로 출력해 보자.(단어 길이는 len()을 이용한다.)
3. 리스트에 1, 2, 3, 4, 5를 저장하고, for 반복으로 2, 3, 4, 5, 6을 출력해 보자.

For 반복(iteration) 연습

while과의 결합

리스트 자료에 ['아침', '점심', '저녁', '야식']을 저장한 후 날짜의 수를 지정한 만큼 출력해 보자. 반복적 질문은 while 문으로 구현하고, 식사 횟수는 for 문으로 구현해 보자.

🍩 화면

```
(종료 '0')며칠이 지났습니까 : 2
아침
점심
저녁
야식
아침
점심
저녁
야식
(종료 '0')며칠이 지났습니까 : 0
```

✳ SOURCE

```
i=1; j=0
meal = ['아침', '점심', '저녁', '야식']
while i > 0:
    i = int(input("(종료 '0')며칠이 지났습니까 : "))
    j = i
    while j>0:
        for k in meal:
            print(k)
        j = j-1
```

숫자에 3을 곱해 해당 숫자만큼 반복하여 출력할 수 있습니다.

리스트

• 변수 a, b에 한꺼번에 값을 넣기 위해 a=b=1이라고 쓸 수 있다.

• 리스트는 하나의 변수에 여러 가지 데이터를 넣는 자료형이다.

  var = ['a', 'b', 'c']처럼 표현하며, 이 리스트 자료형은 다음 장에서 구체적으로 배운다.

합격 판별

리스트에 각 학생들의 점수가 담겨 있다고 가정하자. 각 학생들의 점수를 확인한 후 70점 이상이면 "1급", 60점 이상이면 "2급", 그 이하일 경우 "불합격"을 출력한다. 학생의 점수는 다섯 개 이상 저장한다.

🔘 **화면**

```
2020 제2회 한국사 시험 결과
1 번 학생은 1급입니다.
2 번 학생은 1급입니다.
3 번 학생은 1급입니다.
4 번 학생은 1급입니다.
5 번 학생은 2급입니다.
6 번 학생은 불합격입니다.
```

❋ SOURCE

```python
score = [75, 83, 95, 99, 67, 55]
number = 0
print("2020 제2회 한국사 시험 결과")
for i in score:
    number = number + 1
    if i >= 70:
        print(number, "번 학생은 1급입니다.")
```

```
    elif i >= 60:
        print(number, "번 학생은 2급입니다.")
    else:
        print(number, "번 학생은 불합격입니다.")
```

이름 정보 대조하기

리스트 하나에는 각각의 이름이 들어 있고, 다른 리스트에는 순서대로 잡혀 있는 행사가 저장되어 있다. 각각의 출석 명단을 확인하기 위하여 [이름 1 행사 1], [이름 2, 행사 2], …, [이름 4, 행사 4] 순으로 모두 출력하려고 한다. 리스트 1에서 이름을, 리스트 2에서 행사명을 가져와서 동시에 출력해 보자.

🔘 화면

```
토미 OT
토미 CONCERT
토미 MT
    …
불독 MT
불독 PLAY
```

❋ SOURCE

```
name = ["토미", "지미", "낸시", "불독"]
fes = ["OT", "CONCERT", "MT", "PLAY"]
for a in name:
    for b in fes:
        print(a,b)
```

05 For 문에 range() 사용하기

    지금까지 while과 for를 배웠다. 단순한 횟수 반복일 때는 for가 아니라 while을 사용했을 것이다. 그러나 for 역시 횟수 반복 또는 숫자를 이용한 반복을 할 수 있다. [for~in] 대신에 [for~in range()]를 사용하는 것이다. 아래의 예를 통해 확인해 보자. 한 번만 보더라도 쉽게 확인할 수 있을 것이다.

```
>>> for i in range(5):
        print(i)

0
1
2
3
4
```

    위와 같이 range()의 사용법은 range()의 괄호 안에 끝 숫자를 써 주는 것이다. 끝 숫자를 써 주면 0부터 시작하여 그 숫자 이전까지 반복한다. for a in range(5)라고 쓰면 0부터 5 미만의 수까지 반복한다. 사실 이는 앞의 반복과 똑같다. i가 순서대로 0, 1, 2, 3, 4가 되기 때문에 5번의 반복이 되는 것이다. range()는 함수로서 일정한 범위를 포함하는 객체를 만들어 준다.

```
>>> a = range(10)
>>> a
range(0, 10)
>>> b = range(1, 10)
>>> b
range(1, 10)
```

range()를 사용하면 몇 가지 숫자들의 조합을 만들 수 있다. 조합을 통해 다양한 수학적인 계산과 반복의 개념을 이해해 보자.

용법	설명	포함된 숫자
range(5)	range(끝 숫자)	0, 1, 2, 3, 4
range(1, 5)	range(시작 숫자, 끝 숫자)	1, 2, 3, 4
range(1, 10, 2)	range(시작 숫자, 끝 숫자, 뛰어 세기)	1, 3, 5, 7, 9

for 횟수 반복
>>> for 변수명 in range(반복할 횟수):
    수행할 명령

Practice

1. for와 range()를 사용하여 0~10까지 출력해 보자.
2. for와 range()를 사용하여 5~15까지 출력해 보자.
3. for와 range()를 사용하여 0~21까지의 짝수를 모두 출력해 보자.
4. for와 range()를 사용하여 -100~100까지의 4의 배수를 모두 출력해 보자.

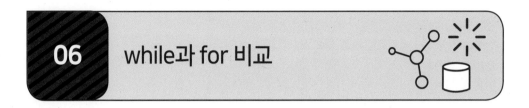

06 while과 for 비교

　while과 for는 각 상황에 알맞게 사용할 수 있다. 물론 모든 while과 모든 for는 각종 함수를 통해 서로 똑같이 구현할 수 있다. 그러나 그렇게 되면 오히려 코드가 길어지고 남이 봤을 때 이해하기 어려운 코드가 된다. 여러 사례 중 두 가지만 살펴보자. 먼저 기본적인 횟수 반복이다.

```
>>> i=0
>>> while i<10:
        print(i)
        i=i+1

0
1
...
9
```

```
>>> for i in range(10):
        print(i)

0
1
...
9
```

　두 가지 모두 0~9까지 출력하는 스크립트이다. for 반복문 쪽이 좀 더 쉽긴 하지만 크게 차이 나는 정도는 아니다. while의 경우 변수 i를 미리 설정해야 하고 for는 그렇지 않다. 따라서 단순한 횟수 반복의 경우에는 for-range()를 더 많이 사용한다. 그렇다면 다음의 조건이 있는 경우를 살펴보자.

```
반복할 개수는? 3
반복 1 번째
반복 2 번째
반복 3 번째
반복할 개수는? 0
```

❄ SOURCE

```
i=1
while i!=0:    # 0 입력 시 종료
    i=eval(input("반복할 개수는? "))
    j=0         # 한 번 실행 후 초기화
    while j<i:
        print("반복", j+1, "번째")
        j=j+1
```

```
for i in range(1000):
    j=eval(input("반복할 개수는? "))
    if j==0:        # 0 입력 시 종료
        break       # for 문 종료
    else:
        for a in range(j):
            print("반복", a+1, "번째")
```

위 코드는 똑같은 효과를 내는 2가지 스크립트이다. 하나는 while로만 구성하였고 하나는 for로만 구성하였다. 길이는 비슷해 보이지만, while 쪽이 코드 구조가 좀 더 단순함을 알 수 있다. 심지어 하위 구조로 들어가는 정도인 차수도 while 쪽이 좀 더 적다. 게다가 for는 간단한 방법으로는 무한 루프를 구성할 수 없다. 가능한 방법으로 구성하되, 조건이 있다면 while이, 반복이나 횟수 반복이라면 for가 조금 더 유리하다. 쉽게 구성하는 쪽이 좋은 코드이다.

eval은 값을 계산해서 돌려줘요. eval(1+2)—>3, eval("가" + "나")—>"가나"

range() 예제

피보나치 수열

for와 range()를 이용하여 피보나치 수열을 20번째 항까지 구해 보자.

✤ SOURCE

```
a=0; b=1
for i in range(20):
    print(a, end=" ")
    n = a+b
    a = b
    b = n
```

Tip 한 줄에 다음 값 출력하기

print(a, end=" ")처럼 사용하면 end에 지정한 문자열 다음에 다음 a 값이 같은 줄에 출력된다.
예) print("가", end="-"); print("나")
　가-나

짝수, 홀수 생성기

사용자에게 질문을 한 뒤 1을 입력하면 홀수를, 2를 입력하면 짝수를 100까지 출력하는 프로그램을 for와 range()를 이용하여 만들어 보자.

✤ SOURCE

```
a = int(input("홀수는 1, 짝수는 2를 입력해 주세요 : "))
for i in range(a, 101, 2):
    print(i)
```

07 continue와 break

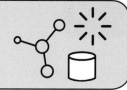

반복적인 작업을 수행하다 보면 특정 조건이 될 때 반복문을 강제로 종료해야 할 때가 있다. 또는 특정 조건일 때는 무언가를 실행하지 않고 스킵해야 할 때가 있다. 이럴 때 쓰는 것이 바로 continue와 break이다. 이름에서 알 수 있듯이 continue는 특정 조건일 때 무언가를 실행하지 않고 다음 반복 차례로 넘어가고, break는 특정 조건일 때 반복 을 종료한다. 이들은 while과 for에서 둘 다 동작한다. 아래 예를 통해 확인해 보자.

```
>>> i=0
>>> while i < 6:
        i = i + 1
        if i==3:
                continue
        print(i, "번째 반복입니다.")

1 번째 반복입니다.
2 번째 반복입니다.
4 번째 반복입니다.
5 번째 반복입니다.
6 번째 반복입니다.
```

실행 결과를 보면 3번째가 빠져 있다는 것을 알 수 있다. 스크립트를 보자. 스 크립트에서 i는 1씩 증가하면서 반복하고 있는 중이다. 그러다가 if 문에서 3일 때 [continue]를 해 주었더니, 그 다음 명령인 print를 건너뛰고 다음 반복을 실행하였 다. continue가 어떤 역할을 하는지 알 수 있을 것이다. 반복하여 실행하는 과정에서

continue를 만나는 순간 그 아래의 명령은 수행하지 않고 다음 반복 루프로 넘어가게 되는 것이다. 다음은 break의 예를 보자.

```
>>> for i in range(2, 979):
        if 979%i == 0:
            break
        print(i)

2
3
4
5
6
7
8
9
10
```

979가 소수인지 알아보기 위하여 나누는 수를 1씩 증가시키면서 나누어 보았다. 그러다가 나누어지는 순간 반복을 멈추었다. 10까지만 출력하였으니 979는 11로 나누어지는 수일 것이다. break 역시 만나는 그 즉시 빠져나온다. 만약 위의 경우에서 print(i)가 break 문보다 먼저 있었다면 11까지 출력되었을 것이다. continue와 break를 이용하면 훨씬 더 쉽게 프로그래밍할 수 있고 다양한 효과를 만들어 낼 수 있다.

Practice

1. while로 무한 반복을 만든 뒤 50번째 반복이 끝나면 "끝"을 출력해 보자.
2. ['가', '나', '다', '라', '마'] 리스트를 만든 뒤 for 반복으로 하나씩 출력하되 '라'를 만나면 '라'까지 출력한 뒤 반복을 종료해 보자.

break, continue 예제

퀴즈 내기

이전에 나왔던 퀴즈 맞추기를 while 무한 반복과 break를 이용하여 출력해 보자.

 화면

> 아무리 위를 봐도 보이지 않는 천장은 : 천장
> 아무리 위를 봐도 보이지 않는 천장은 : 입천장
> 꽃가게 주인이 가장 싫어하는 도시는 : 시드니
> 축하합니다.

✿ SOURCE

```python
while True:
    a = input("아무리 위를 봐도 보이지 않는 천장은 : ")
    if a == "입천장":
        break
while True:
    a = input("꽃가게 주인이 가장 싫어하는 도시는 : ")
    if a == "시드니":
        break
print("축하합니다.")
```

종료 조건 지정

input( ) 입력문으로 뛰어넘을 숫자와 끝날 숫자를 입력하면 해당 숫자를 출력한다.

◐ 화면

```
마지막 숫자는 : 4
뛰어넘을 숫자는 : 3
0
1
2
4
```

✿ SOURCE

```python
a = int(input("마지막 숫자는 : "))
b = int(input("뛰어넘을 숫자는 : "))
for i in range(a+1):
    if i==b:
        continue
    print(i)
```

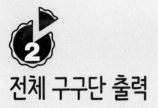

전체 구구단 출력

for 문을 이용하여 구구단을 2~9단까지 자동으로 출력하는 프로그램을 만들어 보자. 무슨 수를 곱하는지도 출력할 수 있도록 하자.

🔘 화면

```
구구단을 외자
2 단 시작==========
2 X 1 = 2
2 X 2 = 4
2 X 3 = 6
     …
9 X 5 = 45
9 X 6 = 54
9 X 7 = 63
9 X 8 = 72
9 X 9 = 81
```

✱ SOURCE

```python
print("구구단을 외자")
for a in range(2, 10):
    print(a, "단 시작==========")
    for b in range(1, 10):
        print(a, "X", b, "=", a*b)
```

버스킹 로빈스 31

혼자서 31 게임을 할 수 있도록 해 보자. 숫자를 입력하도록 요구하여 숫자를 넣으면 남은 숫자를 계속 출력하도록 하되 31만 남았을 때에 게임을 종료하도록 한다. 2인용 게임으로 만든다.

화면

```
버스킹~ 로빈~스 31
(0 입력 시 종료)플레이어 1 순서, 입력할 숫자는? 1
(0 입력 시 종료)플레이어 1 순서, 입력할 숫자는? 2
(0 입력 시 종료)플레이어 1 순서, 입력할 숫자는? 3
(0 입력 시 종료)플레이어 1 순서, 입력할 숫자는? 0
4 5 6 7 8 9 10 11 12 13 14 15 16 17 18 19 20 21 22 23 24 25 26 27 28 29 30 31
(0 입력 시 종료)플레이어 2 순서, 입력할 숫자는? 4
(0 입력 시 종료)플레이어 2 순서, 입력할 숫자는? 0
5 6 7 8 9 10 11 12 13 14 15 16 17 18 19 20 21 22 23 24 25 26 27 28 29 30 31
(0 입력 시 종료)플레이어 1 순서, 입력할 숫자는? 6
잘못된 숫자를 입력했습니다. 다시 입력하세요.
(0 입력 시 종료)플레이어 1 순서, 입력할 숫자는? 8
잘못된 숫자를 입력했습니다. 다시 입력하세요.
(0 입력 시 종료)플레이어 1 순서, 입력할 숫자는? 7
                      …
(0 입력 시 종료)플레이어 2 순서, 입력할 숫자는? 30
(0 입력 시 종료)플레이어 2 순서, 입력할 숫자는? 0
31
30까지 외쳤습니다. 게임이 끝났네요.
```

한 줄로 print를 하고 싶을 때에는 print(i)를 print(i, end=' ')처럼 end를 사용합니다.

```python
print("버스킹~ 로빈~스 31")
number = 1
while number < 31:
    while True:
        p1 = int(input("(0 입력 시 종료)플레이어 1 순서, 입력할 숫자는? "))
        if p1==0:
            break
        if p1<number or p1>number:
            print("잘못된 숫자를 입력했습니다. 다시 입력하세요.")
            continue
        number = p1+1
    for i in range(number, 31+1):
        print(i, end=' ')

    print(" ")

    while True:
        p2 = int(input("(0 입력 시 종료)플레이어 2 순서, 입력할 숫자는? "))
        if p2==0:
            break
        if p2<number or p2>number:
            print("잘못된 숫자를 입력했습니다. 다시 입력하세요.")
            continue
        number = p2+1
    for i in range(number, 31+1):
        print(i, end=' ')

    print(" ")
print("30까지 외쳤습니다. 게임이 끝났네요.")
```

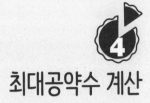

최대공약수 계산

두 개의 숫자를 각각 입력받은 후 이 두 수의 최대공약수를 유클리드 호제법으로 구하는 프로그램을 만들어 보자.

유클리드 호제법 : a와 b의 최대공약수는 a를 b로 나눈 나머지와 b의 최대공약수이다. (단 a>b)

🔘 화면

```
최대공약수 구하기
첫 번째 숫자 : 21
두 번째 숫자 : 9
최대공약수는 3
```

✿ SOURCE

```python
print("최대공약수 구하기")
a = int(input("첫 번째 숫자 : "))
b = int(input("두 번째 숫자 : "))

if b > a:
    a,b = b,a

while(b!=0):
    a = a%b
    a,b = b,a

print("최대공약수는", a)
```

> 파이썬에서 a와 b의 값을 바꾸려면 a,b = b,a로 간단하게 바꿀 수 있어요. 오직 파이썬에서만 가능하답니다.

복리 계산기

　　1년에 한 번 납입해야 하는 적금이 있다고 가정하자. 해당 이율, 가입 기간, 납입 금액을 입력받은 후 최종 금액을 출력해 보자.(만약 5년짜리 5% 적금에 처음 1회 1000만 원만 납입하고 이후 납입하지 않는다면, 최종 금액은 [1000만 원*1.05*1.05*1.05*1.05*1.05]로 계산할 수 있다.)

화면

```
=========복리 적금 이율 계산기==========
이율은 얼마입니까(%)? 5.2
몇 년 납입 예정입니까? 5
1년에 얼마씩 넣으시겠습니까(만 원)? 1200
1200 만 원씩 5 년 동안 적금한 결과는 7730.898109704194 만 원입니다.
```

❋ SOURCE

```python
print("=========복리 적금 이율 계산기==========")
interest = float(input("이율은 얼마입니까(%)? "))
period = int(input("몇 년 납입 예정입니까? "))
deposit = int(input("1년에 얼마씩 넣으시겠습니까(만 원)? "))

interest = (interest / 100) + 1
money = 0

for i in range(period, 0, -1):
    money = money + deposit*(interest**period)
print(deposit, "만 원씩", period, "년 동안 적금한 결과는", money, "만 원입니다.")
```

## Chapter 5

터틀 라이브러리

파이썬은 초보자도 화면에 그림을 쉽게 그릴 수 있도록 터틀 라이브러리라는 터틀 그래픽이 지원된다. 터틀 그래픽은 화면의 거북을 움직여 그림을 그릴 수 있도록 한다. 여기에서는 터틀 그래픽스를 통해 가장 간단한 라이브러리를 불러오고, 그래픽을 사용하고 변형하는 방법을 배운다.

컴퓨팅 사고 문제 해결에 따른 사고의 과정을 시각적으로 표현하라.

 Python

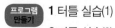

01 그래픽 활용(Turtle 라이브러리)

지금까지 파이썬의 자료와 제어 구조 명령을 학습하였다. 이것으로 기본적인 프로그래밍을 할 수 있게 되었을 것이다. 하지만 그래픽으로 구현되는 프로그램은 어떻게 동작하는지도 모를 정도로 복잡하고, 설사 안다고 할지라도 생각만으로도 길어지는 코드에 개발의 엄두조차 내지 못할 것이다.

이런 기능과 그래픽을 모두 내 손으로 만드는 것은 매우 어려운 일이다. 하지만 많은 기능을 가진 코드들이 여러 프로그래머들의 손을 거쳐 여기저기에 공개되어 있고, 특히나 자주 사용하는 기능들은 파이썬에서도 완제품을 끼워서 제공하고 있다. 따라서 우리는 프로그램을 만들기 위해서 각 코드의 부품들을 조립하듯이 끼워 사용하기만 해도 된다. 그 부품들이 어떤 역할을 하고, 어떻게 끼우고, 어떻게 변형시키는지 알기만 해도 멋진 프로그램들이 완성된다.

이제 이러한 부품들을 어떻게 조립하고, 어떻게 사용하는지 배울 것이다. 예전 교육용 프로그램인 LOGO를 본 떠 만든 터틀 그래픽스(Turtle Graphics)를 통해 가장 간단한 라이브러리를 불러와서 사용하고, 변형하는 방법을 배울 것이다.

프로그램을 작성하기 전에 터틀 라이브러리를 불러와야 한다. 다양한 라이브러리는 인터넷에 존재하고, 이를 다운로드하여 설치한다. 그러나 터틀과 같이 많이 사용되는 기본적인 라이브러리는 파이썬을 설치할 때 이미 설치되므로 바로 불러오면 된다. 아래의 방법으로 라이브러리를 로드하자.

```
>>> import turtle
>>> turtle.forward(100)
```

여러분은 터틀 그래픽이란 거대한 라이브러리를 import 명령어를 통해 자신의 프로그램에 로드하였고, 거북을 앞으로 100만큼 가기(forward)하여 선을 긋는 명령을 실행하였다. 그냥 forward가 아닌 turtle.forward인 이유는 turtle 라이브러리 안에 있는 명령어임을 이야기하는 것이다. 실행하면, 작은 화살표가 일정 길이만큼 앞으로 이동한 것을 볼 수 있을 것이다. 이제 하나씩 배워 보자.

라이브러리 불러오기
>>> import 라이브러리 이름

Practice

1. 터틀 라이브러리를 불러온 후 앞으로 가기 200만큼 실행해 보자.
2. 터틀을 앞으로 가기 −300만큼 실행해 보자.
3. 앞으로 가기(forward) 명령으로부터 추론하여 터틀을 뒤로 가기 150만큼 실행해 보자.

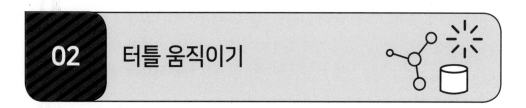

02 터틀 움직이기

터틀은 여러 가지 명령어를 이용하여 커서를 화면에서 움직일 수 있다. 교육용으로 제작되었던 LOGO 프로그램답게 명령어는 매우 직관적이고 직접적이다. 앞으로 가기, 뒤로 가기, 옆으로 돌기를 체험해 보자. 만약 이를 명령어 프롬프트인 셸(>>>)에서 실행하면 각각의 동작을 맨 처음부터 따로 시작하게 되므로 스크립트 메모장에서 실행한다.

```python
import turtle
turtle.forward(100)
turtle.left(90)
turtle.forward(100)
turtle.right(90)
turtle.back(100)
```

이것을 실행하면 화살표가 움직이면서 선을 그리는 것을 볼 수 있다. 최종적인 화면은 아래와 같다.

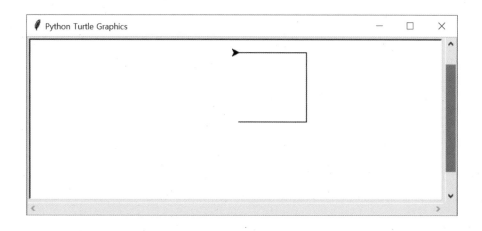

파이썬은 한 줄씩 코드를 만들어 내는 인터프리터 언어이기 때문에 실행 결과를 예측하는 가장 좋은 방법은 내가 거북(화살표)이 되어 스크립트를 한 줄씩 따라가 보는 것이다. 기본적으로 처음 방향은 오른쪽 90도를 보고 있기 때문에 해당 방향으로 시작하면 된다. 명령어를 여러 번 사용해 보고 익혀 보자.

명령어	설명	예시
forward()	앞으로 ( )만큼 가기	turtle.forward(100)
back()	뒤로 ( )만큼 가기	turtle.back(100)
left()	왼쪽으로 ( )도만큼 회전하기	turtle.left(90)
right()	오른쪽으로 ( )도만큼 회전하기	turtle.right(90)

>>> import turtle
>>> turtle.명령어(값)

Practice

1. 터틀 라이브러리를 이용하여 사각형을 그려 보자.
2. 터틀 라이브러리를 이용하여 삼각형을 그려 보자.
3. 터틀 라이브러리를 이용하여 원을 그려 보자.

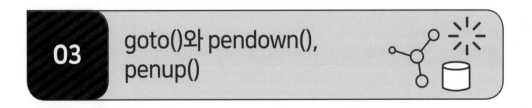

아래와 같은 두 가지 도형을 한 화면에 그리는 스크립트를 생각해 보자.

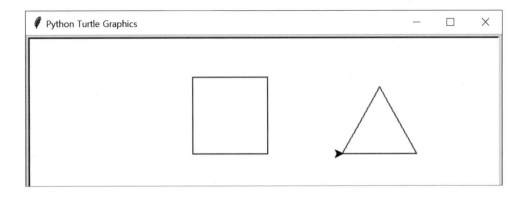

　앞서 배운 명령으로 그리려고 하면 사각형과 삼각형 사이를 연결하는 줄이 생길 것이다. 이것을 해결하기 위해서 사용하는 것이 pendown(), penup()이다. 말 그대로 pendown()은 '펜을 내린다'는 뜻으로 펜을 스크린에 대는 것이다. 반대로 penup()은 펜을 들어 스크린에서 띄우는 것을 의미한다.

　여기에 goto()를 사용하면 위치 이동이 더욱 다양해진다. goto()에서는 좌표를 이용하기 때문에 x, y의 좌푯값이 필요하다. 가로는 x 좌표, 세로는 y 좌표이고, 가운데가 (0, 0)의 좌표를 갖는다. 화면에 보이는 좌표는 모니터마다 조금씩 다르므로 직접 실험해 본다.

명령어	설명	예시
pendown()	펜을 내려 그리기 모드	turtle.pendown()
penup()	펜을 올려 그리지 않기 모드	turtle.penup()
goto()	해당 좌표로 이동하기	turtle.goto(100,100)

그렇다면 이제 아래와 같은 그림을 그려 보자. 위의 명령어를 이용해 간단히 그릴 수 있다.

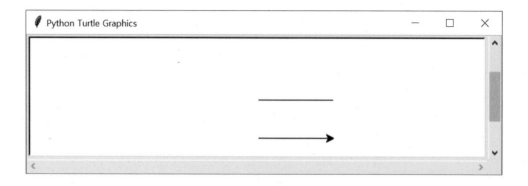

```
import turtle
turtle.forward(100)
turtle.penup()
turtle.goto(0, -50)
turtle.pendown()
turtle.forward(100)
```

04 반복문으로 다각형 그리기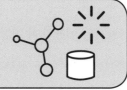

사각형, 삼각형 등을 그릴 때 일일이 선을 긋는 명령문을 쓰는 것이 귀찮았을 것이다. 반복문을 사용한다면 정32각형처럼 말이 안되는 도형도 쉽게 그릴 수 있다. 이제 여러 개의 사각형을 반복문을 이용하여 만들어 보자.

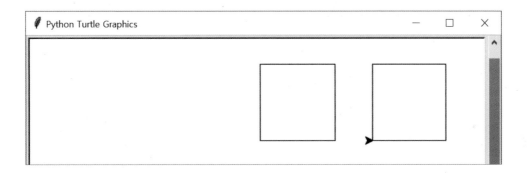

```python
import turtle
i = 0
while i < 4:
    turtle.forward(100)
    turtle.left(90)
    i = i+1

turtle.penup()
turtle.goto(150,0)
turtle.pendown()

for j in range(4):
    turtle.forward(100)
    turtle.left(90)
```

두 개의 사각형을 반복문을 이용하여 그려 보았다. 그 사이에는 penup(), pendown(), goto()를 이용하여 이동하였다. 물론 goto()가 아닌 회전과 전진을 사용하여 움직여도 좋다. 두 개의 사각형은 각각 while()과 for-range()를 이용하여 그렸다. for-range() 의 코드가 단순한 횟수 반복에 더 어울린다. turtle로 그림을 그릴 때에는 단순한 횟수 반복의 경우가 더 잦으므로 for-range()를 사용하자.

이제 원을 만들어 보자. forward()와 left()를 반복문과 함께 사용한다. 어떻게 하면 원을 그릴 수 있을까?

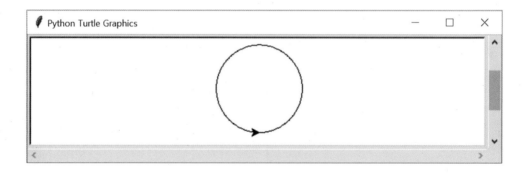

```
import turtle
for i in range(360):
    turtle.forward(1)
    turtle.left(1)
```

```
import turtle
turtle circle(100)
```

프로그램 만들기

반복문으로 다각형 그리기 실습

반복으로 다양한 모양 그리기

반복을 이용하면 예상하지 못했던 여러 가지 모양을 그릴 수 있다. 사각형을 그릴 때 각도를 조금 바꾸어 아래와 같은 모양을 만들어 보자.

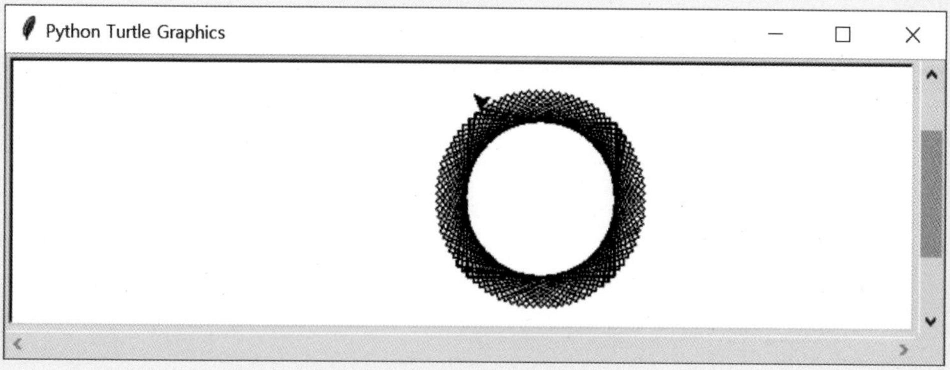

SOURCE

```
import turtle
for i in range(100):
    turtle.forward(100)
    turtle.left(89)
```

별 모양 그리기

사각형을 그릴 때에는 90도를 회전하고, 오각형을 그릴 때에는 72도를 회전한다. 어떻게 하면 별 모양을 그릴 수 있을지 생각해 보자.

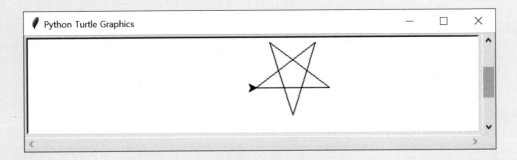

✳ SOURCE

```
import turtle
for i in range(5):
    turtle.forward(100)
    turtle.left(144)
```

미로 그리기

안쪽에서 시작하여 조금씩 전진하면서 미로를 그린다. 전진하는 값을 점점 증가시키려면 어떻게 해야 할지 생각해 보자.

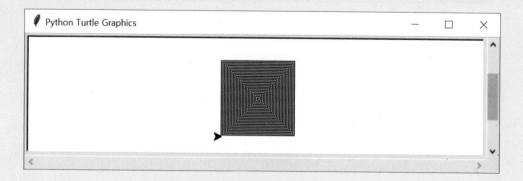

❋ SOURCE

```
import turtle
for i in range(100):
    turtle.forward(i)
    turtle.left(90)
```

Tip 라이브러리(모듈) 이름 지정하기

라이브러리를 불러들일 때 import turtle as t라고 입력하면, t.forward(100)처럼 사용할 수 있다. 이는 turtle을 t라는 변수에 담아 사용하는 것과 같다. 또는 t = turtle.Turtle()처럼 입력하면 위와 같이 사용할 수 있다.

```
import turtle as t      # turtle을 t로 대체
t.fd(100)               # turtle.forward(100)
t.lt(90)                # turtle.left(80)
t.fd(100)
t.rt(90)                # turtle.right(90)
```

05 펜 모양 다양하게 만들기

터틀 펜으로 여러 도형을 그릴 때 펜의 모양을 다양하게 사용해 보자. 펜의 크기와 색, 모양 등을 다양하게 지정하여 선을 그려 보자.

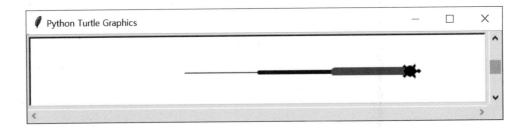

세 가지의 변화를 찾을 수 있다. 첫 번째는 펜의 색, 두 번째는 펜의 굵기, 세 번째는 펜의 모양이다. 아래의 스크립트를 보면서 이 변화를 어떻게 만들었는지 확인해 보자.

```python
import turtle
turtle.goto(-100,0)
turtle.bgcolor('beige')
turtle.shape('turtle')          # turtle.shape()로 모양 바꾸기
turtle.pensize(1)               # turtle.pensize()로 펜 크기 바꾸기 1-10
turtle.pencolor('brown')        # turtle.pencolor()로 펜 색 바꾸기
turtle.forward(100)
turtle.pensize(5)
turtle.pencolor('blue')
turtle.forward(100)
turtle.pensize(10)
turtle.pencolor('red')
turtle.forward(100)
```

shape(), pensize(), pencolor()를 이용하여 펜의 모양, 크기, 색을 바꿀 수 있게 되었다. 각각에 대한 설명은 아래와 같다. 추가로 배경 색을 바꾸는 방법을 알아보자.

명령어	설명	예시	선택 옵션
shape()	펜 모양	turtle.shape('turtle')	turtle, arrow, circle, square, triangle
pensize()	펜 크기	turtle.pensize(5)	1-10
pencolor()	펜 색	turtle.pencolor('red')	red, blue, brown, pink 등
bgcolor()	배경 색	turtle.bgcolor('beige')	red, blue, brown, pink 등

적용하고 싶은 곳부터 명령어를 이용하면 펜을 여러 가지로 변화시킬 수 있다.

Practice

왼쪽과 같은 나선형의 모양을 만들어 보자.
- 배경 색은 핑크이고 펜 색은 파랑이며, 나선형으로 커지면서 펜 크기가 점점 커지도록 한다.
- 펜 모양은 원 모양으로 한다.

❊ SOURCE

```python
import turtle
turtle.speed(0)
turtle.bgcolor('pink')
turtle.pencolor('blue')
turtle.shape('circle')
for i in range(500):
    turtle.forward(i/20)
    turtle.left(10)
    turtle.pensize(i/50)
```

06 터틀 애니메이션 만들기

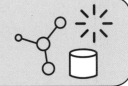

지금까지 터틀 거북을 통해 그래픽 처리 화면을 만드는 과정을 배웠다. 이제 추가적인 터틀 명령어를 통해 선과 색으로 애니메이션처럼 나타내 보자.

명령어	설명	예시
clear()	화면에 그려진 펜을 모두 지운다.	turtle.clear()
reset()	펜의 위치와 화면을 맨 처음 상태로 되돌린다.	turtle.reset()
write()	해당 위치에 글자를 쓴다.	turtle.write("ABCDEFG")
circle()	반지름으로 원을 그린다.	turtle.circle(100)

color()
begin_fill()
end_fill()
	색을 설정한 후 도형이 만들어지면 도형에 색을 채운다.	turtle.color('red','black')
		# 펜 색, # 채우기 색
		turtle.begin_fill()
		turtle.circle(100)
		turtle.end_fill()

speed()	그리는 속도	turtle.speed(10) # (0, 10:Max, 1:Min)

터틀 명령어를 참고하여 사각형과 원이 차례대로 나오는 애니메이션을 완성해
보자.

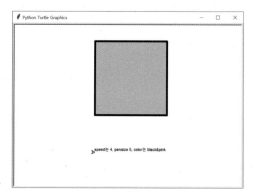 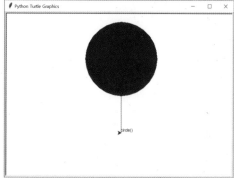

❈ SOURCE

```
import turtle
turtle.speed(4)
turtle.pensize(5)
turtle.color('black', 'pink')
turtle.begin_fill()
for i in range(4):     # 사각형
    turtle.forward(200)
    turtle.left(90)
turtle.end_fill()
turtle.penup()

turtle.goto(0, -100)
turtle.write("speed는 4, pensize 5, color
는 black&pink")
turtle.forward(200)

turtle.reset()   # 다시 시작, 전부 reset
turtle.color('red','blue')
turtle.begin_fill()
turtle.circle(100)
turtle.end_fill()
turtle.goto(0, -100)
turtle.write("circle()")
```

07 터틀 명령어 정리 및 약어

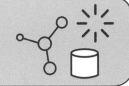

지금까지 터틀 명령어를 중요한 것 위주로 익혔다. 터틀 명령어는 이외에도 여러 가지가 있다. 인터넷에서 검색을 통해 어렵지 않게 찾아볼 수 있다. 새로운 라이브러리를 맞닥뜨렸을 때에는 항상 검색을 통해 사용법을 확인하고 실험해 보면서 익히는 것이 순서이다. 중요한 명령어와 약어를 살펴보자.

명령어	설명	예시와 약어
터틀 움직임		
forward()	앞으로 ( )만큼 가기	turtle.forward(100) / turtle.fd(100)
back()	뒤로 ( )만큼 가기	turtle.back(100) / turtle.bk(100)
left()	왼쪽으로 ( )도만큼 회전하기	turtle.left(90) / turtle.lt(100)
right()	오른쪽으로 ( )도만큼 회전하기	turtle.right(90) / turtle.rt(100)
speed()	그리는 속도	turtle.speed(10) # (0, 10:Max, 1:Min)
goto()	해당 좌표로 이동하기	turtle.goto(100,100)
펜 컨트롤		
pendown()	펜을 내려 그리기	turtle.pendown(), pd(), down()
penup()	펜을 떼고 그리지 않기	turtle.penup(), pu(), up()
shape()	펜 모양	turtle.shape('turtle')
pensize()	펜 크기	turtle.pensize(5), width()
pencolor()	펜 색	turtle.pencolor('red')

color()
begin_fill()
end_fill()
	색을 설정한 후 도형이 만들어
	지면 도형에 색을 채운다.
		turtle.color('red','black')
		# 펜 색, # 채우기 색
		turtle.begin_fill()
		turtle.circle(100)
		turtle.end_fill()

write()	해당 위치에 글자를 쓴다.	turtle.write("ABCDEFG")
circle()	반지름으로 원을 그린다.	turtle.circle('100')
스크린		
bgcolor()	배경 색	turtle.bgcolor('beige')
clear()	화면에 그려진 펜을 모두 지 운다.	turtle.clear()
reset()	펜의 위치와 화면을 맨 처음 상태로 되돌린다.	turtle.reset()
title()	터틀 그래픽 실행창의 제목을 정 한다.	turtle.title("제목 표시줄 제목")
기타		
listen()	키 이벤트 등을 혼용할 경우 터틀 그래픽을 대기시킨다.	turtle.listen()
mainloop()	터틀 그래픽 프로그램을 종 료하지 않고 지속한다.	turtle.mainloop()

터틀 실습(1)

오류기 그리기

올림픽의 상징인 오류기를 그려 보자. 오류기는 순서대로 파랑, 노랑, 검정, 초록, 빨강의 원이 순서대로 그려져 있다.

❈ SOURCE

```
import turtle
turtle.pensize(10)        # 첫 번째 원
turtle.color("blue")
turtle.circle(50)


turtle.penup()            # 두 번째 원
turtle.goto(50,-50)
turtle.pendown()
turtle.color("yellow")

turtle.penup()        # 네 번째 원
turtle.goto(150,-50)
turtle.pendown()
turtle.color("green")
turtle.circle(50)


turtle.penup()        # 다섯 번째 원
turtle.goto(200,0)
turtle.pendown()
```

```
turtle.circle(50)

turtle.penup()        # 세 번째 원
turtle.goto(100,0)
turtle.pendown()
turtle.color("black")
turtle.circle(50)
```

```
turtle.color("red")
turtle.circle(50)
```

혹은 다음과 같은 접근도 가능하다. [리스트] 안에 (튜플)이라는 것을 묶음 형태로 넣어서 반복할 수도 있다. 튜플은 다음 장에서 배운다.

✽ SOURCE

```
import turtle
turtle.pensize(10)

XYC = [(0,0,"blue"), (50,-50,"yellow"), (100,0,"black"), (150,-50,"green"),
(200,0,"red")]        # XYC는 튜플들로 이루어진 리스트이다.

for i,j,k in XYC:
    turtle.penup()
    turtle.goto(i,j)
    turtle.pendown()
    turtle.color(k)
    turtle.circle(50)
```

2 터틀 실습(2)

몇 개의 질문에 답하면 해당 답변대로 도형을 만들어 주는 도형 자판기 프로그램을 만들어 보자.

```
도형을 몇 개 만드시겠습니까? 3
만들고 싶은 도형은? (x)각형  5
각 변의 길이는 얼마로 하시겠습니까? 100
선의 굵기는 얼마로 하시겠습니까? 10
채우기 색은 무엇으로 설정하시겠습니까? red
배경 색은 무엇으로 설정합니까? pink
```

❄ SOURCE

```python
import turtle
m1 = int(input("도형을 몇 개 만드시겠습니까? "))
m2 = int(input("만들고 싶은 도형은? (x)각형  "))
m3= int(input("각 변의 길이는 얼마로 하시겠습니까? "))
m4 = int(input("선의 굵기는 얼마로 하시겠습니까? "))
m5 = input("채우기 색은 무엇으로 설정하시겠습니까? ")
m6 = input("배경 색은 무엇으로 설정합니까? ")

turtle.bgcolor(m6)
for i in range(m1):
    turtle.clear()
    turtle.width(m4)
    turtle.fillcolor(m5)
    turtle.begin_fill()
    for s1 in range(m2):
        turtle.fd(m3)
        turtle.lt(360/m2)
    turtle.end_fill()
```

터틀 실습(3)

반복을 이용하여 색이 있는 다양한 도형을 만들어 보자.

기본 모양을 추론하여 위와 같은 도형을 어떻게 하면 만들 수 있을지 생각해 보자.
또는 반복을 통하여 새로운 모양을 만들어 볼 수 있는지 생각해 보자.

❈ SOURCE

```python
import turtle
color2=['purple','blue','yellow','white']
turtle.bgcolor("black")
turtle.speed(0)
for i in range(200):
    for j in color2:
        turtle.pencolor(j)
        turtle.forward(i)
        turtle.left(89)
```

터틀 실습(4)

피보나치 수열을 이용하여 각 항의 크기만큼을 반지름으로 하는 원을 만들어 보자.
10번째 항까지만 그리도록 한다.

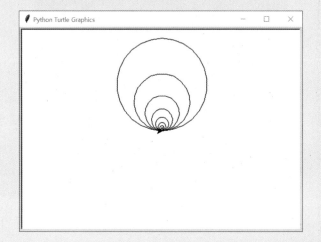

✿ SOURCE

```python
import turtle
turtle.speed(0)
a=0; b=1

for i in range(10):
    c = a+b
    turtle.circle(c)
    a = b
    b = c
```

Chapter 6

문자열

문자열(string)은 문자(character)들이 끈 (string)으로 묶여 연결되어 있듯이 문자들이 순서대로 줄을 지어 있는, 즉 나열(sequence of characters)되어 있는 것을 말한다. 흔히 텍스트(text)라고 부른다. 문자열은 변수에 저장될 수 있고, print() 함수를 이용하여 출력할 수 있다.

컴퓨팅 사고 문제를 해결하기 위해 자료와 절차를 가장 작은 단위로 분해하라.

 Python

01 문자열 변수

변수는 데이터 그리고 연산자와 함께 이미 배웠고, 변수를 만들고 데이터를 입력받아 계산하는 데 이용하였다. 변수와 자료의 타입 그리고 사용 방법이 여타 다른 언어들보다 쉬운 것이 파이썬의 매력이다.

이번에는 자료형 중에서 문자열(strings) 자료를 다루어 본다. 변수에 숫자 대신 문자열이 들어가면 문자열 변수가 된다. 문자열 변수가 숫자 변수와 다른 점은 문자열이 작게 분해되거나 수정, 편집, 삭제, 교체와 검색이 가능하다는 점이다. 특히, 파이썬에서 문자열 변수를 따로 장을 구성해 다루는 이유는 문자열을 다루는 방법이 다양하고 언어 번역, 웹 검색 등의 실용적인 프로그램에서 강력하게 지원하기 때문이다. 많이 사용하는 C, Java, C++에 비해서 문자열 처리에 드는 시간을 절약할 수 있다. 우리가 파이썬을 배우는 이유 중의 하나가 문자열의 편리함이기도 하다.

먼저, 문자열 변수를 만들어 보자. 그리고 이 문자열 변수가 어떤 것인지 확인해 보자.

```
>>> a = "Python"
>>> type(a)
<class 'str'>
```

변수에 값을 할당할 때 큰따옴표 (" ") 또는 작은따옴표 (' ')를 이용하여 문자열 변수를 만들 수 있음을 확인하였다. 이후 type() 명령어를 통해 어떤 변수인지 보았다. 이전에 확인하였던 int, float, double long 등은 모두 숫자형 변수이고 str이 바로 문자열 변수이다. 이제 이 문자열 변수를 다양하게 다루어 파이썬에서 문자열 처리의 장점을 체험해 보자.

변수 자료형 확인하기
>>> type(변수명)

Practice

1. 정수형 변수를 만들고 type() 명령어를 통해 확인해 보자.
2. 실수형 변수를 설정하고 type() 명령어를 통해 확인해 보자.
3. 문자와 정수가 혼합된 변수를 만들고 type() 명령어를 통해 확인해 보자.

02   문자열 연산

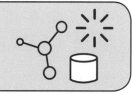

  연산자를 이용하여 문자열 변수를 다양하게 변형시켜 출력하거나 저장할 수 있다.
이전에 배운 내용이지만 다시 실행해 보자. 더하기와 곱하기를 활용한다.

```
>>> a = 'Python is easy'
>>> b = "to handle strings"
>>> a+b
'Python is easy to handle strings'
```

```
>>> a = "문자열"
>>> a * 3
'문자열문자열문자열'
```

  더하기(+)와 곱하기(*)를 통해 문자열을 합치거나 여러 번 반복해서 쓸 수 있다. 만
약 띄어쓰기를 하고 싶다면 아래와 같이 수학 연산처럼 구성해 볼 수도 있다.

```
>>> (a + " ") * 3
'문자열 문자열 문자열'
```

  문자열 변수에 여러 줄로 된 문장을 쓰고 싶을 때에는 따옴표 세 개를 이용한다.

```
>>> a = """
First line
Second line"""
>>> print(a)

First line
Second line
```

만약 숫자 변수와 문자열 변수를 함께 연산하고 싶을 때는 어떻게 해야 할까? 문자열이 숫자가 될 수 없으니 숫자 변수가 문자열이 되어야만 한다. 지금까지 자주 만났던 오류일 것이다. 이 경우에 str()을 이용해 숫자 변수를 문자열로 지정하여 연산한다.

```
>>> age = 21
>>> line = "살 입니다."
>>> age + line
Traceback (most recent call last):
  File "<pyshell#14>", line 1, in <module>
    age + line
TypeError: unsupported operand type(s) for +: 'int' and 'str'
>>> str(age) + line
'21살 입니다.'
```

03   문자열 인덱싱과 슬라이싱

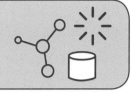

인덱스(index)란 정보를 가리키는 문자나 기호, 색인 등을 의미한다. 문자열 인덱싱이란 여러 문자가 들어 있는 변수에서 각 문자를 가리키는 것을 의미한다. 일반적인 기술서나 공학적인 도서의 마지막 부분에 있는 색인표를 생각하면 쉽다. 만약 a라는 변수에 "Strings in Python"이라는 값이 할당되어 있다고 가정하자. 각 글자의 순서는 아래와 같다.

S	t	r	i	n	g	s		i	n		P	y	t	h	o	n
[0]	[1]	[2]	[3]	[4]	[5]	[6]	[7]	[8]	[9]	[10]	[11]	[12]	[13]	[14]	[15]	[16]

컴퓨터에서 첫 번째는 항상 [0]부터 시작하기 때문에 첫 번째 글자가 0번째가 된다. 첫 번째 글자인 'S'가 0번째로 시작하여 첫 번째 공백이 7번째가 된다. 마지막 'n'은 16번째가 될 것이다. 그렇다면 이 기능은 언제 사용할까? 매우 간단하다. 아래와 같이 쓰면 된다.

```
>>> a = "Strings in Python"
>>> a[0]
'S'
>>> a[7]
' '
>>> a[16]
'n'
```

이와 같이 변수명과 할당 순서를 씀으로써 매우 쉽게 해당 순서의 문자를 추출할 수 있다. 이것이 바로 문자열 변수에서 인덱싱(indexing)을 하는 방법이다. 만약 'Strings in Python'에서 뒤에서 두 번째인 'o'를 가져오고 싶을 때는 어떻게 해야 할까? 앞에서부터 일일이 세어야 할까? 이럴 때는 음수를 쓰면 쉽게 확인할 수 있다.

```
>>> a[-2]
'o'
>>> a[-15]
'r'
>>> a[-17]
'S'
```

위에서 확인할 수 있듯이 맨 뒤의 글자는 [−1]번째, 그 다음은 [−2]번째가 된다. 앞에서는 0부터 시작하여 [16]까지 순서가 정해졌으나, 뒤에서는 [−1]부터 시작이므로 [−17]번째가 마지막이 된다. 만약 이 이상의 숫자를 가리키면 당연히 아래와 같은 오류가 발생한다.

```
>>> a[17]
Traceback (most recent call last):
  File "<pyshell#24>", line 1, in <module>
    a[17]
IndexError: string index out of range
```

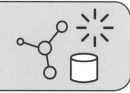

04 문자열 슬라이싱

  문자열 인덱싱(Index)을 통해서 문자열을 하나씩 추출할 수 있었다. 만약 연속된 여러 문자를 추출하고 싶을 때는 어떻게 해야 할까? 하나씩 추출하여 더하는 것은 비효율적이기 때문에 여러 문자를 잘라 추출할 수 있다. 문자열을 잘라내어 추출한다는 뜻으로 슬라이싱(slicing)이라고 한다. 슬라이싱은 다음과 같이 실행한다.

```
>>> a = "Hello Python"
>>> a[0:5]
'Hello'
```

  슬라이싱 기호는 콜론(:)을 이용한다. 인덱싱처럼 a[0]이 아니라 a[0:5]와 같이 범위를 지정해 주는 것이다. 하지만 예를 보고 드는 의문이 있을 것이다. 0번부터 시작하였다면 5번은 빈칸을 포함해야 하는데, 포함하지 않은 점이다. 이것은 for 반복문에서 가졌던 의문과 같다. 만약 5를 썼다면 이것은 5를 넘지 않는 범위까지를 추출한다. 즉, 0부터 시작하여 5를 넘지 않는 0, 1, 2, 3, 4번째의 문자열까지를 추출한다.

a[0:4] → a 변수의 0번째 이상, 4번째 미만의 문자열 추출 → 0 ≤ a < 4

여기서도 음수를 이용하여 실행할 수 있을까? 실행하면 다음과 같다.

```
>>> a = "Hello Python"
>>> a[-1:-6]
' '
>>> a[-6:-1]
'Pytho'
```

양수의 범위와 같이 인식하기 때문에 음수도 왼쪽에는 작은 숫자, 오른쪽에는 더 큰 숫자가 와야 인식하는 것을 볼 수 있다. 음수의 경우에는 0이 첫 번째를 가리키기 때문에 a[−6:0]과 같이 쓸 수 없다. 이럴 때는 한쪽을 생략하면 된다.

```
>>> a = "Hello Python"
>>> a[:5]
'Hello'
>>> a[6:]
'Python'
>>> a[-6:]
'Python'
```

한쪽을 생략하면 최대 범위로 구한다. 즉, a[:5]와 같이 쓰면 처음부터 5번째 글자 전까지, a[5:] 또는 a[−5:]와 같이 쓰면 5번째 또는 −5번째부터 끝까지 추출하게 된다.

문자열 인덱싱, 슬라이싱 문제

온점 확인기

한 문장을 입력받은 후 만약 온점(.)이 마지막에 찍혀 있지 않다면 온점을 찍어야 한다는 팁을 주는 간단한 문장 판별기를 만들어 보자.

🔘 화면

문장을 입력해 주세요. 'q' 입력 시 종료합니다.
온점입니다.
온점을 잘 입력하셨습니다.
감사합니다
온점을 입력하세요.

✳ SOURCE

```
a=" "
print("문장을 입력해 주세요. 'q' 입력 시 종료합니다.")
while a != 'q':
    a = input(" ")
    if a[-1] == ".":
        print("온점을 잘 입력하셨습니다.")
    else:
        print("온점을 입력하세요.")
```

Tip 문자열 시작과 끝 문자 확인하기

시작이나 끝 문자가 무엇으로 끝나는지 True, False로 리턴해 주는 함수로 startwith() 또는 endwith() 등이 있다. a.endwith(".")로 쓰면 True(1) or False(0)로 값을 돌려준다.

줄임말 생성기

요즘 긴 문장을 줄여서 이야기하는 것이 유행이다. 예를 들면, '등산을 사랑하는 모임'은 '등사모'로, '할 말은 많지만 하지 않는다.'는 '할많하않'이다. 첫 글자와 띄어쓰기 다음 글자들을 모아 줄임말을 만들어 보자. len() 함수를 이용하면 문자열 전체 길이의 값을 받아낼 수 있다.

🔘 화면

```
문장을 입력해 주세요. 'q' 입력 시 종료합니다.
별걸 다 줄이네
별
다
줄
할말은 많지만 하지 않는다.
할
많
하
않
```

✿ SOURCE

```python
a=" "
print("문장을 입력해 주세요. 'q' 입력 시 종료합니다.")
while a != 'q':
    a = input(" ")
    print(a[0])
    for i in range(len(a)):
        if a[i] == " ":
            print(a[i+1])
```

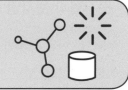

05 문자열 조작 명령어(1)

1. 문자열과 문자열 연결하기 .join()

join()을 이용하면 기존의 문자열과 문자열 리스트([ ])를 연결하여 새로운 문자열 변수를 만들 수 있다. 먼저 변수 하나를 설정하고, 이 변수의 리스트 사이에 들어갈 문자열을 넣어 준다. 그리고 join()을 사용한다. 이때 명령어와 변수 사이에는 온점(.)을 사용한다.

```
>>> a = "--"
>>> a.join(["A","B","C","D"])
'A--B--C--D'
```

변수의 리스트 사이에 들어갈 문자열을 지정한 후 join()을 이용하여 리스트 값을 지정해 주면 된다. 물론 괄호 안에 바로 쓰는 것이 복잡할 때에는 문자열 변수를 넣으면 가능하다. 영구적으로 변수가 바뀌는 것이 아니기 때문에 이를 변수에 입력해 준다.

```
>>> a = "--"
>>> b = ["A","B","C","D"]
>>> a.join(b)
'A--B--C--D'
```

2. 문자열과 문자열 분리하기 .split()

split()을 이용하면 변수에서 기준 문자열을 중심으로 분리하여 각각을 원소로 하는 문자열 리스트를 만들 수 있다. 단순한 나열의 경우에 매우 유용하다.

```
>>> a = "arc bug can dream elephant"
>>> a.split(" ")
['arc', 'bug', 'can', 'dream', 'elephant']
>>> a = "arc-bug-can-dream-elephant"
>>> b = a.split("-")
>>> b
['arc', 'bug', 'can', 'dream', 'elephant']
```

단순 나열된 리스트를 만들 때 각 변수의 값을 스페이스를 이용해 입력한 후 리스트를 만들면 더 편하게 만들 수 있다.

3. 문자열 바꾸기 .replace()

문자열을 바꾸는 것은 인덱스를 이용하여 합성하는 것으로 가능하다. 만약 '사장니도'라는 글자를 '사장님도'라고 바꾸려고 할 때는 a[:2]+"님"+a[3:]처럼도 가능할 것이다. 하지만 바꾸고자 하는 문자열을 알고 있다면 replace() 명령어를 이용하여 더 쉽게 바꿀 수 있다. replace(기존 문자, 바꿀 문자)로 쓰면 된다.

```
>>> a = "사장니도 새해 복 많이 받으세요."
>>> a.replace("니","님")
'사장님도 새해 복 많이 받으세요.'
```

문자열 명령어를 이용할 때 그 변수 자체가 바뀌는 것이 아니기 때문에 a=a.replace ("니","님")와 같이 바꾸어 주거나 새로운 변수에 입력하도록 한다.

4. 문자열 대 · 소문자 바꾸기 .upper() .lower()

문자열을 입력하고 나서 이 문자들을 대문자로 치환해야 할 때가 있다. 반대의 경우도 있다. 이럴 때는 upper() 또는 lower()를 사용한다.

```
>>> a = "python"
>>> b = "PYTHON"
>>> a.upper()
'PYTHON'
>>> a.lower()
'python'
>>> a.capitalize()
'Python'
```

만약 첫 번째 글자만 대문자로 바꾸고 싶을 때에는 capitalize()를 이용한다.

Practice

1. join() 명령어를 이용하여 a=["홍길동", "2001", "20학번"]을 하이픈(–)으로 구별되는 하나의 변수로 만들어 보자.
2. 변수 a에 있는 "AAA001 컴퓨터 상송 2020"을 빈칸을 기준으로 리스트로 만들어 보자.
3. 사용자에게 영어 문장을 입력받으면 문장을 재출력하되 첫 번째 글자는 대문자로 출력해 보자.
4. 한글 문장을 입력받고 "여러가지"란 말이 나오면 "여러 가지"로 바꾸는 프로그램을 만들어 보자.

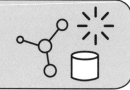

06 문자열 조작 명령어(2)

1. 문자열 개수 세기 .count()

해당 문자열 변수에 문자가 몇 개 있는지 셀 수 있다. count()를 이용한다. 글자뿐 아니라 단어, 문장 등의 개수를 세어볼 수 있다.

```
>>> a = "간장공장공장장"
>>> a.count("장")
4
```

2. 문자열 위치 찾기 .find() .index()

문자열의 위치를 찾는 방법에는 두 가지가 있다. find()와 index()가 있는데, 둘 다 해당 문자가 처음 나온 위치를 반환한다. 다른 점은 만약 찾는 문자가 없을 경우 find()의 경우 −1을, index의 경우 예외로 간주하여 오류를 발생시킨다. 일반적인 경우에는 find()를, 만약 없는 경우에 대한 처리를 하고자 하는 경우 index()를 이용하는 것이 좋다.

```
>>> a = "Ladies and Gentlemen, Welcome to Python world"
>>> a.find("W")
22
>>> a.index("W")
22
```

```
>>> a = "Ladies and Gentlemen, Welcome to Python world"
>>> a.find("Boys")
-1
>>> a.index("Boys")
Traceback (most recent call last):
  File "<pyshell#64>", line 1, in <module>
    a.index("Boys")
ValueError: substring not found
```

만약 문장이 길어서 왼쪽부터 찾는 것이 불편할 수 있다. 이럴 때에는 rfind(), rindex()를 사용하면 오른쪽부터 위치를 찾아 반환해 준다. 만약 중간부터 찾고 싶을 때는 find("w", 23)과 같이 특정 위치 이후부터 찾는 것도 가능하다.

3. 문자열 지우기 .strip()

문자열 변수에서 필요 없는 문자를 지울 때는 strip()을 이용한다. strip("지울 문자")를 입력하면 된다. 만약 아무것도 쓰지 않고 strip()으로 이용하면 문자열 양끝의 공백을 지운다.

```
>>> a = "아 정말 제가 할 게요."
>>> a.strip("아")
' 정말 제가 할 게요.'
>>> a = "      정답은 사과입니다.         "
>>> a.strip()
'정답은 사과입니다.'
```

strip()은 주로 공백을 지울 때 사용한다. 앞뒤의 문자열을 지우는 것은 replace()나 슬라이싱을 이용하는 것이 편하기 때문이다. 문자들의 중간은 지워지지 않는다. 주로 "[정답]", "<<등장>>"에서 "], [, >, <" 등의 문자열을 한꺼번에 지울 때 사용한다. 마찬

가지로 이것들도 왼쪽과 오른쪽에서만 문자열이나 공백을 지울 수 있다. rstrip()의 경우에는 오른쪽에서만, lstrip()의 경우에는 왼쪽에서만 삭제한다.

4. 문자열 정렬하기 .center() .ljust() .rjust()

정해진 변수의 크기에 문자열을 고르게 넣어야 할 때가 있다. center(숫자)와 같이 쓰면 길이를 '숫자'만큼 맞추고 가운데 정렬을 한다. 왼쪽 정렬은 ljust(), 오른쪽 정렬은 rjust()로 쓴다.

```
>>> a = "A is apple"
>>> a.center(20)
'     A is apple     '
>>> a.ljust(20)
'A is apple          '
>>> a.center(20,".")
'.....A is apple.....'
```

center(), ljust(), rjust() 모두 숫자를 입력하고 다음 인수로 문자를 입력하면 빈칸을 다른 문자들로 채울 수 있다. rjust(숫자, "채울 문자")와 같이 입력한다.

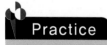
Practice

1. 변수 a에 ".................,..................."를 설정하고 쉼표(,)가 몇 개 있는지 세어 보자.
2. 변수 a에 이름을 5개 이상 쓰고 "정"이 뒤에서 몇 번째에 등장하는지 찾아보자.
3. 사용자에게 답을 입력받고, 양쪽의 공백을 지운 후 출력해 보자.

문자열 조작 명령어 문제

　　문서 편집기의 찾기 기능은 찾을 문자열만 입력해도 전체에 몇 개가 있는지, 몇 번째 글자인지 알려 준다. 문장을 입력하고 그 문장 내에서의 찾을 위치와 개수를 출력해 보자.

🔴 화면

```
문서를 작성하세요.
FINISHED FILES ARE THE RESULT OF YEARS OF SCIENTIFIC STUDY COMBINED WITH THE
EXPERIENCE OF YEARS.
찾을 문자를 입력하세요 : F
F 1 / 6
F 10 / 6
F 32 / 6
F 41 / 6
F 50 / 6
F 90 / 6
```

✲ SOURCE

```python
print("문서를 작성하세요.")
doc = input(" ")
word = input("찾을 문자를 입력하세요 : ")
seq=0
for i in range(doc.count(word)):        # 문자를 하나씩 검사하기 위한 반복
    if doc.count(word) > 0:             # 문자가 있다면 출력하기 위한 조건문
        seq = doc.find(word,seq)        # 첫 번째 찾은 문자의 위치를 seq에 저장
        print(doc[seq], seq+1, "/", doc.count(word))   # 문자, 위치, 전체 개수
                                                        #              출력
        seq = seq+1                     # 해당 문자의 다음 위치부터 검색하기 위
                                        # 하여 +1
```

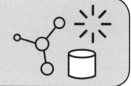

07 문자열 조작 명령어(3)

문자열 변수 중에서 변수의 종류를 판별하여 True 또는 False로 값을 돌려주는 변수들이 있다. 이 변수들을 잘 활용하면 관련된 프로그램의 구조를 만들 때 쉽다. 먼저 숫자 여부와 문자 여부를 파악하는 명령어이다. 숫자 여부를 파악할 때는 isdigit()를 이용한다. 문자 여부는 isalpha()를 이용한다.

```
>>> a = "12345"
>>> a.isdigit()
True
>>> a.isalpha()
False
```

만약 숫자와 문자가 섞여 있는 "abc123"과 같은 문자열 변수라면 isdigit(), isalpha() 둘 다 False를 반환한다. 또 숫자 또는 영문자인 경우에 True를, 특수문자나 다른 언어들이 섞여 있을 경우에 False를 반환하고 싶다면 alpha와 number를 결합한 isalnum()을 이용한다.

대문자와 소문자를 판별할 때에는 islower(), isupper()를 사용한다. 소문자로만 이루어져 있을 경우에는 islower()가 True를, 대문자로만 이루어져 있을 경우에는 isupper()가 True를 반환한다.

```
>>> a = "hello"
>>> a.islower()
True
>>> a = "HELLO"
>>> a.isupper()
True
```

마찬가지로 소문자와 대문자가 섞여 있을 경우는 둘 다 False를 반환한다. 마지막으로 공백의 경우를 판별하는 명령어는 isspace()이다. 변수가 공백으로만 이루어져 있을 경우 True를, 어떤 문자가 존재하면 False를 반환한다.

```
>>> a = "          "
>>> a.isspace()
True
>>> a = "      5a      "
>>> a.isspace()
False
```

Practice

사용자에게 퀴즈를 내고 대문자가 포함되어 있으면 소문자로만 입력하도록 안내해 보자.

Tip 문자열의 해당 문자 확인하기

문자열 변수 안에서 해당 문자가 들어 있는지 확인하는 가장 쉬운 방법은 [in]을 쓰는 것이다. 해당 문자를 찾아 True 또는 False 값을 돌려준다. a="apple"이라고 했을 때 "pl" in a라고만 해도 간단하게 찾아 준다.

문자열 문제

어절 개수 세기

어절이라는 것은 말소리의 기본 단위로 띄어쓰기의 단위이다. 문장의 어절은 띄어쓰기 + 1이라고 생각하면 된다. 사용자가 문장을 입력하면 띄어쓰기의 개수를 세어 몇 어절인지 출력하는 프로그램을 작성해 보자.

 화면

```
문장을 입력하세요. q 입력 시 종료합니다.
무궁화 꽃이 피었습니다.
이 문장은 3 어절입니다.
어절은 끊어읽기와 띄어쓰기의 단위입니다.
이 문장은 4 어절입니다.
q
```

✿ SOURCE

```python
print("문장을 입력하세요. q 입력 시 종료합니다.")
a = " "
while a != "q":
    a = input(" ")
    spa = 1
    for i in range(len(a)):
        if a[i] == " ":
            spa = spa+1
    if a=="q":
        break
    print("이 문장은", spa, "어절입니다.")
```

학적 자료 간편 입력기

학적 자료를 위해 이름, 학번, 주소를 띄어쓰기로 입력하면 자동으로 리스트로 만들어서 출력한다. 입력된 자료의 형식이 맞는지 확인하여 형식이 다르면 재입력을 요구해 보자. 이름은 문자, 학번은 숫자, 주소는 숫자 또는 문자로만 구성된다. 만약 영어 이름일 경우에는 전체 대문자로 지정하고, 영어 주소일 경우에는 첫 글자를 대문자로 만든다.

🔘 화면

```
Data 입력 : jacky3 19597102번 chicago
Data 입력 : jacky 19597102 chicago
['JACKY', '19597102', 'Chicago']
```

❋ SOURCE

```python
a = 1
while a==1:                # a가 숫자 1일 경우에 재시작
    a = input("Data 입력 : ")
    a = a.split(" ")
    if a[0].isalpha()==1 and a[1].isdigit()==True and a[2].isalnum():
                                        # 셋 다 같음(참)
        a[0] = a[0].upper()
        a[2] = a[2].capitalize()
        print(a)
    else:
        a = 1
```

☕ Tip True(참) 값의 다양한 표현

if a[1].isdigit( )==True는 if a[1].isdigit==1 또는 if a[1].isdigit:와 같다.

사용자와 대화하는 컴퓨터

초기에 인공지능을 표방한 대화형 프로그램들은 대부분 사용자의 언어에서 해당 키워드를 찾아 출력하는 방식이었다. 이와 유사하게 해당 키워드 몇 개를 정해 놓고 사용자와 대화하는 컴퓨터를 구현해 보자.

화면

```
명령 : 넌 천재야 그렇지?
고마워, 너도 천재야
명령 : 바보같은 녀석!
흥, 너도 별로거든
명령 : 나 메뉴 실행해 줘
메뉴를 실행합니다.
명령 : 너 종료
종료합니다.
```

✱ SOURCE

```python
a=5
while a:

    order = input("명령 : ")
    if "천재" in order:
        print("고마워, 너도 천재야")
    elif "바보" in order:
        print("흥, 너도 별로거든")
    elif "메뉴" in order:
        print("메뉴를 실행합니다.")
    elif "종료" in order:
        print("종료합니다.")
        break
```

08 문자열 포맷팅 %

문자열 포맷팅이란 문자열의 서식을 이용하여 해당 위치에 문자열을 불러 사용하는 것을 말한다. 문자열의 서식(format)을 이용하기 때문에 포맷팅(formatting)이라고 부른다. 간단한 print 구문에서 변수와 문자를 동시에 출력할 때에도 처음에는 더하기 연산자(+) 등을 이용하는 것이 편하지만 길이가 길어질수록 문자열 포맷팅을 이용하는 것이 더욱 편하다.

먼저 이를 사용하기 위해서는 '%'를 기억한다. 무엇을 쓰느냐에 따라 '%' 뒤에 붙는 문자가 달라진다. 먼저 문자(string)를 이용할 때에는 '%s'를 이용한다.

```
>>> '%s %s %s' %("apple", "banana", "cat")
'apple banana cat'
>>> print("I think %s is the best fruit" %("mango"))
I think mango is the best fruit
```

위의 예에서도 볼 수 있듯이 먼저 '%s'로 서식을 지정해 둔 후 뒤에서 %()로 들어갈 문자열을 지정해 주었다. 여러 개일 경우 콤마(,)로 구분한 뒤 써 주면 된다. 사실 인자가 하나일 경우 %()에서 괄호()를 넣지 않아도 되지만 여러 개일 때는 넣어야만 하니 편한 대로 기억하자.

이번에는 수를 포맷해 보자. 숫자(정수: decimal)의 경우 '%d'를 사용한다.

```
>>> '%d %d' %(15, 35)
'15 35'
>>> print("I will diet until I get %dkg" %(75))
I will diet until I get 75kg
>>> print("I will diet until I get %fkg" %(74.5))
I will diet until I get 74.500000kg
```

이렇게 포맷을 지정해 주면 해당 자리에 들어갈 것들을 미리 정해 두기 때문에 나중에 발생할 오류들을 미리 막을 수 있다. 즉, "홍길동, 1990"이라고 넣었을 때 "1990년생 홍길동 님 안녕하세요."라는 문장을 출력하려고 하는데, 잘못 입력하여 "홍길동, 1990년생"처럼 입력하여 "1990년생년생 홍길동 님 안녕하세요."가 되는 오류를 미리 방지할 수 있다는 이야기이다. 문자열을 포맷할 때 쓰는 서식은 여러 가지가 있다. 주로 쓰는 것은 문자열(%s), 정수(%d), 실수(%f) 등이지만 몇 가지 더 소개한다.

포맷 서식	설명	예시
%s	문자열	"I love %s" %("meet")
%d	정수	"My thing is %dcm" %(180)
%c	한 글자 문자열	"I get %c grade" %("A")
%x	16진수로 표현	"%x마일 남았어" %(20)
%e	부동 소수점 표현	"%e킬로만 더 찌워야지" %(12345678)
%f	실수	"%f킬로만 더 빼야지" %(0.005)

만약 이마저도 불편하다면 더 쉬운 방법이 있다. {0}, {1}, {2}와 같이 표현하는 방법이다. 방법은 다음과 같다.

```
>>> "My name is {0}, I'm {1} years old".format("홍길동", 16)
"My name is 홍길동, I'm 16 years old"
>>> print("Hello, {0}, Welcome to {1} {2}".format("Mr.KIM", "Python", "World"))
Hello, Mr.KIM, Welcome to Python World
```

0, 1, 2 등으로 순서를 정한 뒤 .format()을 붙여 하나씩 넣어 주는 것이다. 앞의 코드와 마찬가지로 문자열이나 숫자, 변수를 넣는 것도 다 가능하다. 물론 여기서는 이 포맷에 들어가는 문자가 문자인지, 숫자인지 구분할 수 없는 것이 단점이다. 자료 형태가 중요하다고 판별될 때에는 %s, %d 등으로 포맷하고, 그렇지 않을 때에는 {0}, {1} 등으로 순서만 정해도 좋다.

주의할 점은 %를 사용할 때 "Hello %s" %"Python"처럼 따옴표 뒤에 떼어 쓰기나 특별한 기호 없이 붙여 주는 것이고, .format을 사용할 때에는 "Hello, {0}".format("Python")처럼 온점(.)을 붙여 주는 것이다.

문자열 포맷팅
>>> "%s %d %서식"%("문자형","숫자형","서식에 맞는 자료")
>>> "{0}, {1}, {2}".format("자료 1","자료 2","자료 3")

Practice

1. 사용자에게 이름과 키를 각각 물어본 뒤 "○○○ 님 안녕하세요. 적정 몸무게는 ○○kg입니다."와 같이 출력하는 프로그램을 만들어 보자. 적정 몸무게는 (키−100)으로 정한다. 단, 문자열 포맷팅을 이용한다.
2. 사용자에게 이름과 전화번호를 물은 뒤 차례대로 출력해 보자. 전화번호는 하이픈(−)을 입력하든 입력하지 않든 상관없이 입력되도록 하자.

문자열 포맷팅 문제

자동 기사 입력기

많은 언론사가 생기고 속도 경쟁이 치열해지면서 요즘에는 기록된 자료만으로도 기사를 자동으로 쓰게 되었다. 몇 가지 문자열 자료를 입력하면 자동으로 기사가 완성되도록 해 보자.

🔘 화면

> 승리 팀 : FC파이썬
> 패배 팀 : AC언어
> 스코어 : 2:0
> 경기 유형(1,2,3) : 1
> MVP 선수 이름 : 문자열
> 오늘 FC파이썬 팀과 AC언어 팀의 경기가 있었습니다. 경기는 FC파이썬 팀의 2:0 승리로 끝이 났습니다. 오늘 승부는 불꽃 튀는 경기가 펼쳐졌는데요, 양 팀 다 더욱더 분발하여 앞으로 더 좋은 경기력을 보여 주겠다는 다짐을 내비쳤습니다. 오늘의 MVP는 문자열 선수였습니다. 요즘 문자열 선수의 기세가 만만치 않은데요, 이 상승세가 어디까지 이어질지 귀추가 주목됩니다.

✿ SOURCE

```
a = input("승리 팀 : ")
b = input("패배 팀 : ")
c = input("스코어 : ")
d = int(input("경기 유형(1,2,3) : "))
if d == 1:
    d = "불꽃 튀는"
elif d == 2:
    d = "단조로운"
elif d == 3:
    d = "일방적인"
e = input("MVP 선수 이름 : ")
print("오늘 {0} 팀과 {1} 팀의 경기가 있었습니다. 경기는 {0} 팀의 {2} 승리로
끝이 났습니다. 오늘 승부는 {3} 경기가 펼쳐졌는데요, 양 팀 다 더욱더 분발하여
앞으로 더 좋은 경기력을 보여 주겠다는 다짐을 내비쳤습니다. 오늘의 MVP는 {4}
선수였습니다. 요즘 {4} 선수의 기세가 만만치 않은데요, 이 상승세가 어디까지 이
어질지 귀추가 주목됩니다.".format(a,b,c,d,e))
```

Practice

여러 개를 입력할 필요 없이 질문 하나에 "FC파이썬 AC언어 1 문자열"과 같이 입력하여 해당 기사를 만들
어 낼 수 있도록 해 보자.

연습 문제

반복문과 결합하기

🔘 화면

> 몇 번 뛰어갈 예정입니까? 5
> 제1의 아해가 달려갑니다.
> 제2의 아해가 달려갑니다.
> 제3의 아해가 달려갑니다.
> 제4의 아해가 달려갑니다.
> 제5의 아해가 달려갑니다.

❋ SOURCE

```python
a = int(input("몇 번 뛰어갈 예정입니까? "))
for i in range(a):
    print("제%d의 아해가 달려갑니다."%(i+1))
```

비밀번호 조건

🔴 화면

비밀번호를 입력해 주세요 : 1234567
비밀번호는 8자리 이상입니다.
비밀번호를 입력해 주세요 : 12345678
비밀번호는 영문자와 숫자의 조합입니다.
비밀번호를 입력해 주세요 : asdfghjk
비밀번호는 영문자와 숫자의 조합입니다.
비밀번호를 입력해 주세요 : a12345678
비밀번호는 a12345678입니다.

❋ SOURCE

```python
while True:
    a = input("비밀번호를 입력해 주세요 : ")

    if len(a) < 8:
        print("비밀번호는 8자리 이상입니다.")
        continue

    if a.isalpha() == True:
        print("비밀번호는 영문자와 숫자의 조합입니다.")

    elif a.isdigit() == True:
        print("비밀번호는 영문자와 숫자의 조합입니다.")

    else:
        print("비밀번호는 {0}입니다.".format(a))
        break
```

암호 만들기

가장 기본적인 암호는 글자에 일정한 규칙을 주어 다른 글자로 바꾸는 것이다. 'abc' 가 암호화를 거치면 'bcd'가 되도록 만들어 보자. 이를 위해서는 아스키(ASCII)코드를 사용한다. 아스키코드는 각각의 문자를 숫자로 바꾸어 주는데, ord("a")처럼 입력하면 숫자를 확인할 수 있다. a~z는 각각 97~122이다. 영문뿐 아니라 특수문자 등 다양한 값들이 숫자로 저장되어 있다. 반대로 숫자에서 문자로 바꿀 때는 chr(97)처럼 입력하면 'a'라는 글자를 받을 수 있다.

🔘 화면

```
시저 암호 만들기
암호화할 문장을 영어로 입력하세요 : abcd are efgh
암호화 키(1~26 숫자)를 입력하세요 : 2
평  문: abcd are efgh
암호키: 2
암호문: cdef"ctg"ghij
```

✳ SOURCE

```
print("시저 암호 만들기")
msg = input("암호화할 문장을 영어로 입력하세요 : ")
key = input("암호화 키(1~26 숫자)를 입력하세요 : ")
encode=" "                          # 암호화된 문장을 저장하기 위한 변수 설정

for a in msg:                       # 문장의 알파벳을 하나씩 불러오기
    tmp = ord(a) + int(key)         # 아스키코드 값을 key만큼 증가하여 임시 변수에
                                       저장

    a = chr(tmp)                    # 임시값을 다시 글자로 변환하여 저장
    encode = encode+a               # 한 문자씩 계속 이어서 저장하기

print("평  문:", msg)
print("암호키:", key)
print("암호문:", encode)
```

주민등록번호 정상 판별

유해 정보가 포함된 콘텐츠를 제공하기 위해서는 성인임을 확인해야 한다. 인터넷 초창기에는 주민등록번호만 넣으면 성인임을 인증할 수 있었다. 아래 주민등록번호의 규칙을 확인하고 올바른 주민등록번호인지 확인해 보자.

8	3	0	4	2	2	–	1	1	8	5	6	0	0
생년월일							성별	지역 번호		주민센터 번호		접수 순서	오류 검증 번호

처음 여섯 자리는 생년월일이고 뒤의 일곱 자리는 성별, 지역 번호, 주민센터 번호, 접수 번호, 마지막 오류 검증 번호이다. 실생활에서는 본인 확인을 위해 주로 주민등록번호를 사용하고 중복 가입을 방지하기 위한 용도로도 사용한다.

〈정상적인 주민등록번호 판별법〉

주민등록번호의 맨 마지막 숫자는 맨 앞에서부터 각 자리의 숫자에 순서대로 2, 3, 4, 5, 6, 7, 8, 9, 2, 3, 4, 5를 곱한 뒤 모두 더한다. 더한 수를 11로 나눈 나머지를 다시 11에서 뺀 수가 마지막 자리로 결정된다.

마지막에 11에서 1을 뺀 수가 10이라면, 마지막 숫자는 0입니다.

화면

```
>>>
주민등록번호를 숫자만 입력하세요. 0012323234548
정상적인 주민등록번호입니다.

>>>
주민등록번호를 숫자만 입력하세요. 0012325234548
정상적이지 않은 주민등록번호입니다.
```

SOURCE

```
sn = input("주민등록번호 : ")
rule = "234567892345"
number = 0

for i in range(len(rule)):
    number = number + (int(sn[i]) * int(rule[i]))

if 11-(number%11)==int(sn[12]):
    print("정상적인 주민등록번호입니다.")
elif 11-(number%11)==10 and int(sn[12])==0:
    print("정상적인 주민등록번호입니다.")
elif 11-(number%11)==11 and int(sn[12])==1:
    print("정상적인 주민등록번호입니다.")
else:
    print("정상적이지 않은 주민등록번호입니다.")
```

## Chapter 7

데이터 타입(Data Types)

프로그래밍에서 사용되는 숫자와 문자 등의 자료 형태를 구분지어 놓은 것이 데이터 타입 또는 자료형이라고 한다. 집을 지을 때 어떤 집을 지을지에 따라 사용되는 재료와 기초 공사가 다르듯 프로그램도 어떤 프로그램인가에 따라 어떤 자료를 저장하고 처리하는지가 다르다. 이 자료들을 충분히 이해해야 기초 공사가 제대로 이루어진다. 여기에서는 데이터 타입 중 가장 기본이 되는 리스트, 튜플, 집합, 딕셔너리에 대해 배운다.

컴퓨팅 사고 인간이 이해하는 정보를 처리하기 위해 자료를 추상화하고 구조화하라.

 Python

01 Data Types
(리스트, 튜플, 집합, 딕셔너리)

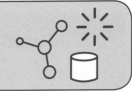

지금까지 데이터를 저장하기 위해 하나의 공간인 '변수'를 사용했다면 이제부터는 다른 형태의 공간을 사용해 볼 차례이다. 변수는 쉽게 생성하고 사용하며 다룰 수 있는 여러 장점들이 있으나 한 번에 하나의 것만을 담을 수 있다는 단점이 있다. 또 값들끼리의 관계까지 설명하기에는 어려움도 있다. 이런 단점을 보완하기 위하여 컴퓨터 과학자들은 다른 형태의 저장 공간을 만들었다. 배열, 리스트, 스택, 큐, 트리와 같은 단어들이 바로 그것들이다.

프로그래밍하면서 가장 중요하게 생각할 것 중 하나가 프로그램의 자료구조를 어떻게 만들 것이냐 하는 점이다. 따라서 여러 데이터 타입의 모습들을 잘 익혀 두어야 한다. 여기서 초보 프로그래머의 상당수가 어려워한다. 하지만 걱정할 필요가 없다. 파이썬은 이런 자료구조들을 사용하기 편리하며 다양한 데이터들의 구조를 다루기에도 쉽기 때문이다.

컴퓨터의 내부적인 사정들은 제쳐 두더라도 우리가 사용할 자료구조가 우리 눈에 어떻게 보이고 어떤 특성을 가지는지 확인해 보자. 그것만으로도 프로그래밍할 때 필요한 자료구조들이 저절로 떠오르게 될 것이다.

이제 리스트, 튜플, 집합, 딕셔너리를 배우게 될 것이다. 리스트, 튜플, 집합, 딕셔너리는 생성 방법과 모양이 조금씩 다르지만, 이 네 가지 자료구조는 변수와 더불어 기본적으로 만들 수 있는 자료구조의 전부이다.

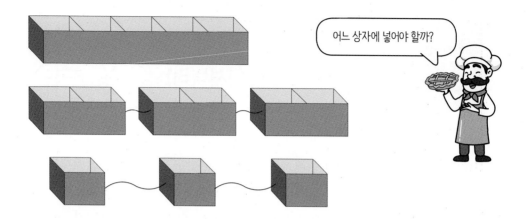

어느 상자에 넣어야 할까?

```
>>> data_list = ["A", "b", 3, "4", "@"]
>>> data_list
['A', 'b', 3, '4', '@']
>>> data_tuple = ("A", "b", 3, "4", "@")
>>> data_tuple
('A', 'b', 3, '4', '@')
>>> data_set = {"A", "b", 3, "4", "@"}
>>> data_set
{'@', 3, 'b', 'A', '4'}
>>> data_dictionary = {"A":"a", "b":"B", 3:"#", "4":4, "@":"앳"}
>>> data_dictionary
{'A': 'a', 'b': 'B', 3: '#', '4': 4, '@': '앳'}
```

데이터 타입은 생성하는 것이 매우 쉽다. 괄호([ ], { }, ( ))의 모양만 신경 쓰면 된
다. 게다가 마지막 딕셔너리를 제외하고는 생긴 모양도 거의 비슷하다. 데이터를 새
롭게 생성하고 조작하며 적절하게 사용하는 방법을 배워 보자.

앞서 리스트를 몇 번 생성하고 다루어 본 적이 있다. 문자열 변수를 이용하다 보면 리스트를 사용하는 경우가 많다. 리스트는 순서가 있는 변수들이 나열된 집합이다. 메모리에 순서대로 쌓이는 것은 아니지만, 데이터들이 다음 순서에 대한 정보를 가지고 있기 때문에 순서가 정해져 있다. 순서가 있는 만큼 리스트는 처음이나 끝에서 데이터를 추가하거나 삭제하는 조작이 가능하다.

오늘 할 일의 순서를 나열해 보자. 그런데 갑자기 일의 중요도에 따라 순서가 바뀌거나 할 일이 사라지거나 새로운 일이 추가되는 경우를 생각해 보면 리스트의 필요성을 이해하게 될 것이다.

먼저 리스트를 생성해 보자. 리스트의 이름을 정하는 것은 변수의 규칙과 동일하다.

```
>>> a = []
>>> type(a)
<class 'list'>
```

리스트는 대괄호([ ])를 이용하여 생성한다. 대괄호를 사용하고 리스트 안의 자료 간의 구분은 콤마(,)를 이용한다. 리스트에는 거의 모든 자료들이 들어가는데, 문자열, 정수, 실수, 부울 등을 모두 포함한다. 또한 다른 리스트나 자료구조를 리스트 안에 삽입하는 것도 가능하다.

```
>>> a = [5, 9.9, "문자", True, ["a", "b"], "$"]
>>> a
[5, 9.9, '문자', True, ['a', 'b'], '$']
```

리스트는 list() 명령어를 이용할 수도 있다. 문자열에서 split()을 이용해 리스트를 만들었던 것처럼 쉽게 만들 수 있다. 문자와 숫자는 각각 다른 방식으로 생성한다.

```
>>> a_str = list("PYTHON")
>>> a_str
['P', 'Y', 'T', 'H', 'O', 'N']
```

list() 명령어 안에 문자를 삽입하는 것만으로도 각각의 독립된 리스트가 생성된다. 숫자의 경우에는 보통 range() 함수를 이용한다. for 반복문의 range()와 용법이 같다.

```
>>> a_num = list()
>>> type(a_num)
<class 'list'>
>>> a_num = list(range(1,100,2))
>>> a_num
[1, 3, 5, 7, 9, 11, 13, 15, 17, 19, 21, 23, 25, 27, 29, 31, 33, 35, 37, 39, 41,
43, 45, 47, 49, 51, 53, 55, 57, 59, 61, 63, 65, 67, 69, 71, 73, 75, 77, 79, 81,
83, 85, 87, 89, 91, 93, 95, 97, 99]
```

리스트 생성하기
변수명 = [값 1, 값 2, …]
변수명 = list(문자형 자료 또는 범위형 자료)

Practice

1. 문자와 숫자가 모두 포함된 리스트를 list() 이용하여 생성해 보자.
2. 1~100까지 짝수들의 리스트를 만들어 보자.

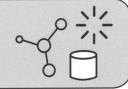

03 리스트 조작하기(1) 인덱싱, 슬라이싱

문자열 변수를 조작하고 나면 리스트를 조작하는 것이 매우 자유롭다. 그 이유는 문자열 변수를 조작하는 것과 리스트를 조작하는 것이 비슷한 부분이 많기 때문이다. 먼저 리스트에 있는 요소들을 인덱스로 가리키는 인덱싱을 해 보자.

```
>>> a = ["Hana", "Oxton", "Lindholm", 4, 5, 6]
>>> a[0]
'Hana'
>>> a[0] + str(a[3])
'Hana4'
>>> a[1]*3 + a[2]
'OxtonOxtonOxtonLindholm'
```

[0]	[1]	[2]	[3]	[4]	[5]
Hana	Oxton	Lindholm	4	5	6

문자열 변수의 인덱싱과 같다. 0번째부터 시작하여 순서대로 값을 가리키는 인덱스를 가지고 있고, 각각의 요소(element)를 더하거나 곱하는 문자열 연산도 가능하다. 두 요소가 모두 숫자라면 숫자 연산도 가능하다.

Tip 리스트의 덧셈과 곱셈

- 리스트 a와 리스트 b를 더하는 a + b도 가능하다.
- 리스트 a를 곱하는 a*3도 가능하다.

리스트를 잘라내어 사용하는 슬라이싱도 해 보자.

```
>>> a = ["apple", "banana", "cat", "dinosaur"]
>>> a[1:3]
['banana', 'cat']
>>> a[:2]
['apple', 'banana']
>>> a[2:]
['cat', 'dinosaur']
```

문자열을 슬라이싱하는 방법과 똑같다. 0번부터 시작하는 순서만 주의하면 슬라이싱 역시 똑같고 연산자도 사용 가능하다. 여기서 a[1:3]과 같이 쓰면 문자열과 마찬가지로 리스트의 인덱스 1번(두 번째 요소), 인덱스 2번(세 번째 요소)이 포함되고 인덱스 3번은 포함되지 않는다. 1≤a<3임을 잊지 말자. 만약 리스트 안의 리스트를 가져오고 싶을 때는 어떻게 하는 것이 좋을까? 아래를 참고하자.

```
>>> a = ["apple", "banana", [1, 2, ["@","%"]]]
>>> a[2]
[1, 2, ['@', '%']]
>>> a[2][0]
1
>>> a[2][2][1]
'%'
```

04 리스트 조작하기(2) 수정, 삭제, 변경

리스트 값 중 한 가지 요소를 수정해 보자. 해당 요소를 새 값으로 변경하기만 하면 된다. 문자열 변수는 불가능했지만 리스트에서는 가능하다. 이 방식으로 리스트의 요소 여러 개를 수정하거나 심지어 한 개의 리스트를 여러 요소로 만드는 것도 가능하다. 다음 예를 보자.

```
>>> a = ["A", "B", "C"]
>>> a[1] = "b"
>>> a
['A', 'b', 'C']
>>> a[1:2] = ["B", 'b', 'bear']
>>> a
['A', 'B', 'b', 'bear', 'C']
```

보다시피 해당 요소의 주소 a[1]에 새로운 값을 넣는 것만으로도 값을 쉽게 변경할 수 있다. 게다가 하나의 요소였던 것을 여러 개로 만들었다. 여러 개로 만들 때에는 a[1:2]가 아니라 a[1]로 쓰게 되면 위의 경우가 아니라 리스트 안에 리스트가 들어가는 형태인 ['A', ['B', 'b', 'bear'], 'C']처럼 만들어지므로 주의하자.

리스트를 삭제하는 방법은 위와 같은 방법으로도 가능하다. 그러나 매우 쉬운 명령어가 있다. del이라는 명령어이다.

```
>>> a = ['A', 'B', 'C', 'D', 'E']
>>> del a[0]
>>> a
['B', 'C', 'D', 'E']
>>> del a[0:2]
>>> a
['D', 'E']
>>> a[0:2] = []
>>> a
[]
```

하나의 요소를 삭제하는 것도 가능하고, 여러 개도 삭제할 수 있다. 또한 이미 있는 리스트를 빈칸으로 만들어 줌으로써 삭제하는 것도 가능하다. 생성하고 다루는 기본적인 방법들을 통해서 리스트의 거의 모든 부분을 구현할 수 있다. 어떠한 값을 찾는 것도, 어떤 요소를 꺼내는 것도 지금까지 배운 것으로 구현할 수 있다.

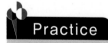

Practice

1. 만약 여러 리스트가 있고 그중 '바나나'가 있는지 확인하여 '바나나'를 삭제하는 프로그램을 구성한다면 어떻게 할지 생각해 보자.
2. 과일 이름을 요소로 하는 값이 3개 이상인 리스트 a를 생성해 보자.
3. 음식 이름을 요소로 하는 값이 3개 이상인 리스트 b를 생성해 보자.
4. 2와 3의 두 개의 리스트를 하나로 합친 리스트 c를 생성해 보자.
5. c에서 마지막 과일을 다른 과일로 대체해 보자.
6. c에서 마지막 음식을 삭제해 보자.

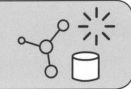

05 리스트 조작하기(3)
추가, 삽입, 확장, 세기, 정렬

리스트를 생성하고 조작하는 것은 앞서 배운 내용으로도 가능하다. 하지만 이것들로 많은 것을 구현하려면 간단한 조작에서 노력을 많이 해야 한다. 이에 대해 파이썬은 리스트를 편리하게 다룰 수 있는 여러 도구들을 제공한다.

```
>>> a = ['A', 'B', 'C', 'D', 'E']
>>> a.append('F')
>>> a.insert(2, 'b')
>>> a.extend(['G', 'H'])
>>> a
['A', 'B', 'b', 'C', 'D', 'E', 'F', 'G', 'H']
```

명령어	설명	예	비고
append()	리스트에 요소를 새로 추가한다.	a.append('F')	'F' 요소를 마지막 위치에 추가
insert()	리스트의 해당 위치에 요소를 새로 삽입한다.	a.insert(2,'b')	2번 위치에 'b'를 추가
extend()	리스트의 맨 뒤에 새로운 리스트를 추가한다.	a.extend(['G', 'H'])	리스트 ['G', 'H']를 추가

세 가지가 비슷한 듯 다르다. append()는 맨 뒤에 리스트 요소를 추가하는 것이고, extend()는 뒤에 다른 리스트를 추가하는 것이다. 따라서 리스트를 위처럼 추가해도 되지만 리스트 b를 아예 추가하는 a.extend(b)처럼 쓸 수도 있다. insert()의 경우는 중

간에 삽입할 때 쓰는 방식이다. 세 가지 모두 이전에 배운 생성, 연산 등의 방식으로도 가능하지만 이 방법을 통해 더욱 쉽게 리스트를 다룰 수 있다.

이번에는 리스트의 값을 기준으로 찾는 여러 명령어들을 익혀 보자. 지금까지는 리스트의 인덱스 값을 기준으로 찾았다면 이번에는 요소를 찾아 조작하는 명령어들이다. 개수를 찾는 count(), 요소 내용으로 인덱스 값을 주는 index(), 내용을 지우는 remove()이다.

```
>>> a = ['A', 'B', 'C', 'D', 'E']
>>> a.count("C")
1
>>> a.index("D")
3
>>> a.remove("E")
>>> a
['A', 'B', 'C', 'D']
```

명령어	설명	예
count()	해당 요소의 개수를 돌려준다.	a.count("C")
index()	해당 요소를 찾아 위치를 돌려준다.	a.index("D")
remove()	해당 요소를 찾아 삭제한다.	a.remove("E")

index()를 사용할 때 만약 값이 2개 있으면 맨 앞의 것의 위치를 찾아 돌려주고, 만약 없을 경우 문자열 때처럼 오류를 발생시킨다. 따라서 오류에 대한 처리 역시 가능하다. remove() 역시 첫 번째에 있는 값을 지우게 된다.

리스트에 여러 사람의 이름을 받았다고 해 보자. 이럴 경우에는 관리의 효율성을 위해 abc 순으로 정렬하는 것이 좋다. 컴퓨터 과학 수업 시간에 배우는 정렬 알고리즘을 직접 작성하기보다는 파이썬에서 자동으로 정렬해 주는 명령어를 사용하는 것이 프로그래머 입장에서 편하다. 정렬하는 명령어는 sort(), reverse()이다. 직접 해 보지 않더라도 감이 오는 명령어이다.

```
>>> a = [3, 1, 4, 5, 2]
>>> a.sort()
>>> a
[1, 2, 3, 4, 5]
>>> a.reverse()
>>> a
[5, 4, 3, 2, 1]
```

이와 같이 sort()는 오름차순으로, reverse()는 내림차순으로 정렬된다. 숫자, 영어, 한글 모두 가능하다. 이외에도 len()과 같이 리스트 요소의 개수를 구하는 함수들이 있다. len(a)와 같이 사용한다.

명령어	설명	예
sort()	리스트를 오름차순으로 정렬한다.	a.sort()
reverse()	리스트를 내림차순으로 정렬한다.	a.reverse()
len()	리스트의 요소 개수를 구한다.	len(a)

Practice

1. 학생이 3명[홍길동, 허난설헌, 허균]인 과에 이황이 편입을 했다. "이황"을 리스트에 추가해 보자.
2. 위 리스트에 동명이인 허균이 새로 편입을 했다고 가정하고 요소 "허균" 뒤에 "허균"을 추가해 보자.
3. "허균"이 몇 명인지 명령어를 써서 구해 보자.
4. 현재 출석부를 내림차순으로 정렬해 보자.
5. "홍길동"이 다른 과로 전과를 하였다. "홍길동"을 찾아 삭제해 보자.
6. 현재 리스트에서 두 번째 학생이 자퇴를 하였다. 두 번째 학생을 삭제해 보자.

프로그램 만들기

리스트 문제

출석 번호 재정렬

현재 학생이 3명 있다고 가정하고, 전학을 오는 친구가 있으면 그 친구를 포함하여 오름차순으로 번호를 부여해 보자.

화면

```
현재 학생은 ['이황', '이이', '원효']
전학 온 학생은 누구입니까? 의상
['이황', '이이', '원효', '의상']
번호 재정렬....
1 원효
2 의상
3 이이
4 이황
```

SOURCE

```
at = ["이황", "이이", "원효"]
print("현재 학생은 %s"%at)
a = input("전학 온 학생은 누구입니까? ")
b = 0
at.append(a)
print(at)
print("번호 재정렬....")
at.sort()

for i in at:
    b=b+1
    print(b, i)
```

06 튜플 생성

튜플은 리스트의 형태와 생김새가 비슷하다. 그러나 튜플은 매우 중요한 특징이 있다. 튜플은 원소의 추가나 삭제, 수정이 불가능하다. 수정이 불가능한 것이 언뜻 보면 단점일 수 있으나, 불가능하기 때문에 그만큼 믿을 수 있다. 리스트의 경우 값이 계속 바뀔 수 있으므로 항상 참조해야 하는 주소로는 사용할 수 없다. 하지만 튜플의 경우에는 언제나 믿음직하게 참조할 수 있는 키가 된다. 게다가 튜플만이 가지고 있는 기능으로 인해 귀찮은 작업들이 간소화되는 경우도 있다. 추가나 삭제가 불가능하므로 익혀야 할 내용의 양도 많지 않다. 먼저 튜플을 생성해 보자. 리스트가 대괄호([ ])를 이용했다면 튜플은 괄호(( ))를 이용한다.

```
>>> a = (1, 2, 3)
>>> type(a)
<class 'tuple'>
>>> b = 1, 2, 3
>>> type(b)
<class 'tuple'>
```

튜플은 기본적으로 괄호를 이용하여 만들지만, 생략해도 만들 수 있다. 그러나 튜플임을 명확히 해 주기 위하여 괄호를 써 주는 것이 좋다. 리스트와 마찬가지로 튜플 안에는 숫자, 문자, 특수문자, 다른 튜플, 리스트, 딕셔너리 등 거의 모든 형태가 가능하다. 또한 튜플을 생성할 때에는 리스트처럼 기존의 변수나 리스트 등을 tuple()로 이용하거나 range() 함수를 이용하여 생성하는 것도 가능하다.

```
>>> a = [1, "가", 2, "나"]
>>> b = tuple(a)
>>> b
(1, '가', 2, '나')
>>> c = tuple(range(1, 15, 2))
>>> c
(1, 3, 5, 7, 9, 11, 13)
```

이외에도 리스트와 비슷한 기능들이 있다. 튜플끼리 더하는 a+b, a*3과 같은 연산이 가능하다.

튜플 생성하기
튜플명 = (값 1, 값 2, …)
튜플명 = tuple(자료)

 **값이 하나인 튜플**

값이 하나인 튜플을 만들고 싶을 때는 a = (1,)처럼 마지막에 콤마(,)를 붙여 준다. 붙여 주지 않으면 일반 변수로 인식한다.

Practice

1. 리스트가 포함된 튜플 a를 만들어 보자.
2. 튜플 a와 튜플 b를 더해 새로운 튜플 c를 생성해 보자.

튜플을 조작하는 방법은 이전의 리스트나 문자열 변수와 비슷한 부분이 많다. 그러나 튜플은 수정, 변경이 불가능하기 때문에 그와 관련된 조작은 가능하지 않다. 대표적으로 쓰는 몇 가지 기능만 알아보자. 튜플도 리스트처럼 인덱스 기능을 이용하여 원소를 하나씩 뽑아낼 수 있다. 또한 리스트를 튜플로 만들 수도 있다. 두 가지를 한꺼번에 보자.

```
>>> a = (1, 2, 3, 4, 5)
>>> a[2]
3
>>> a[1:3]
(2, 3)
>>> b = list(a)
>>> b
[1, 2, 3, 4, 5]
```

리스트처럼 대괄호([ ])를 이용하여 하나씩 인덱싱하는 것도, 대괄호와 콜론(:)을 이용하여 일정 범위의 요소를 슬라이싱하여 뽑아낼 수도 있다. 튜플 a를 list(a)로, 리스트 b를 tuple(b)로 만들 수도 있다.

또한 in과 not in을 이용하여 튜플 안에 값이 있는지 없는지 확인할 수도 있다. 이 역시 리스트에서도 가능하다. 참이면 True를, 거짓이면 False를 돌려준다.

```
>>> a = (1, 2, 3, 4, 5, 4, 3, 2, 1)
>>> 3 in a
True
>>> 3 not in a
False
```

count()와 index() 역시 사용할 수 있다. 리스트와 사용법은 똑같다. count()는 해당 원소가 몇 개 있는지 세어 주고, index()는 몇 번째에 처음 해당 원소가 나오는지 위칫값을 알려 준다.

```
>>> a = (1, 2, 3, 4, 5, 4, 3, 2, 1)
>>> a.count(3)
2
>>> a.index(5)
4
```

마지막은 튜플만의 기능인 패킹(packing)과 언패킹(unpacking)이다. 이 기능이 튜플을 매력적으로 사용할 수 있게 해 준다. 아래와 같이 하면 a, b, c, d, e에 각각 1, 2, 3, 4, 5가 할당된다. 두 번째의 경우 a에는 1, b에는 2, c에는 3, 4, 5가 할당된다.

```
>>> pack = 1, 2, 3, 4, 5        # 패킹          >>> pack = 1, 2, 3, 4, 5
>>> a, b, c, d, e = pack        # 언패킹         >>> a, b, *c = pack
```

또한 이 기능을 이용하면 변수 두 개의 값을 바로 바꾸어 버릴 수도 있다. 별거 아닌 것처럼 보이지만 가만히 생각해 보면 다른 프로그래밍 언어에서는 불가능한 기능이다. 확인해 보자.

```
>>> pack = 1, 2, 3, 4, 5, 4, 3, 2, 1
>>> a, b, *c = pack
>>> print("a는 %d, b는 %d"%(a, b), "c는", c)
a는 1, b는 2, c는 [3, 4, 5, 4, 3, 2, 1]
>>> a, b = b, a
>>> print("a는 %d, b는 %d"%(a, b))
a는 2, b는 1
```

정말 놀라운 기능이다. 튜플로 쉽게 패킹하고, 이들을 다시 변수들로 언패킹하며, 언패킹 기능을 이용하여 두 변수의 값을 간단하게 바꾸었다. 변수와 리스트와 튜플이 자유자재로 그 형태가 옮겨가게 만들 수 있게 된 것이다.

튜플 문제

튜플 조작기

🔘 화면

튜플 조작기 ver 1
튜플에 입력할 자료들을 차례로 입력하세요. 빈칸으로 구분합니다.
아 나 바 다 3 22 일 개 최 다
작업할 내용을 입력하세요
q = 끝내기, s = 슬라이싱, c = 세기, i = 존재 여부 : s
From : 2
To : 4
('바', '다')
작업할 내용을 입력하세요
q = 끝내기, s = 슬라이싱, c = 세기, i = 존재 여부 : c
찾을 자료 값은 : 다
2 번 있습니다
작업할 내용을 입력하세요
q = 끝내기, s = 슬라이싱, c = 세기, i = 존재 여부 : i
찾을 자료 값은 : 루
False
작업할 내용을 입력하세요
q = 끝내기, s = 슬라이싱, c = 세기, i = 존재 여부 : q
프로그램을 종료합니다.

❋ SOURCE

```python
print("튜플 조작기 ver 1")
print("튜플에 입력할 자료들을 차례로 입력하세요. 빈칸으로 구분합니다.")
a = input()
a = tuple(a.split(" "))

while True:
    print("작업할 내용을 입력하세요.")
    b = input("q = 끝내기, s = 슬라이싱, c = 세기, i = 존재 여부 : ")

    if b == "q":
        print("프로그램을 종료합니다.")
        break
    elif b == "s":
        b1=int(input("From : "))
        b2=int(input("To : "))
        print(a[b1:b2])
    elif b == "c":
        c1=input("찾을 자료 값은 : ")
        print(a.count(c1), "번 있습니다.")
    elif b == "i":
        i1=input("찾을 자료 값은 : ")
        print(i1 in b)
```

08 집합 자료형

집합 자료형은 자료들이 순서와 중복 없이 저장된 것이다. 수학에서의 집합 개념과 같다. 만약 중복을 없애고자 한다면 집합을 사용하는 것이 좋다. 자주 사용하지는 않으므로 간단하게 알아 두고 필요할 때 책을 펴서 참고하자. 먼저, 집합을 생성해 보자.

```
>>> a = {1, 2, 3, 4, 5}
>>> b = set([3, 4, 5, 6, 7])
>>> a | b
{1, 2, 3, 4, 5, 6, 7}
```

함수 set()을 이용하여 여러 값을 집합 자료형으로 저장하거나 중괄호를 이용한다. 위의 합집합 연산('ㅣ', Shift + / 또는 ₩)에서 볼 수 있듯이 중복된 값이 제거된 것을 볼 수 있다. 처음 집합을 만들 때에도 당연히 중복이 제거된 상태로 만들어진다. 집합 연산에서는 합집합(∪), 교집합(∩), 차집합(−), 대칭차집합(△)이 있다. 대칭차집합의 경우는 두 집합 중 겹치지 않는 값을 말한다. 위의 경우에서는 1, 2, 6, 7이 될 것이다. 검사 기능과 함께 정리해 보자.

연산	기호	명령어	결과
a = {1, 2, 3, 4, 5}, b = {3, 4, 5, 6, 7}, c = {1, 2}일 때			
합집합	a|b	a.union(b)	{1, 2, 3, 4, 5, 6, 7}
교집합	a&b	a.intersection(b)	{3, 4, 5}

연산	기호	명령어	결과
차집합	a-b	a.difference(b)	{1, 2}
대칭차집합	a^b	a.symmetric_difference(b)	{1, 2, 6, 7}
부분집합 검사하기	c <= a	c.issubset(a)	True
상위집합 검사하기	c >= a	c.issuperset(a)	False
서로소 검사하기		c.isdisjoint(b)	True
모든 명령어는 set.union(a,b)와 같이 쓸 수도 있다.			

위의 경우에서 c는 a에 모두 들어 있기 때문에 부분집합이고, a는 c의 상위집합이라고 할 수 있다. c와 b는 겹치는 게 하나도 없기 때문에 '서로소'이다. 기호가 간단하게 존재하므로 기호만 익히면 된다. 연산 말고도 집합에서 사용할 수 있는 다양한 명령어들이 있다.

종류	명령어	예	결과
a = {1, 2, 3, 4, 5}, b = {3, 4, 5, 6, 7}, c = {1, 2}일 때			
특정값 확인	in not in	2 in a 2 not in a	True False
추가	add update	a.add(6) a.update(6)	{1, 2, 3, 4, 5, 6}
삭제(없을 시 에러) 삭제	remove discard	b.remove(8) b.discard(8)	KeyError {3, 4, 5, 6, 7}
임의값 추출 후 삭제	pop	a.pop()	1 or 2 ... or 5
세트 삭제 세트 내 값 삭제	del clear	del a a.clear()	세트 a 삭제 { }
최댓값 최솟값	max min	max(a) min(a)	5 1

앞의 경우에서도 . 명령어() 형태인 것은 set.remove(a,3)처럼 나타낼 수 있다.

집합 생성하기

집합명 = 값 1, 값 2, …

집합명 = set(자료 묶음 1개)

Tip 집합 자료형 특징

내가 받을 자료에 중복되는 값이 없다고 판단될 때에는 set(집합) 자료형을 이용한다.

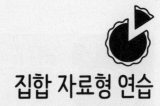

집합 자료형 연습

수학 문제 풀어 보기

두 숫자를 입력받아 두 수의 약수를 구한 후, 두 수의 공약수를 출력해 보자.

🔘 화면

```
첫 번째 수 : 20
두 번째 수 : 10
첫 번째 수의 약수는 {1, 2, 4, 5, 10, 20}
두 번째 수의 약수는 {1, 2, 10, 5}
20과 10의 공약수는
{1, 2, 10, 5}
```

❀ SOURCE

```python
a = int(input("첫 번째 수 : "))
b = int(input("두 번째 수 : "))

ad = set()
bd = set()

for i in range(1,a+1):
    if a%i == 0:
        ad.add(i)
print("첫 번째 수의 약수는", ad)

for i in range(1,b+1):
    if b%i == 0:
        bd.add(i)
print("두 번째 수의 약수는", bd)

print("%d와 %d의 공약수는"%(a,b))
print(ad&bd)
```

09 딕셔너리(Dictionary) 조작

사전이라는 뜻을 가진 이 자료형은 백과사전을 생각하면 좀 더 쉽게 이해가 된다. 우리가 'python'이라는 뱀을 생물 사전에서 찾는다면, 맨 앞의 목차에서 'python'을 찾은 후 해당 페이지로 이동하게 된다. 그러면 해당 페이지에는 'python'이라는 이름을 가진 뱀에 관한 정보를 찾을 수 있다. 이처럼 목차의 페이지와 해당 내용이 한 쌍을 이루는 대응 관계이다. 딕셔너리는 Key와 Value를 가지는데, 이 두 개는 대응 관계이다. 목차의 페이지는 Key, 해당 내용은 Value가 되는 것이다. 이 자료형에서는 해당 내용을 일일이 찾는 것이 아니라 Key를 통하여 내용을 확인한다. 기본적인 딕셔너리의 생성은 아래와 같다.

```
>>> a = {1:"사과", 2:"Banana", "three":3333, "four":"4444"}
>>> a
{1: '사과', 2: 'Banana', 'three': 3333, 'four': '4444'}
```

생성은 중괄호를 사용하고, Key와 Value가 콜론(:)으로 묶여 있다. 그리고 구분은 콤마(,)를 이용한다. 위에서 키는 1, 2, 'three', 'four'이고 이것에 대응하는 값은 각각 '사과', 'Banana', '3333', '444'이다.

예에서도 확인할 수 있듯이 Key와 Value 모두 숫자나 문자 등이 가능하다. Key는 변수 또는 튜플이 가능하고, Value에는 리스트, 튜플, 집합 자료형이 모두 가능하다.

```
>>> b = {(1,"가"):["리","스","트"], (2,"나"):(2,"나"), (3,"다"):{"가","나","나","다"}}
>>> b
{(1, '가'): ['리', '스', '트'], (2, '나'): (2, '나'), (3, '다'): {'가', '다', '나'}}
>>> b[(1,"가")]
['리', '스', '트']
```

주의할 점은 Key는 변경이 불가능하고, Value는 변경이 가능하다는 점이다. 따라서 Key로 쓸 값은 변경하지 않을 내용으로 미리 생각해서 지정하는 것이 좋다. 딕셔너리를 사용하게 되면 값을 조회할 때 순차적으로 지정하여 찾지 않기 때문에 때에 따라서는 검색 속도가 빨라질 수 있으며, 하나의 딕셔너리 자료형에 Key로 값을 여러 개 저장해 두어 효율적으로 배열하여 관리할 수 있다.

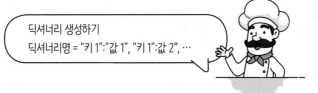

딕셔너리 생성하기
딕셔너리명 = "키 1":"값 1", "키 1":"값 2", …

Practice

1. 한 사람의 인적 사항을 기록할 예정이다. key 값으로는 'name', 'phone', 'job', 'address'를 가지는 딕셔너리를 생성해 보자.
2. 3명의 학생들이 다섯 문제의 시험을 보았다. Key로는 사람 이름을, 적어낸 5개의 답을 리스트를 값으로 하는 딕셔너리를 생성해 보자.

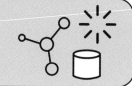

10 딕셔너리 조작하기(1)
인덱싱, 추가, 삭제

딕셔너리를 조작하는 방법에 대하여 살펴보자. 조작하는 형태는 이전과 크게 다르지 않으나 한 쌍으로 되어 있는 값을 다루기 때문에 시각적으로 조금 다르게 느낄 수 있다. 먼저 해당 값을 Key를 통하여 추출하는 법을 배워 보자. 변수명 [Key]를 입력하면 된다.

```
>>> a = {1:"사과", 2:"Banana", "three":3333, "four":"4444"}
>>> a[2]
'Banana'
>>> a['three']
3333
```

위 경우의 a[2]처럼 Key 값 2일 때의 Value 값을 출력하였다. 같은 용법인 리스트나 문자열 변수의 순서에서 쓰는 [0], [1], [2], … 와는 전혀 상관이 없다. 이번에는 딕셔너리를 추가하고 삭제해 보자. 추가는 a[Key] = Value, 삭제는 del a[Key]를 이용한다.

```
>>> a = {1:"A"}
>>> a
{1: 'A'}
>>> a['Second'] = 2
>>> a
{1: 'A', 'Second': 2}
>>> del a['Second']
>>> a
{1: 'A'}
```

처음 {1:"A"}의 한 쌍만 있는 딕셔너리에 키는 'Second', Value가 2인 딕셔너리를 한 쌍 추가하였다. 딕셔너리는 순서가 있는 것이 아니기 때문에 Key 값이 다르면 아무렇게나 추가할 수 있다. 물론 Key 값이 같으면 Value 값이 다르더라도 추가되는 것이 아니라 해당하는 키의 내용이 입력한 Value 값으로 수정된다. del의 경우에도 Key를 이용하여 삭제한다.

이번에는 해당 Key가 딕셔너리 안에 존재하는지 확인해 보자. 그동안 익숙하게 사용했던 in을 이용한다. Key가 존재하면 True를, 존재하지 않으면 False를 돌려준다.

```
>>> a = {1:"사과", 2:"Banana", "three":3333, "four":"4444"}
>>> 2 in a
True
>>> 3333 in a
False
```

Practice

1. {"강감찬":"귀주대첩", "을지문덕":"살수대첩", "세종대왕":"집현전"}이라는 딕셔너리를 만들고 여기에 "서희":"강동6주"를 추가해 보자.
2. 1의 딕셔너리에서 Key가 "세종대왕"인 것의 Value를 "한글"로 수정해 보자.
3. "을지문덕"이라는 Key가 존재하는지 확인하고 있다면 삭제해 보자.

11 딕셔너리 조작하기(2)
key, value 확인

딕셔너리 역시 여러 가지 명령어를 통해 조작할 수 있다. 일단 다른 자료형과 비슷한 기능부터 알아보자. 먼저 pop()을 이용하여 해당 값을 추출하고 딕셔너리에서 삭제해 보자.

```
>>> a = {1:"사과", 2:"Banana", "three":3333, "four":"4444"}
>>> a.pop('three')
3333
>>> a
{1: '사과', 2: 'Banana', 'four': '4444'}
```

괄호(()) 안에 Key 값을 입력하면 해당 Value를 돌려주고 Dictionary에서는 삭제한다. 이제 딕셔너리 안의 전체 값을 삭제해서 초기화해 보자. clear()를 이용한다.

```
>>> a
{1: '사과', 2: 'Banana', 'four': '4444'}
>>> a.clear()
>>> a
{ }
```

다음은 딕셔너리의 값을 가져오는 방법을 알아보자. Key-Value를 한 쌍으로 가져오거나 Key 또는 Value만 따로 가져올 수도 있다. 한 쌍으로 가져오는 것은 items(), 키값만 추출하는 것은 keys(), 내용만 가져오는 것은 values()이다.

```
>>> a = {1:"apple", 2:"banana", 3:"cat", 4:"dry"}
>>> a.items()
dict_items([(1, 'apple'), (2, 'banana'), (3, 'cat'), (4, 'dry')])
>>> a.keys()
dict_keys([1, 2, 3, 4])
>>> a.values()
dict_values(['apple', 'banana', 'cat', 'dry'])
```

직관적인 명령어이기 때문에 외우기도 쉽다. 명령어 몇 가지를 정리해 보자.

종류	명령어	예	결과
a = {1:"apple", 2:"banana", 3:"cat", 4:"dry"}			
특정 키 확인	in not in	2 in a 2 not in a	True False
키로 값 확인	get()	a.get(1)	'apple'
값 추출 후 삭제	pop()	a.pop(4)	'dry'
딕셔너리 키-값 삭제	clear()	a.clear()	{ }
키-값 출력	items()	a.items()	dict_items([(1, 'apple'), (2, 'banana'), (3, 'cat'), (4, 'dry')])
키 출력	keys()	a.keys()	dict_keys([1, 2, 3, 4])
값 출력	values()	a.values()	dict_values(['apple', 'banana', 'cat', 'dry'])

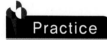

Practice

1. {"서울":"세종대왕", "파주":"윤관", "성남":"이집"}이라는 딕셔너리를 만들어 보자.

2. Key 값이 "성남"인 것을 찾아 출력하고 딕셔너리에서는 삭제해 보자.

3. 딕셔너리에 키가 "남양주", 값이 "정약용"인 쌍을 추가해 보자.

4. 딕셔너리의 값들을 모아 출력해 보자.

Tip 리스트를 딕셔너리로 만들기

어떤 리스트를 모두 딕셔너리의 키로 만들고 싶을 때에는 fromkeys()를 이용한다.

```
>>> number = [97, 98, 99]
>>> a = dict.fromkeys(number)
>>> a
{97: None, 98: None, 99: None}
>>> a = dict.fromkeys(number, 2019)
>>> a
{97: 2019, 98: 2019, 99: 2019}
```

신입생

    새해가 시작되어 신입생들이 새로 등록되었다. 각 과에서는 학생들을 새로 학적에 올리려고 한다. 학적에 들어가는 자료는 순번, 학번, 이름, 생년월일, 전화번호, 주소이다. 학적에 관한 자료형을 만들고 프로그램을 실행시키면 순번, 학번, 이름, 생년월일, 전화번호, 주소를 새로 입력할 수 있게 해 보자.

🔘 화면

```
학번 : 20597102
이름 : 김대호
생년월일 : 20010618
전화번호 : 01000110011
주소 : 서울시 종로구 구기동 984
1 학생의 정보 입력 완료 {'학번': 19597102, '이름': '김대호', '생년월일':
'20010618', '전화번호': '01000110011', '주소': '서울시 종로구 구기동 984'}
학번 : 20606521
이름 : 박조국
생년월일 : 20010321
전화번호 : 01011001100
주소 : 경기도 수원시 팔달동 111
2 학생의 정보 입력 완료 {'학번': 20606521, '이름': '박조국', '생년월일':
'20010321', '전화번호': '01011001100', '주소': '경기도 수원시 팔달동 111'}
        …
```

```
n=0
student = []

while True:
    n = n + 1
    number = int(input("학번 : "))
    name = input("이름 : ")
    birth = input("생년월일 : ")
    phone = input("전화번호 : ")
    address = input("주소 : ")
    student.append({"학번":number, "이름":name, "생년월일":birth, "전화번
호":phone, "주소":address})
    print("%d 학생의 정보 입력 완료 %s"%(n,student[n-1]))
```

카드 게임

파이썬을 이용하여 카드 게임을 만들고자 한다. 그 전에 카드 게임에 필요한 카드의
세트를 생성하고, [엔터] 키를 누르면 여러 카드 중 하나가 출력되도록 해 보자. 출력
된 후에는 그 카드는 사라지도록 하자. 트럼프 카드는 숫자와 문양으로 구성되어 있
는데, 숫자는 [1, 2, 3, 4, 5, 6, 7, 8, 9, 10, J, Q, K]이고, 문양은 [♠, ♥, ♣, ♦]의 네 가지
이다.

화면

```
엔터 키를 누르면 카드가 나옵니다.  'q'를 누르면 종료합니다.
이번에 나온 카드는 7♠입니다.
엔터 키를 누르면 카드가 나옵니다.  'q'를 누르면 종료합니다.
이번에 나온 카드는 8♥입니다.
엔터 키를 누르면 카드가 나옵니다.  'q'를 누르면 종료합니다.
이번에 나온 카드는 K♠입니다.
엔터 키를 누르면 카드가 나옵니다.  'q'를 누르면 종료합니다.
이번에 나온 카드는 J♣입니다.
엔터 키를 누르면 카드가 나옵니다.  'q'를 누르면 종료합니다.
이번에 나온 카드는 J♥입니다.
엔터 키를 누르면 카드가 나옵니다.  'q'를 누르면 종료합니다.q
```

✿ SOURCE

```
import random

card_N = ['1','2','3','4','5','6','7','8','9','10','J','Q','K']
card_T = ["♠", "♥", "♣", "♦"]

card = set()
for a in card_N:
    for b in card_T:
        card.add(a+b)

while True:
    a = input("엔터 키를 누르면 카드가 나옵니다. 'q'를 누르면 종료합니다.")
    if a == 'q':
        break
    This_c = card.pop()
    print("이번에 나온 카드는 %s입니다." %This_c)
```

자료형 전체 연습 문제

자료형의 경우는 해당 자료를 어떤 자료형으로 나타낼 것인가가 중요하다. 제시된 자료들을 보면서 어떤 자료형과 어떤 이름을 가진 변수에 입력할 것인지 고민하고 만들어 보자. 여러 자료형을 섞어야 할 수도 있다.

1. 한 회사의 차 라인업을 모두 입력하려고 한다. 회사에서 개발한 차종은 나온 순서대로 다음과 같다.

Gene	Lex	Infini	Lambor	Linc

1-2. 이 회사의 차종에 'Merce'를 추가하라.

1-3. 'Lex' 차종이 단종되었다. 자료에서 이것을 삭제하라.

1-4. 'Gene' 2019년형이 새로 추가되었다. 자료에서 이것을 추가하라.

1-5. 두 번째부터 네 번째 개발한 모델까지 찾아서 출력하라.

2. 수능 시험일이 11월 16일이었다. 그러나 천재지변으로 인해 11월 17일로 변경되었다. 변경하지 않을 11월 16일 날짜를 만들고 이를 변경하여 다시 변경 불가능한 객체로 만들어라.

3. A 회사는 '회장 1, 이사 1, 영업 1, 영업 2, 생산 1, 생산 2'가 운영하였고, B 회사는 '회장 1, 사외이사 1, 영업 1, 홍보 1'이 운영하였다. 둘이 합병을 한 후 필요 없는 인력을 내보내라.

4. 학번과 이름을 묶어 관리하고 있다. 학번과 이름이 같은 경우가 존재하지 않도록 하라.

5. 도서관에서 책 기호와 책 이름을 관리하고자 한다. 규칙과 자료형을 만들어라.

6. 한 가게에서 파는 상품과 가격을 매칭하려고 한다. 규칙과 자료형을 만들어라.

7. 어느 '일회' 조직에 5명 a, b, c, d, e가 있고 '이회' 조직에 b, c, d가 있다고 할 때, 이회 조직이 일회 조직의 사조직인지 알아보고 사조직일 경우 이회 조직을 삭제하라.

8. 재고품 관리를 하려고 한다. 비품이 떨어지지 않도록 비품을 3개 이상으로 유지한다고 할 때, 각각 사야 할 비품과 가격, 총 비용을 계산해 출력하라.

품명	가격	현재 개수
믹스	6000	2
종이컵	15000	3
커피 스틱	3000	1

9. 거래처에서 파는 물건의 품목과 가격을 보내왔다. 품목만 찾아 출력하라.

Chapter 8

파일 입출력과 예외 처리

파일 입출력은 키보드나 마우스 또는 파일로부터 자료를 입력받아 프로그램된 명령을 수행하고 처리 결과를 화면이나 파일로 출력하는 것을 말한다. 즉, 파일에 정보를 입력하여 저장하고, 다시 불러들이는 전 과정이다. 여기에서는 하드디스크와 같은 보조기억장치로부터 파일을 열고, 쓰고, 삭제하고, 편집하고, 저장하는 방법을 배운다. 더불어 파일을 다루면서 원하지 않은 결과가 나왔을 때 오류를 처리하는 방법까지 배운다.

컴퓨팅 사고 발생 가능한 오류를 미리 예측하고 예방법을 마련하라.

 Python

01 파일 입출력과 예외 처리

　지금까지 정보를 입력받고 처리하고 출력하는 프로그램들을 만들었다. 프로그램이 처리한 결괏값은 메모리, 즉 RAM에 저장되기 때문에 컴퓨터의 전원이 꺼지는 동시에 자료는 사라진다. 따라서 프로그램이 컴퓨터의 전원과 상관없이 정보를 처리한 결과를 고정적으로 저장해 둘 수 있도록 만들어야 한다. 이러한 역할을 보조기억장치가 한다. 그러기 위해서는 변수에 입력되거나 생성, 수정하고 처리한 자료를 하드디스크 또는 USB 메모리 공간에 저장해야 한다. 그 첫걸음이 바로 파일에 정보를 입력하고, 저장하고, 다시 불러들이는 과정이다.

　이제부터 보조기억장치로부터 파일을 열고, 쓰고, 삭제하고, 편집하고, 저장하는 방법을 배워 보자. 이와 더불어 예외 처리도 배워 본다. 0으로 숫자를 나눈다든가, 파일을 사용하다 보면 파일이 존재하지 않거나 예상치 못하는 상황으로 인해 오류가 나는 경우가 많다. 여기에서는 파일을 다루면서 원하지 않는 결과가 나왔을 때 처리하는 방법을 배운다.

먼저, 하드디스크에 물리적 파일을 생성해 보자. 물리적 파일을 만들기 위해서는 파이썬 내장 함수인 open()을 이용한다.

```
>>> f = open('New File.txt', 'w')
>>> f.close()
```

open() 명령어로 파일을 열고, close() 명령어로 파일을 닫았다. close() 명령어로 파일을 닫는 이유는 보조기억장치에 물리적인 파일이 생성되고 메모리에 있는 파일의 구조를 삭제하여 메모리 공간의 낭비를 막기 위해서이다. 따라서 파일을 생성할 때 메모리에 파일의 형태를 open()하고 자료를 배치한 뒤 프로그램을 종료할 때 반드시 close()로 닫아야 한다.

close() 명령 후에도 아무 변화가 없다면 파일을 직접 찾아간다. 파일은 파이썬이 설치되어 있는 폴더에 함께 저장되어 있다.

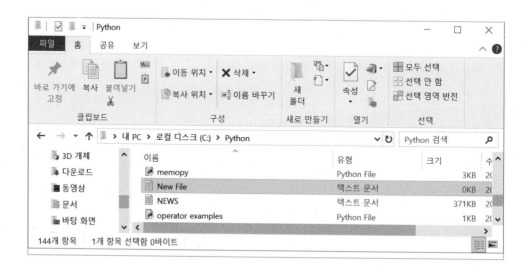

처음 설치할 때 경로를 쉽게 바꾸었던 이유가 바로 이것 때문이다. 만약 경로를 바꾸지 않고 이용하였다면 일반적으로는 아래와 같은 폴더에 있을 것이다.

┌─ 사용자명

C:\Users\hello\AppData\Local\Programs\Python\Python38

└─ 파이썬 버전

만약 그래도 파일의 위치를 찾기 힘들 때에는 파이썬 프로그램 바로가기의 속성을 이용하거나 [시작]–[프로그램]에서 파이썬을 찾아 파일 위치 열기를 이용한다.

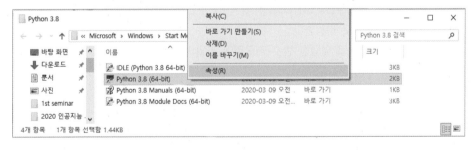

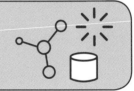

02   파일 읽기

먼저 앞에서 'New File'을 생성했다. 이제 파일을 불러들이고 닫아보도록 하자. 파일을 가져와서 불러들여야 무엇이라도 할 수 있게 된다. 미리 말하자면 앞에서 New File.txt를 생성하지 않았다면 오류가 발생할 것이므로 먼저 앞 장의 방법과 같이 New file.txt를 생성하자.

```
>>> f = open('New File.txt', 'r')
>>> f.close()
```

이제 파일을 열었다가 닫았다. 이를 해석하면 다음과 같다.

소스	설명
f = open('New File.txt', 'r')	• New File.txt 파일을 읽기(r) 모드로 열어 둔다. 이를 이제 f라는 변수로 지칭한다. • f라고 명명한 변수 메모리에 파일의 구조를 생성한다.
f.close()	• 열었던 파일 f를 닫는다. • 닫을 때 비로소 물리적 파일이 생성된다.

그런데 아무 정보가 없어서 정말 열었다가 닫았는지 알 수 없다. 파일을 열었다는 것을 살펴보자.

```
>>> f = open('New File.txt', 'r')
>>> print(f)
<_io.TextIOWrapper name='New File.txt' mode='r' encoding='cp949'>
>>> f.close()
```

보다시피 파일의 이름, 읽기 모드, 인코딩 정보가 나온다. 읽기 모드는 컴퓨터가 이 텍스트 파일을 가져올 때 읽기 전용이냐, 쓰기를 할 것이냐 등의 내용을 담고 있다. 인 코딩 정보는 해당 내용이 어떤 방식의 글자로 쓰여 있나 하는 것이다. 여기서 중요한 것은 파일을 열 때 어떤 mode로 열 것이냐이다. 먼저 어떤 모드가 있는지 알아보자.

모드	설명	파일 생성
r	파일을 읽기 전용 모드로 열기	
w	파일을 쓰기 모드로 열기	○
a	파일에 내용 추가하기 모드로 열기	○
t	텍스트 모드로 파일 열기	
b	바이너리 모드로 파일 열기	
r+	읽기 + 쓰기 모드, 덮어쓰기로 파일을 쓴다.	
w+	읽기 + 쓰기 모드, 기존의 파일을 지우고 파일을 쓴다.	○
a+	읽기 + 쓰기 모드, 기존의 파일 끝에서부터 파일을 쓴다.	○

각각 read, write, append의 약자이므로 외울 필요는 없다. 사용하면서 자연스레 외 워질 것이다. 이 모드에 따라서 파일을 생성하거나 수정 여부가 갈리므로 앞으로 계 속 쓰게 될 것이다. 앞으로 파일을 읽고 쓸 때 기본형은 아래와 같다. 파일을 닫아 주 지 않으면 계속 메모리에 로드되어 메모리를 낭비하기 때문에 닫는 것 까지 함께 기억하자.

```
>>> 저장할 변수명 = open('파일 이름', '모드')
>>> 변수명.close()
```

03 파일 쓰기

파일에 직접 글자를 저장해 보자. 앞에서 배운 파일 읽기를 쓰기 모드(w)로 불러들인다. New File.txt를 그대로 불러오자.

```
file = open('New File.txt', 'w')
file.write("파이썬 월드에 오신 것을 환영합니다.")
file.close()
```

실행창에는 실행했다는 말 외에는 아무것도 존재하지 않는다. 따라서 파일을 직접 열어 보자. 그럼 아래와 같이 내가 저장했던 글자가 쓰여 있는 것을 확인할 수 있다.

이제 글자를 쓰는 것을 아래처럼 기억해 두자. 파일을 열고 나서 다음과 같이 입력한다.

>>> 변수명.write("저장할 내용")

만약 여러 줄로 작성하고 싶다면 개행 문자(\n)를 사용한다. 다음과 같이 실행하면 된다.

```
file = open('New file.txt', 'w')
file.write("파이썬 월드에 오신 것을 환영합니다. \n 여기서 세상을 배워 가세요.")
file.close()
```

 파이썬 월드에 오신 것을 환영합니다.
여기서 세상을 배워 가세요.

 만약 여러 개의 리스트를 한 줄에 넣고 싶다면 .write()가 아닌 .writelines()를 사용한다.

```
file = open('New File.txt', 'w')
file.writelines(["리스트1", "리스트2", "리스트3"])
file.close()
```

 리스트1리스트2리스트3

Practice

1. 새로운 텍스트 파일 Text.txt를 추가하고 1~10까지의 수가 입력되도록 저장해 보자.
2. 기존 텍스트 파일에 1~100까지의 수 중 짝수만 저장해 보자. for 문을 이용한다.

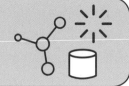

04 파일에 내용 추가하기

   앞에서 모드(mode)에 따라 파일을 읽거나 쓰거나 하는 방식이 달라진다는 것을 배웠다. 이전의 파일을 지우지 않고 내용을 추가하는 것은 모드 'a'이다. 앞에서 이미 생성한 New File에 내용을 추가해 보자.

```
data = "으로 이루어지는 파이썬 세상"
f = open('New File.txt', 'a')
f.write(data)
f.close()
```

메모장   **리스트1리스트2리스트3으로 이루어지는 파이썬 세상**

   모드 w는 덮어쓰지만 모드 a를 이용하면 내용을 추가할 수 있다. 또한 텍스트 파일을 쓸 때에는 변수에 있는 내용을 그대로 쓰거나 있는 내용을 변수에 사용할 수도 있다.

   이번엔 반복문을 이용하여 파일에 내용을 추가해 보자. 1~10까지 반복문을 이용해 앞의 텍스트 파일에 그대로 추가할 것이다.

```
a = 0
f = open('New File.txt', 'at')
while a < 10:
    data = "%d 숫자\n"%a
    f.write(data)
    a = a + 1
f.close()
```

 리스트1리스트2리스트3으로 이루어지는 파이썬 세상0 숫자

메모장
1 숫자

2 숫자

3 숫자

4 숫자

5 숫자

6 숫자

7 숫자

8 숫자

9 숫자

Practice

1. 새로운 텍스트 파일 loop.txt를 생성해 보자. 단, 이미 파일이 있는 경우 기존 파일의 내용을 추가한다. 1~100까지 한 칸씩만 띄우고 모두 한 줄에 저장한다.

2. practice.txt를 만들어 "제1의아해가무섭다고그리오."부터 "제5의아해가무섭다고그리오."까지 순서대로 한 줄에 하나씩 입력하여 저장해 보자.

05 파일 내용 읽기

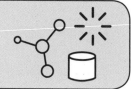

만약 게임에서 사용된 파일을 저장했다면, 다시 불러들일 수 있어야 한다. 지금까지 파일에 내용을 썼다면, 이제는 파일에 있는 내용을 읽어 보자. 파일에 있는 내용을 읽을 때는 모드 r과 read()를 이용한다. 이때 파일이 이미 존재해야 한다. 파일이 없으면 오류가 난다.

```
>>> f = open('practice.txt','r')
>>> f.read()
'제0의아해가무섭다고그리오.\n제1의아해가무섭다고그리오.\n제2의아해가무섭다고그리오.\n
제3의아해가무섭다고그리오.\n제4의아해가무섭다고그리오.\n제5의아해가무섭다고그리오.'
>>> f.close()
```

>>> 변수명.read()

f.read()를 입력하자마자 텍스트 파일 전체의 내용이 출력되었다. 이를 실제로 사용하기 위해서는 파일에서 읽은 내용을 변수에 저장해야 한다. 아래와 같이 해 보자.

```
f = open('practice.txt', 'r')
a = f.read()
print(a)
f.close()
```

⊙ 화면

제0의아해가무섭다고그리오.
제1의아해가무섭다고그리오.
제2의아해가무섭다고그리오.
제3의아해가무섭다고그리오.
제4의아해가무섭다고그리오.
제5의아해가무섭다고그리오.

이렇게 쉽게 불러올 수 있다. 파일에서 내용을 읽는 다른 함수로는 readline()과 readlines()가 있다. readline()은 한 번 실행할 때마다 한 줄씩 불러오고, readlines()는 전체를 부르되 행별로 리스트를 만들어 반환한다. 아래처럼 실행해 볼 수 있다.

```
>>> f = open('practice.txt', 'r')
>>> f.readline()
'제0의아해가무섭다고그리오.\n'
>>> f.readline()
'제1의아해가무섭다고그리오.\n'
>>> f.readline()
'제2의아해가무섭다고그리오.\n'
>>>
>>> f.readlines()
['제3의아해가무섭다고그리오.\n', '제4의아해가무섭다고그리오.\n', '제5의아해가무섭다
고그리오.\n']
>>> f.close()
```

06 예외 처리

예외 처리란 프로그램이 동작하던 중 예상치 못한 오류 등의 예외 상황을 만났을 때 안전하게 처리하는 방법을 말한다. 예를 들어, 프로그램이 동작할 때 예기치 못한 오류를 만나면 프로그램이 멈추고 기존에 해 왔던 작업이 갑작스레 사라지게 된다. 한글 문서 작업이나 윈도우 작업에서 프로그램이 멈추거나 갑작스럽게 꺼지는 상황을 생각해 보면 이해하기 쉽다. 이러한 것을 미연에 방지하기 위해 예외적인 오류를 정해 놓는 것이다. 대표적으로 정수를 0으로 나눈다든가 파일을 열려고 할 때 해당 폴더에 파일이 없을 경우에 이런 오류가 날 수 있다.

```
>>> f.open('python.txt', 'r')
Traceback (most recent call last):
  File "<pyshell#26>", line 1, in <module>
    f.open('python.txt', 'r')
FileNotFoundEroor: [Errno 2] No such file or directory: 'python.txt'
```

마지막 줄에 FileNotFoundError는 파일이 존재하지 않기 때문에 나는 오류이다. 읽기(r) 모드일 때는 파일이 없으면 오류가 난다. 이런 경우를 미연에 방지하기 위하여 try-except를 이용한 예외 처리를 한다.

```
try:
    시도할 내용
except:
    오류가 났을 때 할 동작
```

아래처럼 문제를 해결하면 오류가 발생하지 않고 except: 문의 내용이 실행된다.

```
try:
    f = open('python.txt', 'r')
except:
    print("파일을 읽을 때 오류가 발생했습니다.")
```

🔘 화면

파일을 읽을 때 오류가 발생했습니다.

오류의 종류를 지정하여 만들 수 있다. 이러한 경우에는 여러 가지의 오류 종류에 따라 다르게 동작하도록 만들 수 있다. except 뒤에 오류의 종류를 써 준다.

```
try:
    f = open('python.txt', 'r')
except FileNotFoundError:
    print("파일을 찾을 수 없습니다.")
```

🔘 화면

파일을 찾을 수 없습니다.

이외에도 오류를 처리하는 방법은 try-else 구문과 raise라는 구문이 있다. try-else 는 만약 try에서 오류가 나지 않았을 경우 else에서 계속 이어서 실행하는 것이다.

```
try:
    f = open('python.txt.', 'r')
except FileNotFoundError:
    print("파일을 찾을 수 없습니다.")
else:
    a = f.read()
    print(a)
    f.close()
```

또한 예외일 경우 프로그램이 종료되지 않고 아무 일이 없었다는 것처럼 넘어갈 수도 있다. pass를 이용하면 그냥 넘어가게 된다. 또한 finally를 이용하면 오류가 발생하든 발생하지 않든 무조건 실행하거나 건너뛰고 다음 단계로 진행한다.

```
try:
    f = open('python.txt.', 'r')
except FileNotFoundError:
    pass
else:
    a = f.read()
    print(a)
    f.close()
finally:
    print("작업을 모두 마쳤습니다.")
```

Practice

3개의 값을 가진 리스트 a를 만들고 a[4] 리스트를 호출할 경우 오류 메시지를 출력해 보자.

대표적인 예외 사항은 다음과 같다.

예외 처리	예외 상황의 의미와 발생 원인
ArithmeticError	수의 연산과 관련된 문제가 발생할 때
AssertionError	정수인지 확인하는 assert 문의 오류가 발생할 때
AttributeError	모듈, 클래스 등에서 잘못된 속성이 발생할 때
ChildProcessError	메인 프로그램이 실행한 다른 프로그램에서 오류가 발생할 때
EOFError	파일 등에서 읽어 들일 데이터가 더 이상 없을 때
Exception	대부분 예외의 가장 상위 예외 처리가 발생할 때
FileExistsError	이미 존재하는 파일이나 폴더를 새로 생성하려 할 때
FileNotFoundError	존재하지 않은 파일이나 폴더를 오픈하려 할 때
ImportError	모듈(라이브러리)을 불러올 수 없을 때
IndentationError	문법에서 들여쓰기가 잘못되었을 때
IndexError	잘못된 인덱스를 인덱싱할 때
IsADirectoryError	파일을 위한 명령을 폴더에 실행할 때
KeyboardInterrupt	강제 종료인 Control-C 키가 입력되었을 때
KeyError	잘못된 Key를 인덱싱하였을 때
LookupError	잘못된 인덱스나 Key를 인덱싱하였을 때
ModuleNotFoundError	불러올 라이브러리를 찾을 수 없을 때
NameError	잘못된 변수명을 사용할 때
NotADirectoryError	폴더를 위한 명령을 파일에서 실행할 때
OSError	운영체제의 실행 명령과 관계된 다양한 문제가 발생할 때
PermissionError	명령의 실행 권한이 없을 때
RecursionError	함수의 재귀 호출 단계의 문제가 발생할 때
RuntimeError	다른 분류에 속하지 않는 실행 시간 오류가 발생할 때
SyntaxError	구문 오류가 발생할 때
SystemExit	프로그램을 종료하는 명령이 실행되었을 때

예외 처리	예외 상황의 의미와 발생 원인
TabError	들여쓰기에 탭과 스페이스가 섞여 있을 때
TimeoutError	수행되는 시간이 운영체제가 허용한 기준을 초과했을 때
TypeError	연산해야 할 자료의 타입이 잘못되었을 때
UnicodeError	유니코드와 관련된 오류가 발생할 때
ValueError	데이터의 값이 다를 때
Warning	심각한 오류는 아니나 주의가 필요한 경고
ZeroDivisionError	수를 0으로 나누려 할 때

예외 처리 연습 문제

이름 찾기

{이름:생년월일}로 된 딕셔너리 쌍을 생성한 후 프로그램을 실행하면, 이름을 입력하였을 때 생년월일이 나오는 프로그램을 만들어 보자. 또한 해당 이름이 없을 경우 이름이 없다는 오류 메시지를 출력해 보자.

🔘 화면

```
생일을 알고 싶은 사람을 입력하세요 : 홍길동
2000년 3월 1일
생일을 알고 싶은 사람을 입력하세요 : 김춘추
604년
생일을 알고 싶은 사람을 입력하세요 : 이황
데이터베이스에 존재하지 않는 이름입니다.
생일을 알고 싶은 사람을 입력하세요 : q
데이터베이스에 존재하지 않는 이름입니다.
```

✲ SOURCE

```python
birth = {"홍길동":"2000년 3월 1일", "김춘추":"604년", "김유신":"595년"}
a = " "
while a != 'q':
    a = input("생일을 알고 싶은 사람을 입력하세요 : ")
    try:
        print(birth[a])
    except KeyError:
        print("데이터베이스에 존재하지 않는 이름입니다.")
```

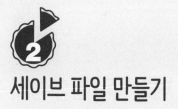

세이브 파일 만들기

세이브 파일 저장하기

　게임을 할 때 언제 끝날지 모르기 때문에 중간중간 자료를 세이브해 보았을 것이다. 텍스트 형태로 가장 기본적인 세이브 파일을 만들어 보자. 감소하는 체력을 입력받되, 입력에 'save'라고 입력하면 save.txt 파일에 남은 체력을 저장해 둔다.

🔘 화면

> 현재 체력은 280입니다.
> 데미지를 몇 입었습니까 : 10
> 체력이 270 남았습니다.
> 데미지를 몇 입었습니까 : 50
> 체력이 220 남았습니다.
> 데미지를 몇 입었습니까 : 100
> 체력이 120 남았습니다.
> 데미지를 몇 입었습니까 : save

메모장 120

✽ SOURCE

```
hp = 280
hit = " "
print("현재 체력은 %d입니다."%hp)
while hit != "save" and hp > 0:
    hit = input("데미지를 몇 입었습니까 : ")
    if hit == "save":
        f = open('save.txt', 'w')
        f.write(str(hp))
        f.close()
    else:
        hit = int(hit)
        hp = hp - hit
        print("체력이 %d 남았습니다."%hp)
```

Tip 숫자를 텍스트 파일에 저장하기

텍스트 파일에 데이터를 쓸 때 정수형(int)으로는 오류가 발생하므로 문자형(str)으로 바꾸어 저장해야 한다.

세이브 파일 불러오기

실행시키면 save.txt에 있는 문자를 읽어 숫자로 변환하여 다시 게임을 시작할 수 있도록 한다. 만약 save.txt 파일이 없는 경우 초기 상태의 hp(체력)를 가지고 시작하도록 하자.

화면

세이브된 파일을 불러오는 중...

현재 체력은 120입니다.
데미지를 몇 입었습니까 : 10
체력이 110 남았습니다.
데미지를 몇 입었습니까 : 110
체력이 0 남았습니다.

❈ SOURCE

```python
hp = 280
hit = " "
try:
    f = open('save.txt', 'r')
    hp = int(f.read())
    f.close()
    print("세이브된 파일을 불러오는 중...")
except:
    print("세이브된 파일을 찾을 수 없습니다.")


print("현재 체력은 %d입니다."%hp)              # 앞 부분과 동일
while hit != "save" and hp > 0:
    hit = input("데미지를 몇 입었습니까 : ")
    if hit == "save":
        f = open('save.txt', 'w')
        f.write(str(hp))
        f.close()
    else:
        hit = int(hit)
        hp = hp - hit
        print("체력이 %d 남았습니다."%hp)
```

오류 목록 만들기

프로그램이나 네트워크의 완벽성을 기하기 위해서는 오류를 재빠르게 알고 처리하는 것이 중요하다. 이런 경우를 상정하고, 오류가 났을 때 오류의 내용을 저장하는 로그 기록 log.txt를 만들어 보자. 프로그램의 동작은 리스트에서 해당 리스트가 몇 번째에 있는지 알려 주는 프로그램이다. 리스트에 존재하지 않는 값을 입력했을 때 나는 오류는 ValueError이다.

🖥 화면

```
나라 이름을 입력하세요 : 한국
0
나라 이름을 입력하세요 : 러시아
4
나라 이름을 입력하세요 : 베트남
5
나라 이름을 입력하세요 : 천조국
'천조국' is not in list 국가는 리스트에 존재하지 않습니다. 로그 기록
나라 이름을 입력하세요 : 쌀국
'쌀국' is not in list 국가는 리스트에 존재하지 않습니다. 로그 기록
나라 이름을 입력하세요 : q
'q' is not in list 국가는 리스드에 존재하지 않습니다. 로그 기록
```

Tip 예외 처리 시 오류 종류 출력하기

오류의 종류를 출력하고자 할 때에는 [except 오류명 as 출력 변수]를 이용한다.

try... except ValueError as e

print(e)

메모장 천조국
쌀국
q

```python
nation = ["한국", "미국", "일본", "중국", "러시아", "베트남"]
a = "a"
while a:
    if a == "q":
        break

    a = input("나라 이름을 입력하세요 : ")
    try:
        print(nation.index(a))
    except ValueError as e:
        f = open("log.txt", "a")
        f.write("%s\n"%a)
        f.close()
        print("%s 국가는 리스트에 존재하지 않습니다. 로그 기록"%e)
```

프로그램 만들기

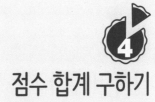 **점수 합계 구하기**

텍스트 파일에 국어 점수를 한 줄에 한 명씩 순서대로 모두 적어 놓았다. 모든 점수를 읽어서 총점과 평균을 출력해 보자.

메모장

```
80
90
100
50
60
95
```

🔘 **화면**

> 전체 합은 475입니다.
> 전체 평균은 79입니다.

❋ SOURCE

```python
f = open("text.txt", 'r')
score = f.readlines()
score = list(map(int, score))          # 전부 정수형으로 바꾸기(하단 TIP 참조)
score_sum = 0

for i in score:                         # 합계
    score_sum = score_sum + i

score_average = score_sum / len(score)  # 평균

print("전체 합은 %d입니다."%score_sum)
print("전체 평균은 %d입니다."%score_average)
```

Tip 리스트 요소의 전체 타입 변경하기 map( )

리스트 전체의 Type을 바꿀 때는 반복문으로도 가능하지만 map 함수를 쓸 수 있다. map() 함수는 반복 가능한 객체들을 모두 펼쳐 한 번에 바꾸어 준다.
예) 리스트 이름 = list(map(int, 리스트 이름))
    for i in range(len(리스트)); 리스트[i] = int(리스트[i])

찾기-바꾸기 기능 만들기

워드 프로세서를 쓰다 보면 모든 글자 중에서 찾아 한꺼번에 바꾸고 싶을 때가 있다. 여기 파일에 수십 개의 '빠' 중에 '삐'가 몇 개 숨어 있다. 이를 찾아 모두 '빠'로 바꾸어 저장해 보자.

 빠 삐 빠 빠 빠 빠 빠 빠 빠 빠 삐 빠 빠 빠 빠 빠 빠 빠 빠 빠 빠 빠 빠 빠 빠 삐 빠 빠 빠 빠 빠 빠 빠 빠
빠 빠 빠 빠 빠 빠 빠 빠 빠 빠 빠 빠 빠 삐 빠 빠 빠 빠 빠 빠 빠

Tip 문자열 찾아 바꾸기

문자열의 대체는 문자열 변수.replace('이전 문자', '바꿀 문자')이다.

❊ SOURCE

```
f = open('replace.txt', 'r')
letter = f.read()
f.close()

letter = letter.replace("삐", "빠")

f = open('replace.txt', 'w')
f.write(letter)
f.close()
```

Chapter 9

함수

지금까지 꽤 많은 코드를 작성해 보았다. 프로그램이 커지고 복잡해질수록 소스 코드의 길이도 길어져만 간다. 이제는 한눈에 이해하기 쉽도록 단순하고 추상화할 필요가 생겼다. 이러할 때 필요한 것이 바로 함수이다. 함수는 특별한 기능을 수행하는 코드의 묶음으로, 우리가 반복적으로 사용하는 코드를 추상화된 이름으로 명명하여 불러 사용한다.

컴퓨팅 사고   구체적이지만 복잡한 것은 핵심만 찾아 단순화하고 기능을 추상화하라.

 Python

01 함수(Function)란?

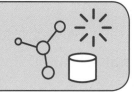

   자판기에 돈을 넣고 해당 금액만큼의 음료수 버튼을 누르면 음료수가 나온다. 자판기 내부의 원리를 정확히 알지 못하더라도 정해진 버튼만 누르면 쉽고 편리하게 음료수를 얻을 수 있다. 함수는 이런 음료수 버튼 기능과 매우 유사하다. 함수의 정확한 동작은 알지 못하더라도 우리는 그 함수를 이용함으로써 해당 동작을 수행할 수 있게 된다. 자동차의 시동 키와 라디오 버튼도 함수이다. 사실 우리가 파이썬에서 지금까지 배웠던 거의 모든 명령어가 함수이다.

   예를 들어, print('')를 이용할 때 따옴표 안의 내용이 어떤 방식으로 컴퓨터에 입력되어 처리되고 출력되는지 구체적으로 알지 못한다. 하지만 print()를 사용하는 것만으로도 우리는 우리가 원하는 문장을 출력할 수 있다. input()도 마찬가지이다. 함수를 이용하면 이전에 없던 명령어를 우리 스스로 만들 수 있다. 파이썬의 기본 명령을 묶어 새로운 함수로 구성할 수 있게 되는 것이다.

자판기로 돌아가서 함수는 자판기의 내부 기능을 설계하는 역할과도 같다. 함수를 직접 만들어 보면, 앞으로 다른 사람의 함수를 이해하고 가져다가 쓰는 일도 더 수월해진다.

함수는 현대 프로그래밍 방식 중 하나로서 꼭 익혀야 한다. 함수를 익혀 더 쉽고, 더 깔끔하며, 더 멋있는 프로그램을 만들어 보자. 먼저, 하나의 명령어만 들어가 있는 함수를 정의하는 방법을 익혀 보자.

```
>>> def abc():
        print("함수를 정의할 때는 def(definition)를 이용합니다.")

>>> abc()
함수를 정의할 때는 def(definition)를 이용합니다.
```

위의 함수 정의에서도 볼 수 있듯이 definition(정의하다)의 준말인 def를 이용하고, 명령어로 쓰일 문자와 괄호(( ))를 이용한다. 그리고 여러 명령어를 묶어 사용하기 때문에 정의된 함수명 뒤에 콜론(:)을 쓴다. 콜론 하위 구조에 수행할 명령어는 들여서 작성한다. if 문, for 문, while 문의 구조와 같이 콜론과 들여쓰기의 형식은 같다.

함수의 정의
>>> def 함수명():
        함수에 들어갈 작업들

함수는 다양하게 사용할 수 있고, 괄호(( )) 안에 추가적인 내용을 정의하면, 더욱더 요긴하게 사용할 수 있다. 하나씩 살펴보자.

02 함수의 사용

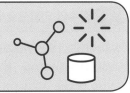

　함수를 만드는 방법은 간단하다. 예를 들어, 누가 방문하든 같은 안내 메시지를 출력하는 프로그램이 있다고 생각해 보자. 이 안내 메시지는 1회성이 아니라 누군가 올 때마다 출력되기 때문에 항상 저장해 두고 써야 한다. 비규칙적으로 여러 번 쓰는 내용은 모두 함수로 저장해 둔다는 것을 기억해 두자.

```
>>> def say_hello():
        print("어서 오세요. 파이썬 세계에 오신 것을 환영합니다.")
        print("지금은 8층, 함수 매장입니다.")
>>> say_hello():
어서 오세요. 파이썬 세계에 오신 것을 환영합니다.
지금은 8층, 함수 매장입니다.
```

　함수를 선언하고 그 함수를 실행하는 것만으로도 정해진 동작을 다할 수 있다. 함수의 선언은 def(definition, 정의)라는 명령어와 함수명, 괄호(())로 충분하다. 이 함수에 포함되는 동작은 하위절임을 알려 주는 콜론(:)을 사용한다. 콜론 다음 행은 들여쓰기를 한 뒤 실행할 명령이 들어간다. 이 함수를 사용하는 것은 함수명()으로 다시 불러내면 충분하다. 함수 이름에 어떤 이름이라도 쓸 수 있을까? 함수의 이름은 어느 것이나 상관이 없지만 이미 명령어로 존재하거나 예약어인 경우에는 사용할 수 없다. 이것은 변수명을 작성하는 규칙과 같다. 아래와 같이 입력하면 예약어를 확인할 수 있다. 결괏값은 직접 확인해 보자.

```
>>> import keyword
>>> print(keyword.kwlist)
```

Tip ● 함수의 이름으로 사용할 수 없는 경우

- 이미 지정되어 있는 명령어(예약어)는 함수 이름으로 사용할 수 없다. 예) if( ), in( )
- 띄어쓰기와 특수문자는 _를 제외하고 사용할 수 없다. 예) @ab( ), my age( )
- 숫자를 맨 앞에 사용하면 안 된다. 예) 4ab( ), 666( )

함수 이름은 어떻게 정하는 것이 좋을까? 딱히 규칙은 없지만 일반적으로 함수 이름은 '동사'로 만드는 것이 보통이다. 함수가 어떤 역할을 하는지 적어 둔다는 이야기이다. 예를 들어, 두 수의 덧셈을 더하는 함수는 'GetSum', 값을 받아 사각형을 그리는 함수는 'DrawSquare' 같은 식이다. 남들이 볼 때 이해하기 좋은 함수 이름이면 좋다.

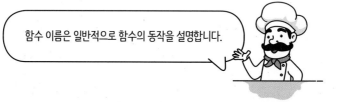

함수 이름은 일반적으로 함수의 동작을 설명합니다.

함수를 정의하고 그 함수를 사용할 때 주의해야 할 것이 바로 순서이다. 만약 함수 이름을 먼저 작성하여 호출하고 그 뒤에 함수를 정의하면 오류가 발생한다. 파이썬은 인터프리터 방식의 언어이기 때문에 앞줄부터 순서대로 확인하면서 실행된다. 따라서 함수를 호출해도 정의된 함수는 뒤에 있기 때문에 존재하는지 알 수 없어 오류가 발생하는 것이다. 다음 소스를 실행해 보자.

소스 1	소스 2
| ```python
def sum():
    a=2
    b=3
    print(a+b)
sum()
``` | ```python
sum()
def sum():
    a=2
    b=3
    print(a+b)
``` |

함수 만들기 연습 문제

자기소개 함수 만들기

바쁜 현대에는 새로운 사람을 만나고 자신을 소개해야 하는 일이 매우 많다. 자동으로 자기소개를 하는 함수를 만들어 보고 실행해 보자.

❈ SOURCE

```
def selfPR():
    print("Hello, Let me introduce myself to you. My name is Gil-dong HONG.
I came from South Korea. I'm usually space out.")
```

거북 도형 만들기

우리는 PyTurtle을 통해 거북을 자유롭게 조종할 수 있다. PyTurtle은 함수와 결합하면 더욱 재미있고 다양하게 사용할 수 있다. PyTurtle을 이용하여 도형에 관한 명령어로 도형이 출력될 수 있도록 함수를 작성해 보자. 그리고 다음 penta()는 어떤 도형을 그리는 함수인지 확인해 보자.

❈ SOURCE

```
import turtle
def penta():
    for i in range(5):
        turtle.fd(100)
        turtle.left(72)
penta()
```

03 함수의 매개변수 사용하기

　앞에서 변수와 조건문을 이용하여 함수를 다른 방법으로 출력해 보았다. 앞의 경우에는 변수 동작이 프로그래머가 지정한 대로만 움직이기 때문에 충분히 예상 가능한 방향으로 조건문을 세우거나 출력할 수 있었다. 하지만 이번에는 사용자에게 입력받은 내용(input)을 토대로 함수의 출력문을 바꾸어 본다고 생각해 보자. 어떻게 하면 좋을까?

　이러한 경우 매개변수(parameter)를 사용한다. 매개변수는 사용자에게 입력받은 값이나 변수들을 포장하여 함수 안으로 전달해 주는 역할을 한다. 함수는 매개변수를 통해 인자(argument)를 입력받으면, 정해진 위치에 적절하게 배치하여 사용한다. 먼저 숫자를 이용해 보자.

```
>>> def triple(x):      # x를 매개변수라고 한다. 인자값 3이 x 변수에 대입된다.
      print(x * x * x)
>>> triple(3)           # 3을 인자값이라고 한다.
27
```

이전에는 정해진 명령만을 출력할 수 있었지만 매개변수를 정의함으로써 출력되는 값을 바꿀 수 있다. 인자는 1개 이상 사용할 수 있다.

```
>>> def multiple(x, y):    # 인자값이 2개이면 매개변수도 반드시 2개여야 한다.
      print(x * y)
>>> multiple(7, 9):
63
```

이와 같은 방식으로 훨씬 더 효율적인 프로그래밍을 할 수 있다. 문자도 실험해 보자.

```
>>> def say_hello(name, age):
       print("{0} 님 안녕하세요, {1}살의 나이에 알맞은 여러 상품이 구비되어 있
습니다.".format(name, age))
>>> say_hello("홍길동", 15)
홍길동 님 안녕하세요, 15살의 나이에 알맞은 여러 상품이 구비되어 있습니다.
```

함수에서 인자를 잘 사용한다는 것은 함수의 개념을 이해하고 자유자재로 다룰 준비가 되었다는 것을 뜻한다.

Practice

숫자 세 개(a,b,c)를 입력하면, 이 세 개의 값을 (a+b)*c의 형태로 출력해 주는 함수를 작성하고 실행해 보자.

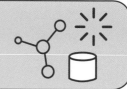

04 함수를 통해 변수에 값 입력하기 | return

하나의 완성된 프로그램을 만들기 위해서는 수많은 함수를 만들어야 한다. 때로는 한 변수에 함수로 처리한 값을 넣어야 할 때가 있다. 기존의 방법대로 함수를 사용하면 함수가 정해진 동작대로 값을 처리만 할 뿐 처리 결과를 사용자에게 되돌려주지 않는다. 셸에서 함수를 쓰면 바로 보여 주지만 실제로는 그렇지 않다는 것이다. 이럴 때 사용할 수 있는 명령어가 return이다.

```
>>> def multiply(a,b,c):
        print(a*b*c)
>>> d = multiply(3,4,5)
60
>>> d
```

이와 같이 print로 출력한 값은 단지 출력만 할 뿐 변수 d에는 아무것도 입력되지 않았다. return을 이용하여 아래처럼 써 보자.

```
>>> def multiply(a,b,c):
        print(a*b*c)
        return a*b*c
>>> d = multiply(3,4,5)
60
>>> d
60
```

return을 이용하면 함수가 처리한 값을 다시 함수 밖으로 꺼내서 호출한 함수에 값을 되돌려준다. 실제적으로 프로그램을 만들 때 함수의 값을 돌려주어야 하는 경우가 많으므로 return이 있는 형태를 기본형이라고 생각해도 좋다. 프로그래밍 언어에 따라서는 꼭 return이 있어야만 하는 문법 형태도 많다. 파이썬 역시 return 문이 있으면 함수를 종료하는 것으로 인식한다.

Tip 함수 안에서 함수 밖의 변숫값 수정하기

함수 바깥에서 정의한 변수의 값을 함수 안에서 바꾸고자 할 때에는 함수 안에서 [global 변수명]으로 명령하여 함수 바깥에서 쓰는 전역변수(global)임을 이야기한다.

Practice

1. width 변수에 인자가 두 개인 함수를 실행하여 두 숫자의 곱을 입력해 보자.
2. width 변수에 (a+b)*c를 입력하는 함수 trepezium(a,b,c)를 만들고 실행해 보자.

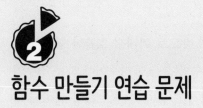

함수 만들기 연습 문제

거북 도형 만들기

이번에도 역시 터틀을 이용하여 함수를 정의하여 실행해 보자. 매개변수를 이용하여 크기가 다른 도형을 쉽게 만들 수 있는 함수를 만들어 보자. 아래와 같이 한 변의 길이를 넣어 삼각형을 만들 수 있도록 해 보자.

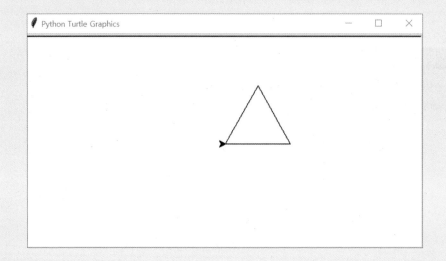

❈ SOURCE

```
import turtle
def triangle(a):
    for i in range(3):
        turtle.fd(a)
        turtle.left(120)
triangle(100)
```

triangle(100)의 함수에서 100으로 고정된 값 대신 input() 함수를 사용하여 사용자에게 값을 입력받아 길이가 다른 삼각형을 그려 보자.

✿ SOURCE

```
import turtle
def triangle(a):
    for i in range(3):
        turtle.fd(a)
        turtle.left(120)
length=int(input('변의 길이를 입력하시오.'))
triangle(length)
```

심리 테스트 만들기

인터넷, 애플리케이션 등에서 각종 심리 테스트 등을 찾아볼 수 있다. 보는 사람이 진짜라고 느낄 수 있도록 이름과 간단한 질문에 대한 답을 하면서 성격을 분석하고 마지막에 한 사람의 이름을 변수로 입력하는 프로그램을 만들어 보자.

◉ 화면

이름은 무엇입니까? 동길홍
좋아하는 동물은 무엇입니까? 사자
동길홍 님의 성격 분석을 시작하겠습니다.
동길홍 님의 성격은 따뜻하면서 이성적인 성격입니다. 남들에게 이성적으로 보이면서도 내면 깊은 곳에는 따뜻함이 자리 잡고 있습니다. 따라서 남들에게는 강해 보일지 몰라도 말하지 못하는 유약함도 가졌습니다. 하지만 이러한 성격이 남들에게는 장점으로 비추어져 동길홍 님을 의지하고 믿게 하는 기반이 됩니다. 사자라는 동물을 선택한 이유도 그와 같습니다. 사자처럼 때로는 강하고, 때로는 부드럽고, 때로는 유쾌한 모습을 지니고 있는 거죠. 이 장점으로 동길홍 님은 매우 인기 있는 사람임을 알 수 있습니다.

```
def psytest(name, animal):
    print("%s 님의 성격 분석을 시작하겠습니다."%(name))
    print("%s 님의 성격은 따뜻하면서 이성적인 성격입니다. 남들에게 이성적으로
보이면서도 내면 깊은 곳에는 따뜻함이 자리 잡고 있습니다. 따라서 남들에게는 강
해 보일지 몰라도 말하지 못하는 유약함도 가졌습니다. 하지만 이러한 성격이 남들
에게는 장점으로 비추어져 %s 님을 의지하고 믿게 하는 기반이 됩니다. %s라는 동
물을 선택한 이유도 그와 같습니다. %s처럼 때로는 강하고, 때로는 부드럽고, 때로
는 유쾌한 모습을 지니고 있는 거죠. 이 장점으로 %s 님은 매우 인기 있는 사람임
을 알 수 있습니다."%(name, name, animal, animal, name))
    return name
name = input("이름은 무엇입니까? ")
animal = input("좋아하는 동물은 무엇입니까? ")
last_user = psytest(name, animal)
```

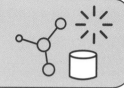

05 인자의 기본값과 가변 인자

　함수에 여러 인자가 포함되도록 프로그래밍했을 때 인자의 기본값을 지정할 수 있다. 만약 여러 인자를 포함하되 필요에 따라 써도 되고 쓰지 않아도 되는 인자를 가지고 있을 때는 기본값을 미리 지정해 주는 것이 좋다.

```
>>> def sayhello(name, place="파이썬 월드"):
    print("%s 님 안녕하세요. %s에 오신 것을 환영합니다." %(name, place))
    return name

>>> user = sayhello("john")
john 님 안녕하세요. 파이썬 월드에 오신 것을 환영합니다.
>>> user = sayhello("john", "프로그래밍 월드")
john 님 안녕하세요. 프로그래밍 월드에 오신 것을 환영합니다.
```

　위의 경우에 함수를 실행할 때 인자를 하나밖에 입력하지 않았는데도 불구하고 오류가 나지 않았다. 두 개 중 한 개가 기본값이 입력되어 있기 때문에 하나만 입력해도 오류가 발생하지 않는 것이다. 주의할 점은 기본값이 있는 것과 없는 것이 혼재되어 있을 때는 없는 것이 먼저 와야 한다는 것이다. 만약 이러한 규칙이 없을 경우 사용자가 입력한 인자가 어느 매개변수에 해당하는 것인지 알 수 없기 때문이다.

　이번에는 같은 종류의 매개변수를 여러 개 받는 방법을 알아보자. 매개변수를 하나만 지정해도 인자를 여러 개 받을 수 있다.

```
>>> def apark(*calloff):
    print("오늘", calloff, "은(는) 운행하지 않습니다.")
```

```
>>> apark("청룡열차")
오늘 ('청룡열차',) 은(는) 운행하지 않습니다.
>>> apark("청룡열차", "플룸라이드")
오늘 ('청룡열차', '플룸라이드') 은(는) 운행하지 않습니다.
```

매개변수 앞에 애스터리스크(*)를 붙여 주면 하나의 매개변수에 여러 개의 인자를 받을 수 있다. 함수는 이 인자를 튜플 형태로 가지고 있다.

Practice

1. 이름, 키, 몸무게를 인자로 입력받아 BMI를 출력하는 함수를 작성해 보자. 단, 이름을 매개변수로 넣지 않으면 고객 이름은 "익명"으로 출력된다.

2. 인자에 사람 이름을 넣으면 "오늘 회의에 참석한 사람은 ('○○○', '○○○')입니다."와 같이 출력해 보자. 단, 몇 명 참석할지는 예상할 수 없다.

인자의 기본값과 가변 인자

교대 근무표 작성

한 작업장에 근로자가 24시간 교대 근무를 한다고 가정하고 하루의 교대표를 짜 보자. 단, 하루에 모두 돌아가면서 작업한다.

🔘 화면

```
>>> shift("홍길동","김인옥","신사임당")
교대 근무자의 수는 3입니다. 순서대로
홍길동
김인옥
신사임당
```

✱ SOURCE

```python
def shift(*name):
    worker = len(name)
    print("교대 근무자의 수는 %d입니다. 순서대로"%(worker))
    for a in name:
        print(a)
```

Tip 자료의 길이 또는 개수 구하기

리스트나 튜플의 개수를 구하는 함수는 len()을 이용한다.

오늘의 메뉴

매일매일 메뉴가 바뀌는 식당에서 오늘의 메뉴를 간단하게 입력하면 자동으로 메뉴 판에 출력하는 프로그램을 만들려고 한다. 몇 개의 메뉴가 선택될지 모르는 상황에서 이 함수를 작성해 보자.

🔘 화면

```
>>> Todaymenu("만두","만두","만두")
오늘의 메뉴
만두
만두
만두
Service Charge, VAT 10% will be added
```

�֍ SOURCE

```python
def Todaymenu(*menu):
    print("오늘의 메뉴")
    for i in range(len(menu)):
        print(menu[i])
    print("Service Charge, VAT 10% will be added")
```

> **Tip** 가변 인자 사용 시 하나의 값 분리하기

가변 인자를 사용하면 여러 인자를 튜플의 묶음 형태로 받아들인다. 값을 하나씩 사용하기 위해서는 튜플을 슬라이싱하여 사용한다.

06 파이썬의 함수 설명하기 Docstring

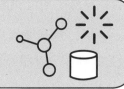

　시스템을 구축하기 위해 개발하는 프로그램은 혼자의 개발로 완성하기 어렵다. 여러 사람들이 함께 협력하고 소통하며 하나의 시스템으로 완성한다. 이러한 경우에 발생할 수 있는 문제점은 다양한 함수들이 난무하여 각각의 함수들이 어떤 역할을 하는지 알기 어렵다는 것이다. 이럴 때 함수의 설명글은 매우 큰 도움이 된다.

```
>>> sum.__doc__
"Return the sum of a 'start' value (default: 0) plus an iterable of numbers\n\nwhen
the iterable is empty, return the start value.\nThis function is intended
specifically for use with numeric values and may\nreject non-numeric types."
```

　"Explicit is better than implicit."(명확함이 함축된 것보다 낫다.)라는 파이썬 철학을 기억하는가? 함수를 직접 보고 유추하게 하는 것보다 설명을 써 주는 편이 백배 낫다. 미리 익혀 두고, 공동 작업을 할 때 사용해 보자. 개발된 함수 설명은 아래와 같은 방식으로 작성한다.

```
def GetSum(a,b):
    '''
이 함수는 두 인자의 합을 구하여 리턴합니다.
    '''
    return a+b      # 두 수의 합을 리턴

    '''
두 번째 주석입니다.
    '''
```

주석문으로 이미 배웠던 내용이다. 작은따옴표 세 개(''')로 열어서 함수의 설명을 하고 다시 작은따옴표 세 개(''')로 닫으면 이것이 함수의 설명으로 저장된다. 앞서 보았듯이 맨 처음의 주석만 함수에 대한 설명으로 문서화된다.

이 설명을 보기 위해서는 도움말 격인 help()를 사용하거나 함수들의 문서를 관리하는 __doc__를 이용하여 아래와 같이 쓰면 된다.

```
>>> GetSum.__doc__
'이 함수는 두 인자의 합을 구하여 리턴합니다.\n'
>>> help(GetSum)
Help on function GetSum in module __main__:

GetSum(a, b)
    이 함수는 두 인자의 합을 구하여 리턴합니다.
```

>>> help(함수명)
>>> 함수명.__doc__
함수에 대한 설명은 함수 시작 후 따옴표 세 개(' ')로 이루어진 주석문을 달면 만들 수 있습니다. 이는 함수에 대한 문서화된(doc) 설명을 출력합니다.

07 lambda 함수

　람다(lambda) 함수는 함수를 간단하게 표현하는 방법이다. 기존에 간단한 덧셈 함수를 작성하기 위해서는 함수에 적어도 두세 줄 이상의 표현이 필요했다. 이를 짧게 줄인 것이 람다 함수이다. 예를 들어, 숫자를 하나 입력하면 곱하기 10을 해 주는 프로그램이 있다고 가정하자. 이를 함수로 나타내면 아래와 같다.

```
>>> def GetSum(x):
    return x*10

>>> GetSum(3)
30
```

　하지만 람다식으로 나타내면 다음과 같다. 함수 정의와 호출을 한꺼번에 표현한다.

```
>>> (lambda x: x*10)(3)
30
```

　람다는 함수 이름을 정하는 과정이 생략되어 있다. 위의 과정을 보면 x라는 인자를 받아, 이를 x*10을 해 주는 람다 함수인데, 거기에 인자값 3을 입력하는 과정임을 알 수 있다. 짧게 표현되기 때문에 단독으로 쓰이기보다 다른 식에 잠시 호출할 때 쓰이는 경우가 많다.

람다식을 쓸 때 map() 함수를 많이 쓴다. map을 사용하면 각각의 객체에 속성을 부여해 줄 수 있다. 아래와 같이 보면 이해가 쉽다.

```
>>> a = ["123", "456", "789"]
>>> print(type(a[0]), type(a[1]), type(a[2]))
<class 'str'> <class 'str'> <class 'str'>
>>> a = list(map(int, a))
>>> print(type(a[0]), type(a[1]), type(a[2]))
<class 'int'> <class 'int'> <class 'int'>
```

위의 경우처럼 map을 사용하면 각각의 데이터 타입을 일일이 바꾸어 주지 않고 한꺼번에 바꿀 수 있다. 반복문의 역할을 대신 해 주는 함수 처리문이라고 생각해도 좋다.

a = list(map(int, a))는 a 변수에 있는 인자를 int(a)로 바꾸어 list로 묶어 준 것이다. 여기서 a 변수에는 리스트처럼 반복 가능(iterate)한 객체를 사용하는 것이 가능하다.

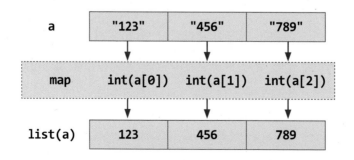

　　그럼 이 map을 어떻게 사용할 수 있을까? 앞의 람다 함수에서는 값을 하나만 바꿀 수 있었다. map을 이용하면 여러 개를 한꺼번에 바꿀 수 있다.

```
>>> (lambda x : x*10)(3,5,7,9)
Traceback (most recent call last):
  File "<pyshell#24>", line 1, in <module>
    (lambda x : x*10)(3,5,7,9)
TypeError: <lambda>() takes 1 positional argument but 4 were given
>>> a = list(map(lambda x : x*10, (3,5,7,9)))
>>> a
[30, 50, 70, 90]
```

　　람다 함수는 보통 간단한 단발성 식을 만들 때 사용된다. 파이썬에서는 자주 사용하지 않지만 다른 프로그래밍 언어에서는 종종 사용하며 코드를 줄이기 위해서도 사용한다. 한 번 체험해 보고 나중에 필요할 때 매뉴얼을 참고하여 꺼내 쓰면 된다.

>>> (lambda 매개변수: 매개변수 처리식)(인자)

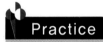

Tip **헷갈리기 쉬운 람다식 문법**

a = (lambda x: x*10, 3)를 실행하면 (<function <lambda> at 0x04135228>, 3)이 a = (lambda x: x*10)(3)을 실행하면 30이 리턴된다.

Practice

두 개의 값 x, y를 입력하면 x^y를 출력하는 람다 함수를 작성해 보자.

연습 문제

좌표상의 거리 구하기

평면좌표상에 점이 있다고 가정할 때, 좌표만 입력하면 자동으로 좌표평면의 중심 $(0, 0)$에서 거리를 구하는 함수 $a^2 + b^2 = c^2$이 작성되고 실행하도록 해 보자. 만약 매개변수를 입력하지 않으면 input을 통해 수를 입력받도록 하라.

◉ 화면

```
>>> distance(3,4)
5.0
>>> distance()
x 좌표를 입력하세요 : 3
y 좌표를 입력하세요 : 4
5.0
```

✱ SOURCE

```python
def distance(x=0, y=0):
    if x == 0 and y == 0:
        x = int(input("x 좌표를 입력하세요 : "))
        y = int(input("y 좌표를 입력하세요 : "))
    c = (x**2 + y**2) ** 0.5
    return c
```

Tip

- 매개변수에 인수 입력 여부를 알지 못한다면 기본 인자값을 활용할 수 있다.
- 제곱의 표현은 애스터리스크 두 개(**)로 할 수 있다.
- 수학 라이브러리 math를 이용하면 a**n은 math.pow(a, n)으로, $\sqrt{x}$는 math.sqrt(x)로 구할 수 있다.

중심에서 선 그리기

　함수에 두 개의 숫자를 입력하면 터틀이 화면의 중심에서 시작하여 해당 좌표까지 이동하면서 선을 긋는 함수를 작성하고 실행해 보자.

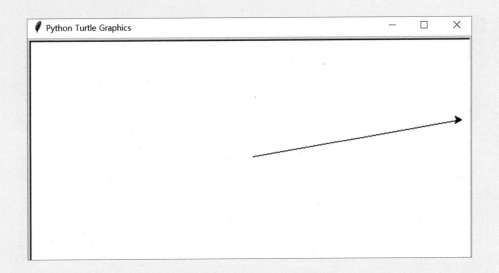

```
import turtle
def t_line(x, y):
    turtle.clear()
    turtle.pendown()
    turtle.goto(x, y)

x = int(input("x 좌표 : "))
y = int(input("y 좌표 : "))
t_line(x, y)
```

선을 그리고 거리 구하기

사용자가 x 좌표와 y 좌표를 입력하면 이를 이용하여 (0, 0)에서부터 (x, y)까지의 거리를 구하고, 이를 터틀을 이용하여 그려 보자.

🔘 화면

```
>>> start()
x 좌표를 입력하세요 : 30
y 좌표를 입력하세요 : 40
50.0
```

✻ SOURCE

```python
import turtle
def t_line(x, y):
    turtle.clear()
    turtle.pendown()
    turtle.goto(x, y)

def distance(x, y):
    c = (x**2 + y**2) ** 0.5
    print(c)
    return c

def start():
    x = int(input("x 좌표를 입력하세요 : "))
    y = int(input("y 좌표를 입력하세요 : "))
    t_line(x, y)
    distance(x, y)

start()
```

도서 대출 시스템

　10권의 도서가 있다. 각 10권의 도서는 순서대로 1, 2, 3, 4, …, 10번이며 각각의 책이름이 다르다. 프로그램을 실행하면 이름을 입력받고 이름을 입력받아 해당 이름이있으면 빌린 책의 숫자를 입력한다. 책의 숫자를 입력하면 그 책의 이름이 빌린 사람의 리스트에 들어가도록 한다. 만약 책 대출 권수가 3권이 되거나 q를 입력하면 대출을 멈추도록 한다. 현재 회원은 '홍길동', '홍길금', '홍길은' 세 명이다.

🎯 화면

```
회원 이름을 입력하세요 : 홍길동
빌릴 책의 코드 : 1
빌릴 책의 코드 : 2
빌릴 책의 코드 : 3
회원 이름을 입력하세요 : 홍길은
빌릴 책의 코드 : 6
빌릴 책의 코드 : 7
빌릴 책의 코드 : q
회원 이름을 입력하세요 : q
현재 대출자 목록
{'홍길동': ['도레미세라블', '위대힌 소츠비', '어른 왕자'], '홍길은': ['춘추전국시대', '분노의 사과']}
```

```
홍길동 = list()
홍길은 = list()
홍길금 = list()
book = {1:"도레미제라블", 2:"위대한 소츠비", 3:"어른 왕자", 4:"아이와 산", 5:
"곤충 농장", 6: "춘추전국시대", 7:"분노의 사과", 8:"강철북", 9:"첫 번째 잎새",
10:"그리고 아무 말이나 했다"}
borrower = { }

def borrow():
    cnt = 0
    book_list = []
    while cnt != 3:
        thisbook = input("빌릴 책의 코드 : ")
        if thisbook == "q":
            break
        book_list.append(book[int(thisbook)])
        cnt = cnt + 1
    return book_list

while True:
    a = input("회원 이름을 입력하세요 : ")
    if a == "q":
        break
    borrower[a] = borrow()

print("현재 대출자 목록")
print(borrower)
```

커피 주문 시스템

고객 이름과 커피 종류를 출력하는 함수를 작성하되 고객 이름을 지정하지 않으면 1, 2, 3, … 고객님과 같이 숫자로 출력하고 커피 이름은 꼭 입력받도록 해 보자. 만약 고객 이름을 입력했을 경우 숫자는 올라가되 고객 이름으로 출력해 보자.

⏺ 화면

커피 종류를 입력하세요 : 아이스 아메리카노
고객명을 입력하세요 : 1
1 고객님, 주문하신 아이스 아메리카노 나왔습니다.
커피 종류를 입력하세요 : 카페라테
고객명을 입력하세요 : 하늘
하늘 고객님, 주문하신 카페라테 나왔습니다.
커피 종류를 입력하세요 : 홍차
고객명을 입력하세요 :
3 고객님, 주문하신 홍차 나왔습니다.
커피 종류를 입력하세요 : 마감

✿ SOURCE

```python
cnt = 0
coffee = ''

def order_print(coffee, name):
    print("{0} 고객님, 주문하신 {1} 나왔습니다.".format(name, coffee))

while True:
    coffee = input("커피 종류를 입력하세요 : ")

    if coffee == "마감":
        break
    name = input("고객명을 입력하세요 : ")
    cnt = cnt+1

    if name == '':
        order_print(coffee, cnt)
    else:
        order_print(coffee, name)
```

마우스로 터틀 움직이기

마치 그림판처럼 캔버스에 마우스를 이용하여 자유롭게 선을 그릴 수 있도록 만들어 보자. 터틀을 이용하면 바로 선을 그릴 수 있다. 터틀을 이용하되 마우스가 클릭하는 곳으로 이동하면서 선이 그려지도록 해 보자. 이 프로그램을 만들기 위해 필요한 내용은 아래와 같다.

Tip **파이터틀에서 마우스 이벤트 사용하기**

- 스크린을 클릭하는지 확인하기 위해서는 onscreenclick 함수를 이용한다. 해당 스크린에서 클릭하는지 확인하기 위해서는 turtle.onscreenclick(함수명)과 같이 사용한다.
- 거북이 실행 후 계속 사용자가 주는 이벤트를 기다리게 하기 위해서는 turtle.listen()과 같이 계속 기다릴 것을 마지막에 명령한다.

```python
import turtle
def draw(x, y):
    turtle.pendown()
    turtle.goto(x, y)


turtle.pensize(10)
turtle.onscreenclick(draw)
turtle.listen()
turtle.mainloop()
```

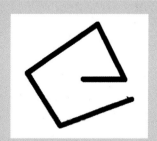

키보드로 터틀 움직이기

마우스로 터틀을 움직였으면 이제 키보드로 터틀을 움직이도록 해 보자. 거북이 특별한 동작 없이 마우스의 방향키를 누르면 해당 방향으로 움직이도록 해 본다. 키보드 이벤트를 감지하는 명령어는 .onkeypress(함수명, "Up")와 같이 사용한다. 여기서 'Up'은 위쪽 방향키를 의미한다.

터틀에서 키보드 이벤트를 감지하는 함수는
onkeypress(실행 함수, "키")이다.

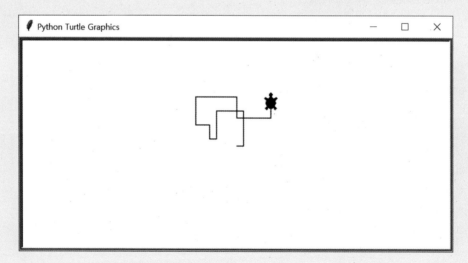

```
import turtle
def up():
    turtle.setheading(90)
    turtle.forward(10)
def down():
    turtle.setheading(270)
    turtle.fd(10)
def left():
    turtle.seth(180)
    turtle.fd(10)
def right():
    turtle.seth(0)
    turtle.fd(10)


turtle.shape("turtle")                    # 거북 모양 바꾸기
turtle.onkeypress(up, "Up")               # "Up"은 위쪽 화살표의 고유 이름
turtle.onkeypress(down, "Down")           # "Down"은 아래쪽 화살표의 고유 이름
turtle.onkeypress(left, "Left")           # "Left"는 왼쪽 화살표의 고유 이름
turtle.onkeypress(right, "Right")         # "Right"는 오른쪽 화살표의 고유 이름


turtle.listen()                           # 사용자가 키를 입력하기를 기다리도록 함
turtle.mainloop()
```

Tip 터틀에서 이벤트 인식하고 구동하기

- 터틀을 해당 방향으로 보게 하기 위해서는 turtle.setheading(각도)을 이용한다.
- 사용자가 마우스나 키보드로 어떤 방향으로 이동할지, 몇 번 이동할지 결정되지 않았기 때문에 함수로 구성된
  이동 명령이 대기하고 있다가 사용자의 이벤트(클릭, 키보드 누름 등)가 발생하면 필요한 함수가 구동된다.

Chapter 10

내장 함수와 외장 함수

파이썬 프로그램 자체에 내장되어 편하게 쓸
수 있도록 미리 정의해 둔 내장 함수와 누군가
가 만든 유용한 프로그램의 라이브러리에 있는
외장 함수의 강력한 기능을 배운다.

컴퓨팅
사고 자신의 아이디어를 공개하고 공유하며 다른 아이디어와 연결하라.

 Python

01 내장 함수(Built-in Fuction)와 외장 함수(Standard Library)

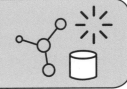

　함수들 중에 입력과 출력 등과 같이 프로그래밍에서 일반적으로 많이 사용되는 함수들은 파이썬 프로그램 자체에 내장되어 우리가 편히 쓸 수 있도록 미리 정의해 두었다. 이것을 내장 함수라고 한다. 사실 지금까지 우리가 명령어라고 알고 있는 것들은 사실 대부분 내장 함수이다. 예를 들면, input(), print(), int()처럼 뒤의 변수명에 괄호가 붙는 종류의 명령어가 내장 함수이다. 파이썬에는 대략 70여 가지의 함수가 내장되어 있다.

　외장 함수 역시 우리가 이미 경험해 보았다. 외장 함수는 파이썬 프로그램 자체에 들어 있는 것이 아닌 누군가가 만든 유용한 프로그램의 함수이다. 앞에서 경험했던 터틀 라이브러리에 외장 함수가 있다. 파이썬을 설치할 때 같이 설치되어 import 명령 하나만으로 사용할 수 있는 파이썬 라이브러리의 함수를 외장 함수라 한다. 워낙 다양한 라이브러리가 있기 때문에 모든 함수를 사용해 볼 수는 없다. 하지만 매우 유용하고, 자주 사용하는 것을 위주로 몇 개 배워 보자.

　먼저, 내장 함수에 어떤 종류가 있는지 알아보자. 그리고 내장 함수의 사용법도 알아보자.

```
help(함수명)        # 내장 함수 사용법에 대한 도움말 함수
help(__builtins__)    # 내장 함수 종류 보기
```

help()도 내장 함수이다. help() 함수는 함수 안에 정의된 __doc__를 불러와 각 함수들의 개념과 특징을 보여 준다는 것을 배웠다. 다음 내장 함수의 목록 중에는 우리가 이미 사용하였거나 비중 있게 다룬 함수들도 있다. 한 번씩 타이핑하여 함수의 특징을 체험해 보자.

내장 함수 목록				
abs()	delattr()	hash()	memoryview()	set()
all()	dict()	help()	min()	setattr()
any()	dir()	hex()	next()	slice()
ascii()	divmod()	id()	object()	sorted()
bin()	enumerate()	input()	oct()	staticmethod()
bool()	eval()	int()	open()	str()
breakpoint()	exec()	isinstance()	ord()	sum()
bytearray()	filter()	issubclass()	pow()	super()
bytes()	float()	iter()	print()	tuple()
callable()	format()	len()	property()	type()
chr()	frozenset()	list()	range()	vars()
classmethod()	getattr()	locals()	repr()	zip()
compile()	globals()	map()	reversed()	__import__()
complex()	hasattr()	max()	round()	

* 색으로 칠해진 내장 함수는 이번 장에서 배울 것
　이탤릭체의 내장 함수는 지금까지 다루어 본 것

02 연산, 정보 관련 내장 함수

여러 내장 함수들 중에서 자료들끼리 연산하거나 정보를 알아내는 것과 자료를 변형하는 것들을 한곳에 모았다. 하나씩 코드를 작성하며 결과를 확인해 보자.

abs(x)

x에 숫자 값을 입력하면 절댓값을 반환한다. 정수 또는 실숫값에 적용한다. 문자 자료에 음수 기호를 입력하여 실행해 보자.

```
>>> abs(7)
7
>>> abs(-7)
7
>>> abs(-7.2)
7
```

eval('a')

문자열을 입력받아 의미상으로 계산 가능할 경우 연산 결괏값을 돌려준다.

```
>>> eval('1'+'10')
110
>>> eval('1+10')
11
>>> ab=3            # ab라는 변수를 정의
>>> eval('a'+'b')   # 'a'+'b'를 하게 되면 ab 변수가 되어 할당된 값 3을 호출
3
```

divmod(x, y)

몫과 나머지의 값을 함께 튜플 형태로 돌려준다.

```
>>> 9//2
4
>>> 9%2
1
>>> a = divmod(9, 2)
>>> a
(4, 1)
```

▶ divmod() 함수는 // 몫 연산과 % 나머지 연산의 결과를 한꺼번에 튜플 형태로 출력한 것과 같다.

hex(x)

십진수를 16진수로 바꾸어 준다. 결과는 16진수임을 뜻하는 '0x'가 앞에 붙어서 나온다.

```
>>> hex(15)
'0xf'
>>> hex(169)
'0xa9'
```

▶ 10진수 169는 16진수로 바꾸면 a9가 된다. a9를 16진수로 표현하기 위해 0xa9로 표현한다.

id(a)

객체 a를 입력받으면 객체의 고유 주솟값을 반환한다.

```
>>> a = 100
>>> id(a), id(100)
(1941297760, 1941297760)
>>> b = a
>>> id(b)
1941297760
```

▶ a 변수와 a에 할당된 값 100의 id()를 보면 고유 주솟값이 1941297760으로 같다.

▶ b 변수에 a를 대입하면 id() 또한 1941297760으로 고유 주솟값이 같음을 알 수 있다.

oct(x)

정수를 8진수로 바꾸어 준다. 8진수를 뜻하는 '0o'가 앞에 붙어서 나온다.

```
>>> oct(8)
'0o10'
>>> oct(129)
'0o201'
```

pow(x, y)

x의 y 거듭제곱을 돌려준다. x**y와 같다.

```
>>> pow(3, 4)
81
>>> pow(3, 4**2)   # 3**4**2의 결과와 같다.
43046721
```

round(x[, a])

숫자 x를 a 자릿수까지 반올림해 준다. [ ] 괄호 안은 생략할 수 있다.

```
>>> round(2.873, 2)
2.87
>>> round(5.2777, 3)
5.278
```

str(x)

자료를 문자형으로 바꾸어 준다. 정수, 실수, 문자 모두 문자형으로 변경한다.

```
>>> str(12345)
'12345'
>>> str(3.14)
'3.14'
>>> str('abc')
'abc'
```

dir(a)

dir은 객체의 메서드를 보여 준다. 즉, 객체 안에 정의되어 있는 변수와 함수 같은 것들을 보여 준다. 아래의 dir([1,2,3]) 대신 dir(list)와 같이 사용해도 마찬가지이다.

```
>>> dir([1,2,3])     # 리스트 객체의 함수와 변수를 보여 준다.
['__add__', '__class__', '__contains__', … , 'append', 'clear', 'copy', 'count',
'extend', 'index', 'insert', 'pop', 'remove', 'reverse', 'sort']

>>> dir(5)          # 정수 객체의 함수와 변수를 보여 준다.
['__abs__', '__add__', '__and__', '__bool__', '__ceil__', '__class__', '__delattr__',
'__dir__', '__divmod__', '__doc__', '__eq__', '__float__', '__floor__', '__floordiv__',
'__format__', '__ge__', '__getattribute__', '__getnewargs__', '__gt__', '__hash__',
'__index__', '__init__', '__init_subclass__', '__int__', '__invert__', '__le__',
'__lshift__', '__lt__', '__mod__', '__mul__', '__ne__', '__neg__', '__new__', '__or__',
'__pos__', '__pow__', '__radd__', '__rand__', '__rdivmod__', '__reduce__', '__reduce_ex__',
```

```
'__repr__', '__rfloordiv__', '__rlshift__', '__rmod__', '__rmul__', '__ror__',
'__round__', '__rpow__', '__rrshift__', '__rshift__', '__rsub__', '__rtruediv__',
'__rxor__', '__setattr__', '__sizeof__', '__str__', '__sub__', '__subclasshook__',
'__truediv__', '__trunc__', '__xor__', 'bit_length', 'conjugate', 'denominator',
'from_bytes', 'imag', 'numerator', 'real', 'to_bytes']
```

▶ dir(3.5), dir('apple'), dir(print())를 실행하여 각 객체가 가지고 있는 함수와 변수를 확인해 보자.

isinstance(a, class)

a가 class로부터 생성된 자식 클래스인지를 판단해 True와 False를 돌려준다. 클래스는 12장과 13장에서 자세하게 다룬다.

```
>>> class dad:
    pass
>>> son = dad()
>>> isinstance(son, dad)
True
```

chr(ASCII), ord(c)

chr은 아스키코드 값을 문자로, ord는 문자를 아스키코드 값으로 바꾸어 돌려준다. 다음의 아스키코드표를 보면 98이 'b'를 나타내고 'P'는 코드 값이 80임을 알 수 있다.

```
>>> chr(98), ord('P')
('b', 80)
```

아스키코드표

10진수	16진수	문자	10진수	16진수	문자	10진수	16진수	문자	10진수	16진수	문자
0	0	NULL	32	20	Space	64	40	@	96	60	`
1	1	Start Of Heading	33	21	!	65	41	A	97	61	a
2	2	Start Of Text	34	22	"	66	42	B	98	62	b
3	3	End Of Text	35	23	#	67	43	C	99	63	c
4	4	End Of Transmission	36	24	$	68	44	D	100	64	d
5	5	Enquiry	37	25	%	69	45	E	101	65	e
6	6	Acknowledge	38	26	&	70	46	F	102	66	f
7	7	Bell	39	27	'	71	47	G	103	67	g
8	8	Backspace	40	28	(	72	48	H	104	68	h
9	9	Horizontal Tab	41	29	)	73	49	I	105	69	i
10	A	Line Feed	42	2A	*	74	4A	J	106	6A	j
11	B	Vertical Tab	43	2B	+	75	4B	K	107	6B	k
12	C	Form Feed	44	2C	,	76	4C	L	108	6C	l
13	D	Carriage Return	45	2D	–	77	4D	M	109	6D	m
14	E	Shift Out	46	2E	.	78	4E	N	110	6E	n
15	F	Shift In	47	2F	/	79	4F	O	111	6F	o
16	10	Data Link Escape	48	30	0	80	50	P	112	70	p
17	11	Device Control 1	49	31	1	81	51	Q	113	71	q
18	12	Device Control 2	50	32	2	82	52	R	114	72	r
19	13	Device Control 3	51	33	3	83	53	S	115	73	s
20	14	Device Control 4	52	34	4	84	54	T	116	74	t
21	15	Negative Ack.	53	35	5	85	55	U	117	75	u
22	16	Synchronous Idle	54	36	6	86	56	V	118	76	v
23	17	End Of Trans. Block	55	37	7	87	57	W	119	77	w
24	18	Cancel	56	38	8	88	58	X	120	78	x
25	19	End Of Medium	57	39	9	89	59	Y	121	79	y
26	1A	Substitute	58	3A	:	90	5A	Z	122	7A	z
27	1B	Escape	59	3B	;	91	5B	[	123	7B	{
28	1C	File Separator	60	3C	<	92	5C	\	124	7C		
29	1D	Group Separator	61	3D	=	93	5D	]	125	7D	}
30	1E	Record Separator	62	3E	>	94	5E	^	126	7E	~
31	1F	Unit Separator	63	3F	?	95	5F	_	127	7F	Del

chr(), ord() 함수는 키보드로부터 입력된 값을 구하거나 암호문을 작성하는 등의 실제적인 코딩에 많이 사용되는 함수이다.

03   반복 객체 관련 내장 함수

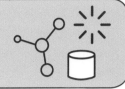

자룟값 중 문자열, 리스트, 딕셔너리, 집합과 같이 for 문에서 사용하는 순회 가능한 (iterable) 반복 객체를 이용하여 값을 알아내거나, 반복 객체로 값을 돌려주는 함수를 한군데에 담았다. 무엇이 있는지 살펴보자.

all(a)

반복 가능한(iterable) 자료를 받아 그 자료 중 모든 요소가 참인지 확인한다. 참이면 True, 하나라도 거짓이면 False를 돌려준다.

```
>>> a = [2, 3, 4]
>>> b = [0, 1, 2, 3, 4]
>>> c = ['a', '', 'b']
>>> all(a)          # 리스트의 모든 요솟값 2, 3, 4에 0이 없음
True
>>> all(b)          # 리스트의 요솟값에 0이 존재함, 논릿값 0==False, 1==True
False
>>> all(c)          # 문자열 리스트에 빈 값 ''이 존재함
False
```

any(a)

반복 가능한 자료를 받아 그 자료 중 하나라도 참이 있는지 확인한다. 하나라도 참 이면 True, 모두 거짓이면 False를 돌려준다.

```
>>> a = [2, 0, 'abc', '', '3']
>>> b = [0, 0, '''', '']
>>> any(a)
True
>>> any(b)
False
```

len(a)

객체 a의 전체 길이(요소의 개수)를 돌려준다.

```
>>> a='apple'
>>> len(a)
5
>>> b = [1, 2, 3, "1", "2", "3"]
>>> len(b)
6
```

list(a), tuple(a)

반복 가능한 자료를 리스트 또는 튜플 형태로 돌려준다.

```
>>> list("Python"), tuple("Python")
(['P', 'y', 't', 'h', 'o', 'n'], ('P', 'y', 't', 'h', 'o', 'n'))
```

▶ 자료의 형태를 한꺼번에 일관되도록 바꿀 때 사용한다.

max(a), min(a)

최댓값 또는 최솟값을 출력한다.

```
>>> max("abcdxyz"), min(0, 1, 2, 3, 9, 10)
('z', 0)
```

sorted(a)

값을 정렬하여 리스트로 돌려준다. 괄호가 두 개((()))인 것을 확인하자.

```
>>> sorted((4, 15, 23, 12, 32))
[4, 12, 15, 23, 32]
>>> sorted("abc123xyz890")          # 문자형 자료의 정렬
['0', '1', '2', '3', '8', '9', 'a', 'b', 'c', 'x', 'y', 'z']
```

▶ 숫잣값의 정렬 sorted((4, 15, 23, 12, 32))는 (4, 15, 23, 12, 32)와 같은 튜플 자료만 정렬 가능하다. 만약 sorted(4, 15, 23, 12, 32)와 같이 ()를 제외하고 정수형값만 정렬하면 오류가 발생한다.

zip(a,···)

반복 가능한 자료를 짝으로 묶어 주는 함수이다. zip() 함수는 자료만 묶어 주기 때문에 자료의 내용을 보기 위해서는 list() 함수를 이용하여 짝으로 구성된 형태의 값을 리스트 자료로 확인할 수 있다. 두 쌍 이상의 자료들이 개수가 다를 때는 데이터가 적은 쪽에 맞춰 짝을 구성한다.

```
>>> a=zip(['영희','철수','태령'],['여','남','남'])
>>> a
<zip object at 0x0000028191ED5788>
>>> list(a)
[('영희', '여'), ('철수', '남'), ('태령', '남')]
>>> zip([1,2,3],["A","B","C"],["가","나","다"])
<zip object at 0x00CACD50>
>>> list(zip([1,2,3],["A","B","C"],["가","나","다"]))
[(1, 'A', '가'), (2, 'B', '나'), (3, 'C', '다')]
```

enumerate(a)

자료들을 순서대로 나열한 뒤 (순서, 값)으로 이루어진 튜플의 쌍으로 돌려준다.

```
>>> a = ["a","b","c","d"]
>>> list(enumerate(a))
[(0, 'a'), (1, 'b'), (2, 'c'), (3, 'd')]
>>> b='banana'
>>> enumerate(b)
<enumerate object at 0x0000028191ED4F78>
>>> list(b)
['b', 'a', 'n', 'a', 'n', 'a']
>>> list(enumerate(b))
[(0, 'b'), (1, 'a'), (2, 'n'), (3, 'a'), (4, 'n'), (5, 'a')]
```

filter(def, a)

첫 번째에 함수, 두 번째에 반복 가능한 객체를 넣으면 객체 중 함수에서 정의한 조건에 알맞은 것들로만 추려서 돌려준다.

```
>>> def num(a):
    return type(a) == int
>>> a = [1, "a", "가", 5, 9.99, -10]
>>> filter(num, a)
<filter object at 0x03942D50>
>>> list(filter(num, a))
[1, 5, -10]
```

▶ num(a)로 정의한 함수의 반환값에 == int로 되어 있으므로 정수형값 [1, 5, -10]만 보여 준다.

map(def, a)

첫 번째에 함수, 두 번째에 반복 가능한 객체를 넣으면 a에 들어 있는 모든 값에 첫 번째 함수를 실행한 것을 돌려준다.

```
>>> a = ['1', '2', '3']
>>> list(map(int,a))
[1, 2, 3]
```

   a 리스트 변수에 '1', '2', '3'의 문잣값이 할당되었지만 map() 함수 안의 int() 정수 변환 함수에 의해 숫자 1, 2, 3의 값으로 변경되었다. 다음 예는 nn() 함수를 정의하여 a 값을 받아 b=a*a의 값을 반환하는 데 [1, 2, 3, 4, 5]의 리스트 값을 nn() 함수에 맵핑(mapping)하여 그 결과 [1, 4, 9, 16, 25]를 출력한다.

```
>>>def nn(a):
        b=a*a
        return b
>>>list(map(nn, [1, 2, 3, 4, 5]))
[1, 4, 9, 16, 25]
```

range(시작 숫자, [끝 숫자], [뛰어 세기할 숫자])

   시작부터 끝 숫자까지의 범위를 가진 객체를 돌려준다.

```
>>> range(1, 10, 2)
range(1, 10, 2)
```

▶ range() 함수는 for 반복문에서 범위를 지정하여 반복을 구현하기 위해 주로 사용한다.

프로그램 만들기

내장 함수 관련 연습 문제

텍스트 계산기

수식을 입력하면 자동으로 계산되어 나오도록 해 보자. 대신 정답은 실제 정답에 절댓값, 0의 자리 반올림을 하되 아스키코드에 대응했을 때 영어 알파벳의 범위(65~90, 97~122)이면 알파벳으로, 아닐 경우에는 문자형으로 출력하라.

화면

```
>>> cal()
수식 입력 : 45 + 74.22
w
```

SOURCE

```
def cal():
    a = eval(input("수식 입력 : "))  # 수식을 입력받아 eval() 함수로 계산하기
    a = abs(a)                       # 절댓값 구하기
    a = round(a, 0)                  # 0 자리에서 반올림하여 정수 만들기
    a = int(a)                       # 정수형으로 바꾸기

    if 90>=a>=65 or 122>=a>=97:
        print(chr(a))
    else:
        print(str(a))
```

객체 변형 정보 출력하기

함수에 리스트를 넣으면 여러 형태로 변할 수 있는 시뮬레이션을 보여 주라.

🎬 화면

```
>>> simul([1, 3, 5, "A", "b"])
자료 요소 참 여부 : True
자료 길이 : 5
자료 중 최댓값 : b
정렬 시 자료 순서 : ['1', '3', '5', 'A', 'b']
자료 번호 : [(0, '1'), (1, '3'), (2, '5'), (3, 'A'), (4, 'b')]
```

❋ SOURCE

```python
def simul(a):
    a = list(map(str,a))
    print("자료 요소 참 여부 :", all(a))
    print("자료 길이 :", len(a))
    print("자료 중 최댓값 :", max(a))
    print("정렬 시 자료 순서 :", sorted(a))
    print("자료 번호 :", list(enumerate(a)))
```

04　외장 함수의 종류

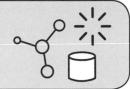

　앞에서 설명했듯 파이썬에는 프로그램 자체에 들어 있는 내장 함수뿐 아니라, 세계의 여러 사람들이 만든 라이브러리 중 유용한 것을 선별하여 파이썬 설치 시 함께 설치하도록 한 함수가 있다. 이렇게 파이썬과 함께 설치되는 라이브러리 종류를 외장 함수 또는 내장 라이브러리, 표준 라이브러리라고 부른다. 그만큼 많이 사용되기 때문에 파이썬과 함께 설치하여 코딩을 쉽게 배우고 구현하도록 하였다.

　외장 함수는 import하여 사용하며, 외장 함수 안에 정의된 함수는 모듈 이름 뒤에 점을 찍어 사용한다. Turtle()을 불러오고, Turtle.forward() 또는 Turtle.goto()로 사용했던 것을 기억하면 이해할 수 있을 것이다.

파이썬에서 사용하는 외장 함수의 종류에는 텍스트 처리, 데이터 관리, 수학 관련 모듈, 함수형 프로그래밍 모듈, 파일과 디렉터리 액세스, 데이터 지속성, 데이터 압축과 보관, 파일 형식, 암호화, 운영체제, 네트워킹, 인터넷, 멀티미디어, 그래픽 인터페이스, 실행 시간, 언어 검사 등이 있다. 그리고 각 종류마다 기본적으로 5~10개의 다른 기능의 라이브러리가 있다.

이러한 외장 함수들은 자주 쓰는 것이 정해져 있고, 자주 쓰지 않는다 하더라도 필요할 때 인터넷에서 검색하여 찾아서 쓸 수 있다. 따라서 우리는 함수의 기본 개념을 확실하게 이해한 뒤, 이런 라이브러리를 활용하면서 능숙하게 프로그램을 만들 수 있다.

이제부터 외부 함수 중에서 다음과 같은 라이브러리 함수를 배울 것이다.

```
파일과 디렉터리 접근 : sys, os
데이터 파일 저장 : pickle
수학 및 랜덤 : math, random
인터넷 액세스 : webbrowser, urllib
날짜와 시간 : time, datetime
```

수많은 외장 함수 중 일부분이지만 이것만이라도 충분히 이해하도록 하자. 이제 하나씩 살펴보자.

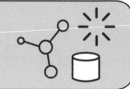

05 인터프리터를 관리하는 모듈 sys

파이썬의 외장 함수에서 먼저 배우는 것 중 하나가 sys 모듈이다. sys는 파이썬의 인터프리터(>>>)를 관리한다. 인터프리터는 사용자와 컴퓨터 사이를 통신하는 역할을 하는데, 직접 프로그램을 만들면 컴퓨터에서 이 프로그램과 이야기할 수 있게 만든다고 생각하면 된다. 더욱이 sys를 이용하면 우리가 만든 프로그램을 import시킬 수 있기 때문에 꼭 알아 두는 것이 좋다.

내가 만든 모듈 import하기

먼저 간단한 파일 test.py를 작성하여 파이썬 설치 경로의 test 폴더에 넣어 두자.

```
print("Test Module")
'''  테스트 모듈입니다.  '''        # __doc__
def go(a):
    print("가자! %s 세상으로" %a) # test.py로 저장, 파이썬 설치 폴더 내 test 폴더에 저장
```

import할 때는 파이썬이 해당 모듈(라이브러리)을 찾는 장소(폴더)가 있다. 해당 장소에 없으면 모듈을 찾을 수 없다는 오류 메시지를 출력한다. 파이썬의 모듈을 찾는 위치를 알아보자.

```
>>> import sys
>>> sys.path
['C:/Python', 'C:\\Python\\Lib\\idlelib', 'C:\\Pytho\\python36.zip', 'C:\\Python\\
DLLs', 'C:\\Python\\lib', 'C:\\Python', 'C:\\Python\\lib\\site-packages']
```

설치된 장소와 모듈이 있는 장소들이 나온다. 여기에 방금 내가 만든 폴더를 추가해 보자. 리스트 형태이기 때문에 append를 사용한다.

```
>>> sys.path.append("C:\Python\test")        # 예제 파일을 넣을 폴더
>>> sys.path
['C:/Python', 'C:\\Python\\Lib\\idlelib', 'C:\\Python\\python36.zip', 'C:\\
Python\\DLLs', 'C:\\Python\\lib', 'C:\\Python', 'C:\\Python\\lib\\site-packages',
'C:\\Python\test']
```

마지막에 내가 만든 폴더가 있는 것을 볼 수 있다. 이제 내가 만든 모듈을 import하고 사용해 보자. 내가 만든 함수 go()도 사용해 보자. 라이브러리 안의 함수는 [라이브러리명.함수명()]으로 사용한다.

```
>>> import test                  # test.py 불러오기
Test Module
>>> test.go("파이썬 세상")
가자! 파이썬 세상 세상으로
```

import하자마자 test.py의 print() 부분이 실행되었고, 함수를 실행할 수 있었다. 우리가 쓰는 라이브러리가 제작된 것이다.

06 명령 프롬프트로 인자 넘기기 sys

sys는 운영체제를 관리하고, 컴퓨터에서 넘기는 정보를 가지고 프로그램으로 처리하여 돌려주는 등의 유틸리티 프로그램을 만들 때 꼭 필요하다. 컴퓨터 또는 사용자가 파이썬 밖에서 파이썬 프로그램으로 명령을 전달하면, 이를 처리해서 다시 보내 줄 필요가 있다. 즉, 우리가 함수를 사용하는 것처럼 컴퓨터가 우리가 만든 파이썬 프로그램으로 프로그램을 인자와 함께 실행하면 그것을 받아들일 준비를 하는 것이 sys이다.

명령 프롬프트에서 파이썬으로 명령을 전달하면 그것을 받을 수 있도록 준비해 보자. 아래 testsys_argv.py 파일을 방금 만든 test 폴더에 넣어 두고 시작한다.

```python
import sys        # test_argv.py로 저장합니다.
print("전달된 입력인자(argument)의 리스트를 출력합니다.")
for a in sys.argv:
    print(a)
```

그리고 [시작]-[실행]에서 '명령 프롬프트'를 입력한 후 찾아 실행한다. 그럼 검은 화면에 키보드를 입력할 수 있는 커서가 나올 것이다. 이것이 바로 우리가 쓰는 윈도우의 전신이다. 윈도우가 실제로 명령을 수행하고 정보를 전달하는 공간이라고 보아도 좋다. 윈도우에서 디렉터리(폴더)를 이동할 때는 명령어 'cd'를 사용한다. 상위 폴더로 가고자 할 때는 [cd..]를 입력하고, 하위 폴더에 들어갈 때는 [cd 폴더명]으로 입력한다.

〈실제 실행창〉

```
C:\Users\사용자명>cd ..          # 예제 있는 곳으로 접속

C:\Users>cd ..

C:\>cd Python

C:\Python>cd test

C:\Python\test>test_argv.py 1 2 3
전달된 입력인자(argument)의 리스트를 출력합니다.
C:\Python\test\test_argv.py

1

2

3
```

위와 같이 test_argv.py를 실행하면서 뒤에 1 2 3이라고 입력하였더니 프로그램 내의 sys.argv라는 리스트에서 이를 받았다. 그리고 조금 전에 우리가 받은 sys.argv를 print하도록 했기 때문에 이것이 출력된 것이다.

첫 번째 sys.argv[0]에는 이 파일의 위치가, sys.argv[1]부터 sys.argv[3]까지는 명령 프롬프트에서 전달한 인자가 들어 있는 상태가 되었다. 즉, 이렇게 인자를 전달하면 1번부터 차례대로 차곡차곡 전달받는 것이다. 만약 우리가 운영체제로부터 명령을 받아 수행하는 프로그램을 만든다면, 함수 안에서 매개변수에 넣은 인자로 명령을 전달한 것을 받아서 처리하듯 sys.argv에 저장된 인자를 받아 처리하면 된다.

파이썬은 프로그래밍 언어이기 때문에 이렇게 통신하는 sys 모듈은 매우 중요하다. 이외에도 sys는 여러 가지 일을 처리한다.

sys 모듈	설명
sys.exc_info	현재 발생 중인 예외 정보 튜플로 반환
sys.prefix	파이썬의 설치 경로 반환
sys.exit	현재 프로세스 종료
sys.getrefcount(a)	a 객체를 참조하는 카운트(개수) 반환
sys.getwindowsversion()	현재 윈도우 버전 튜플로 반환
sys.modules	현재 import되어 있는 모듈 딕셔너리 반환
sys.version	현재 파이썬 버전 반환
sys.getdefaultencoding()	현재 사용 중인 문자열 코딩 방법 반환(utf-8, ASCII 등)

Practice

1. 전달된 두 인자를 더해서 출력하고 반환하는 함수를 포함한 test_sum.py를 만들어 import하는 함수를 사용해 보자.

2. 전달된 두 인자를 더해서 출력하고 반환하는 함수를 포함한 test_sum.py를 명령 프롬프트에서 실행해 보자.

07　운영체제에 접근하기 os

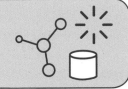

　파이썬으로 프로그램을 만들면 운영체제에서 전달하는 명령만을 실행하지 않는다. 현재 프로그램이 운영체제에 접근하여 무엇인가 해야 하는데, 그때 사용하는 것이 os 이다. os는 파일을 복사하거나 디렉터리를 만드는 등의 일을 한다. 현재 디렉터리(폴더) 확인하기, 폴더 내의 목록 확인하기, 새로운 폴더 생성하기 등이다. 우선 import os를 한 뒤에 현재 디렉터리를 확인하고, 다른 디렉터리로 이동해 보자.

```
>>> import os
>>> os.getcwd()
'C:\\Python'
>>> os.chdir("test")
>>> os.getcwd()
'C:\\Python\\test'
```

　os 모듈 안의 getcwd()는 현재 디렉터리를 반환하고 chdir()은 현재 프로그램이 머물러 있는 장소를 변경하는 것을 알 수 있다. 그럼 현재 폴더 안에 무엇이 있는지 살펴보고, 새로 디렉터리를 하나 만들어 보자.

```
>>> os.listdir()
['test.py', 'test_argv.py', '__pycache__']
>>> os.mkdir("Test Folder")
>>> os.listdir()
['Test Folder', 'test.py', 'test_argv.py', '__pycache__']
```

listdir()은 현재 디렉터리 안에 들어 있는 폴더와 파일을 모두 알려 준다. 인자로 경로를 넣어줄 수 있다. mkdir()은 폴더를 생성한다. 이제 이름을 바꾸고, 삭제해 보자.

```
>>> os.listdir()
['Test Folder', 'test.py', 'test_argv.py', '__pycache__']
>>> os.rename('test.py', 'os_test_os.py')
>>> os.listdir()
['os_test_os.py', 'Test Folder', 'test_argv.py', '__pycache__']
>>> os.remove('os_test_os.py')
>>> os.rmdir('Test Folder')
>>> os.listdir()
['test_argv.py', '__pycache__']
```

rename(a,b)는 a를 b로 이름을 바꾼다. remove()는 파일을 삭제하고, rmdir()은 폴더를 삭제한다.

Tip 파이썬에서 명령 프롬프트(command) 내용 실행하기

os.system(command)는 명령 프롬프트에서 실행한 결과이다.

예) os.system('calc') → 계산기가 실행됨

 Practice

파이썬 설치 폴더 위치를 찾고, 설치 폴더 내에 test 폴더를 만들어 보자. 만약 이미 test 폴더가 있으면 test2로 이름을 바꾸는 함수를 작성해 보자.

08 자료형 그대로 파일에 저장하기 pickle

txt 파일에 텍스트 자료를 저장하는 등의 일반적인 파일을 저장할 때는 open()을 이용한다. 즉, 문자형 자료는 텍스트 파일로 직접 저장하고 편집하고 삭제할 수가 있다. 하지만 딕셔너리, 리스트, 튜플 등과 같은 자료를 텍스트 파일에 저장하면 아래와 같은 현상이 발생한다.

```
>>> a = ['a', 'b', 'c']
>>> f = open('listdata.txt', 'w')
>>> f.write(a)
Traceback (most recent call last):
  File "<pyshell#27>", line 1, in <module>
    f.write(a)
TypeError: write() argument must be str, not list
```

TypeError로 str(문자형 자료만)만 쓸 수 있다는 오류가 발생한다. 게임을 하려 가입을 하더라도 ID, 나이, 암호, 이메일 등 여러 가지 유형의 딕셔너리 자료형이 실제 파일로 저장되어야 하는데, 일반 텍스트 파일로는 저장하기가 어렵다. 이럴 때 사용하는 것이 바로 pickle이다. pickle은 파이썬의 자료형을 있는 그대로 저장할 수 있게 해준다. 그리고 이를 그대로 불러오면, 그 자료형 그대로 사용할 수 있다.

```
import pickle
a ={ 1:"a", 2:"b", 3:"c"}; b = [1, 2, 3, 4, 5]
with open('picklefile.bin', 'wb') as f:
    pickle.dump(a, f)
    pickle.dump(b, f)
```

딕셔너리 a와 리스트 b를 파일을 만들어 저장하였다. 파일명과 확장자는 무엇이라도 상관없고, 쓰기를 뜻하는 w와 바이너리(이진) 파일을 뜻하는 b를 권한으로 설정하면 된다. 그리고 pickle의 dump()를 이용하여 f로 지정한 파일에 a와 b를 입력하였다. 이제 잘 저장되었는지 열어 보자.

Tip with open( )으로 파일 열기의 장점

---

with open()으로 파일을 열면 with 문을 벗어났을 때 자동으로 파일이 close된다.

```python
import pickle
with open('picklefile.bin', 'rb') as f:
    data = pickle.load(f)
    print(data)

{1: 'a', 2: 'b', 3: 'c'}
```

바이너리 파일을 읽기 모드로 오픈하여 pickle.load()로 불러왔다. 처음 저장된 딕셔너리 a의 내용을 바로 불러온 것을 알 수 있다. 오픈할 때는 pickle이 한 줄씩 로드한다. 따라서 여러 줄을 로드하기 위해서는 여러 번 로드하거나 반복문을 이용해야 한다. 보통 저장할 때는 for 반복문을 이용하고, 로드할 때는 while 문을 이용하되 더 이상 읽을 자료가 없을 때 발생하는 EOFError를 이용한 예외 처리로 반복문의 끝을 낸다.

Practice

반복문으로 pickle 파일에 튜플 또는 딕셔너리 자료를 입력하고, 전체 자료를 로드하여 출력해 보자.

09 무작위 숫자 만들기
random

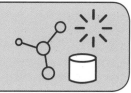

무작위 숫자(난수) 생성하기

재미를 만드는 것은 우연성이다. 우리가 단순한 게임이 아니라 매순간 변화무쌍한 게임을 좋아하는 것도 무작위에 의한 우연한 과정과 결과가 있기 때문이다. 하지만 컴퓨터처럼 정확한 기계에서는 무작위 숫자를 만드는 것이 쉽지 않다. 하지만 random 모듈을 이용하면 쉽게 만들 수 있다. random()은 0부터 1 사이에 실수형인 무작위 숫자를 반환하고, randint(x,y)는 x부터 y 사이의 랜덤 숫자를 반환한다.

```
>>> import random
>>> random.random()
0.07262702900013851
>>> random.randint(1,100)
82
```

터틀 함수를 이용하여 시작할 때마다 거북 커서가 위치하는 곳이 가운데가 아니라 매번 다른 곳에 위치하도록 구현해 보자. 코드가 여러 라인이므로 셀 창보다는 편집창에서 작성하고 실행해 보자.

```
import turtle
import random
turtle.goto(random.randint(-100,100),random.randint(-100,100))
```

거북이 100번 이동하되 x, y 좌표가 매번 바뀌어 선을 긋고 다니는 코드를 작성해 보자.

```
import turtle
import random

for i in range(100):
    turtle.goto(random.randint(-200,200),random.randint(-200,200))
print('완료')
```

또한 0부터 1까지의 부동소수점 형태(float)뿐 아니라 큰 범위에서도 가능하다. 이는 uniform(x, y)를 이용한다. 그리고 입력 범위 내 나열된 숫자 중에서 무작위로 고를 때는 randrange(x, y, z)를 range()처럼 사용하면 된다.

```
>>> import random
>>> random.uniform(1,10)
4.489175521943265
>>> random.randrange(1,10,2)
5
```

만약 정해진 리스트 안에서 무작위로 자료를 고르고 싶을 때는 어떻게 하면 좋을까? randint로 정수를 받아 리스트의 숫자를 추출해도 좋지만 더 편한 방법이 있다. 샘플링 기능을 이용하는 것이다. 하나를 고를 때는 choice(a), 여러 개일 때는 sample(a, x)를 이용하면 된다.

```
>>> import random
>>> lunch = ["Pasta", "Pizza", "Hamburger", "Chinese Cuisine"]
>>> random.choice(lunch)
'Hamburger'
>>> random.sample(lunch, 2)
['Chinese Cuisine', 'Pasta']
```

random 기능을 이용하면 좀 더 재미있고 다채로운 프로그램을 만들 수 있다. 이외에도 객체의 순서를 섞는 shuffle(a) 등이 있다.

Practice

1~100 사이 숫자 중 사용자가 추측하여 맞추는 Up & Down 게임을 만들어 보자. 추출할 숫자는 컴퓨터 임의대로 정한다.

10 수학 관련 계산 math

외장 함수 math는 수학 관련 계산을 할 수 있는 라이브러리이다. 내장 함수에서 사용되는 수학 함수보다 그 종류가 많고 기능이 뛰어나다. 함수의 용어만으로도 우리가 수학 시간에 배운 함수를 유추하기가 쉽기 때문에 import한 후 dir(math)를 이용하여 함수의 종류를 확인해 보는 것이 좋다.

```
>>> import math
>>> dir(math)
['__doc__', '__loader__', '__name__', '__package__', '__spec__', 'acos', 'acosh',
'asin', 'asinh', 'atan', 'atan2', 'atanh', 'ceil', 'copysign', 'cos', 'cosh', 'degrees',
'e', 'erf', 'erfc', 'exp', 'expm1', 'fabs', 'factorial', 'floor', 'fmod', 'frexp', 'fsum',
'gamma', 'gcd', 'hypot', 'inf', 'isclose', 'isfinite', 'isinf', 'isnan', 'ldexp', 'lgamma',
'log', 'log10', 'log1p', 'log2', 'modf', 'nan', 'pi', 'pow', 'radians', 'sin', 'sinh',
'sqrt', 'tan', 'tanh', 'tau', 'trunc']
```

매우 많은 종류의 수학 함수가 있지만 수학적인 용어가 대부분이기 때문에 보면 기능에 대해 바로 알 수 있는 것들이 많다. 수학 함수 중 대표적인 것만 알아보자.

floor(x)	x의 내림 연산	log(x)	로그 연산
sin(x)	sin x 값 반환	degrees(x)	라디안을 각도값으로 변환
pi	원주율 반환	e	자연 상수(e) 값 반환
trunc(x)	x의 정수 부분만 반환	copysign(x,y)	y의 부호를 복사하여 x로
factorial(x)	x의 팩토리얼 값 반환	fsum(a)	값들의 합계 반환
hypot(x,y)	(x,y)까지의 거리 반환	gcd(x,y)	두 수의 최대공약수

몇 가지만 실험해 보자. 먼저 10!의 값을 함수로 구해 보자. 만약 반복문으로 이를 구한다면 적어도 세 줄 이상의 코드가 필요할 것이다.

```
>>> import math
>>> math.factorial(10)
3628800
```

 Tip 라이브러리 이름 생략

라이브러리명.함수명()에서 라이브러리 이름을 생략하고 싶을 때는 [import math] 대신 [from math import *]을 사용한다.

Practice

1. math 모듈을 이용하여 지름이 10인 원의 넓이를 구해 보자.
2. 원주율값과 일치하는 라디안 값 정수 x를 구해 보자.

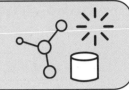

11

인터넷 이용
webbrowser, urllib

파이썬으로 개발된 프로그램이 익스플로러나 크롬과 같은 웹 브라우저를 컨트롤하기 위해 필요한 모듈이 webbrowser이다. 먼저 웹 브라우저에서 특정 사이트를 열어보자. 실제로 브라우저가 실행되고 해당 사이트에 연결될 것이다.

```
>>> import webbrowser
>>> webbrowser.open("http://computing.or.kr")
True
```

open()을 open_new(url)처럼 이용하면 새 창으로 열고, open_new_tab(url)의 경우에는 새 탭에서 열기를 한다. 이외에도 브라우저 컨트롤러의 종류를 반환하는 get() 등이 있다.

이번에는 urllib를 사용해 보자. urllib은 웹에 있는 데이터를 이용하기 위해 이를 내 컴퓨터로 가져오는 역할을 한다. 인터넷의 데이터를 사용하기 위한 첫걸음이기도 하니 한 번씩 실행해 보자. 먼저, urllib 라이브러리 안에 있는 또 다른 라이브러리 request를 사용한다.

```
>>> import urllib.request
>>> a = urllib.request.urlopen('http://computing.or.kr')
>>> a.status
200
```

모듈 안의 하위 모듈은 온점(.)으로 구분하여 import할 수 있다. status는 연결 상태이다. 200은 인터넷에서 말하는 정상 연결 코드이다. 이제 사이트 화면의 정보를 몽땅 긁어와 보자. urlopen()을 이용하여 읽은 후 .read()를 이용한다.

```
>>> import urllib.request
>>> a = urllib.request.urlopen('http://computing.or.kr')
>>> print(a.read())
```

urlopen()으로 사이트를 열고 이를 a 변수에 저장한 뒤 a.read()를 이용해 페이지의 HTML 코드를 출력하였다. 만약 알 수 없는 문자가 출력된다면 a.read() 뒤에 .decode("utf-8")를 붙여 준다. utf-8은 컴퓨터가 글자를 사용하는 방식 중 인터넷의 일반적 포맷이다. 이 모듈은 HTML 말고도 해당 서버에 관한 정보도 getheaders()로 출력할 수 있다.

```
>>> import urllib.request
>>> a = urllib.request.urlopen("http://computing.or.kr")
>>> a.getheaders()
[('Server', 'nginx'),  …  ('Link', '<http://computing.or.kr/>; rel=shortlink')]
```

urllib은 하위에 총 4가지의 모듈이 있다. 각 모듈이 하는 일은 다음과 같다.

---

urllib.request : url을 읽고, 열고, 정보를 얻는다.
urllib.error : request에 의해 발생하는 예외(오류)를 포함한다.
urllib.parse : URL 구문 분석을 위한 도구를 제공한다.
urllib.robotparser : 관리자가 민감한 정보들을 미리 적어 둔 robots.txt를 분석한다.

12 날짜와 시간
datetime, time

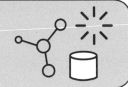

파이썬에서 날짜와 시간을 이용할 때는 datetime 모듈을 이용한다. datetime에는 날짜를 알려 주는 date, 시간을 나타내는 time, 둘의 조합인 datetime, 두 지점 사이의 기간인 timedelta 등이 있다. 먼저, 오늘 날짜부터 확인해 보자.

```
>>> import datetime
>>> datetime.date.today()
datetime.date(2019, 06, 08)
>>> d = datetime.date.today()
>>> d.year, d.month, d.day, d.max
(2019, 06, 08, datetime.date(9999, 12, 31))
```

datetime.date의 today()는 오늘 날짜를 반환한다. 또한 이 객체를 변수에 넣어 두면 연도, 월, 날짜 등을 따로 구할 수 있다. 또한 값을 다양하게 받기 위해 다양하게 표현할 수 있다.

```
>>> d.isoformat()        # YYYY-MM-DD 형태로 반환
'2019-06-08'
>>> d.ctime()            # 날짜와 시간을 출력, 시간은 00:00:00으로 초기화
'Sat Jun 08 00:00:00 2019'
>>> d.strftime("%y년 %m월인데 %d일입니다.")   # 표시 형태대로 출력
'19년 06월인데 08일입니다.'
```

이제 시간과 관련된 time을 사용해 보자. time은 먼저 time 형식의 객체를 생성한다. 이는 date에서도 똑같이 가능하다.

```
>>> import datetime
>>> datetime.time(7)          # 시간만 입력
datetime.time(7, 0)
>>> a = datetime.time(12, 30, 55)     # 시, 분, 초 입력
```

마찬가지로 시간 역시 출력을 다양하게 할 수 있다.

```
>>> a
datetime.time(12, 30, 55)
>>> a.hour, a.minute, a.second
(12, 30, 55)
>>> a.isoformat()
'12:30:55'
>>> a.strftime("%H시 %M분 %S초입니다.")
'12시 30분 55초입니다.'
```

이 datetime 모듈 외에도 현재 시각을 사용하기에 좋은 time 모듈 역시 존재한다. time으로 현재 시각을 구해 보자. time.time()을 이용한다.

```
>>> import time
>>> time.time()
1546191371.5416882
```

현재 시각이 나왔지만 우리가 아는 시각이 아니다. 1970년 1월 1일 0시 기준으로 초 단위로 반환하는 것이다. 날짜와 시간 형태로 변환하여 보자.

```
>>> time.localtime(time.time())
time.struct_time(tm_year=2019, tm_mon=06, tm_mday=08, tm_hour=2, tm_min=37,
tm_sec=7, tm_wday=0, tm_yday=365, tm_isdst=0)
```

이 time 모듈 역시 포맷에 맞추어 출력하는 strftime()을 지원한다. 포맷 코드(%Y, %M, …) 등은 앞과 같다.

```
>>> a = time.localtime()
>>> time.strftime('%Y %m %d %c',a)
'2019 06 08 Sat Jun 08 02:48:07 2019'
```

timedelta는 날짜끼리 또는 시간끼리의 차이를 구하기 위해 사용하는 모듈이다. timedelta(a)에 들어가는 정보는 아래와 같다. 실제로 사용하는 방법은 소스를 통해 확인해 보자.

```
datetime.timedelta(days=0, seconds=0, microseconds=0, milliseconds=0,
minutes=0, hours=0, weeks=0)
```

```
>>> d = datetime.datetime(2000, 8, 15)
>>> d - datetime.timedelta(days=30)
datetime.datetime(2000, 7, 16, 0, 0)
```

시간에 관한 datetime 모듈은 다양한 함수와 종류로 이루어져 있다. 모듈 안의 모듈이 여러 개로 나뉘어 있어 혼란스러울 수 있으나 사용법이 비슷하기 때문에 개념만 잘 익혀 두면 문제 없이 다룰 수 있다. 실제 프로그램을 만들면 프로그램의 동시성, 즉 다른 프로그램들 간의 통신을 위해 사용되기도 한다.

Tip 달력 라이브러리 calendar

달력을 보고 싶을 때는 calender를 import한 뒤 print(calendar.calendar(2020))을 셀에 입력한다.

이제 컴퓨터의 실행 속도를 제어해 보자. 편집창에서 다음 코드를 작성하여 실행해 보자.

```
import time

for i in range(10):
    print(i)
    time.sleep(1)
```

0~9까지 숫자가 출력되는 코드이다. 이전과 다른 점은 숫자가 반복될 때 빠르게 숫자가 출력되는 것이 아니라 1초씩 기다렸다가 출력된다. time.sleep() 함수는 실행 시간을 제어한다. 시간값에 0.3과 같은 실수를 입력하고 실행해 본 후 어떻게 달라지는지 살펴보자.

Practice

1. 오늘로부터 1000일 이후의 날짜를 구해 보자.
2. 우주선이 발사되도록 10부터 하나씩 감소되는 카운트다운 코드를 작성해 보자.

점심 메뉴 추천

윈도우 명령 프롬프트에서 lunch.py를 실행하면서 인자로 메뉴 이름을 넣으면 해당 메뉴 이름 중 한 개를 무작위로 사용자에게 제시하라. 그리고 입력한 모든 메뉴를 {입력 순서: 메뉴명}으로 담긴 리스트로 저장하여 입력한 시간이 담긴 파일명에 자료형 형태 그대로 저장해 보자.

명령 프롬프트

```
c:\users\zara>cd c:\python
c:\python>lunch.py 자장면 닭갈비 김치찌개 된장찌개 샌드위치 파스타
2018 12 31 Lunch
된장찌개
c:\python>
```

❋ SOURCE

```python
import sys
import random
import pickle
import datetime

d = datetime.date.today()
today = d.strftime("%Y %m %d Lunch")
print(today)
print(random.choice(sys.argv))
a = { }
for i,menu in enumerate(sys.argv):
    a[i] = menu
d = datetime.date.today()
with open(today, 'wb') as f:
    pickle.dump(today, f)
    pickle.dump(a, f)
```

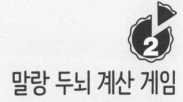

말랑 두뇌 계산 게임

질문이 10개 연달아 나오는 게임이 있다. 무작위로 한 자릿수의 다섯 개의 숫자가 연속으로 나온다. 이를 더해야 한다. 10번의 문제를 풀고 나면 각 문제에 대한 정답 여부를 리스트에 저장하고, 이를 C:\answer\ 디렉터리 내부에 answer.bin으로 저장해 보자.

> **Tip** 프로그램 잠시 멈추기
>
> 프로그램의 시간을 제어하고 싶을 때는 time 모듈의 sleep(초)를 이용한다.

🔘 화면

```
9 + 7 + 4 + 4 + 3
27
1 + 8 + 3 + 0 + 0
12
        ...
4 + 6 + 8 + 3 + 1
23
```

✿ SOURCE

```python
import random
import pickle
import os
import time
import math


answer=[]
for i in range(10):

a=[random.randint(0,9),random.randint(0,9),random.randint(0,9),random.
randint(0,9),random.randint(0,9)]
    print("%d + %d + %d + %d + %d"%(a[0],a[1],a[2],a[3],a[4]))
    ans = int(input())

    if ans == math.fsum(a):
        answer.append("O")
    else:
        answer.append("X")

os.chdir("C:\ ")

if 'answer' in os.listdir():
    pass
else:
    os.mkdir("answer")
os.chdir("answer")

with open("answer.bin", 'wb') as f:
    pickle.dump(answer, f)
```

Chapter **11**

Tkinter 라이브러리

Tkinter는 Turtle과 마찬가지로 파이썬을 설치할 때 기본으로 포함되는 그래픽 모듈이다. Turtle 은 사용하기가 쉽지만 다양한 그림을 그리기가 힘들고 속도가 느리다. 이에 반해 Tkinter는 사 각형이나 삼각형, 원 등의 기본 도형을 빠르게 그릴 수 있다. Tkinter는 'Tk interface'의 약자로 윈도우에서 사용하는 버튼이나 레이블과 같은 위젯을 이용하여 사용자와 상호작용하는 프로 그램을 만들 수 있다.

컴퓨팅 사고 시스템은 단순한 부분들이 결합된 유기적 추상화이다.

 Python

01 Python으로 GUI를 만드는 법 Tkinter

파이터틀은 예전 LOGO라는 교육용 프로그래밍 언어에서 아이디어를 얻어 만든 라이브러리로서 간단한 그림이나 게임 등을 만들 수 있지만 실제 배포하기 위한 프로그램을 만들기에는 그 기능이 많이 부족하다. 우리가 이번에 배울 두 번째 라이브러리인 Tkinter는 그래픽 기반의 프로그램을 만들기 위한 도구로 매우 유용하다.

대부분의 응용 프로그램은 GUI 기반이다. GUI는 Graphic User Interface의 준말로 프로그램을 제어하는 화면이 텍스트가 아닌 마우스 기반인 것을 말한다. 그래픽 기반 환경을 만들기 위한 여러 라이브러리 중 파이썬에 내장되어 있는 것이 tkinter 라이브러리이다. 기본적으로 내장되어 있는 만큼 파이썬을 익힐 때 필수적으로 배우는 프로그램이기도 하다. 이것을 이용하면 만들고 나서 두고두고 쓸 수 있는 여러분의 첫 번째 상용 프로그램이 생길 것이다.

먼저, tkinter 라이브러리를 불러오자. 설치되어 있지 않은 라이브러리의 경우 몇 가지의 귀찮은 절차가 필요하지만, Turtle이나 Tkinter처럼 파이썬 설치와 함께 같이 들어 있는 라이브러리는 간단히 불러오는 것만으로도 실행할 수 있다. 아래처럼 실행해보자.

```
from tkinter import *
root = Tk()
root.mainloop()
```

그럼 제목이 tk인 그래픽 창이 뜨는 것을 확인할 수 있다. 위 코드의 내용은 tkinter라는 라이브러리를 로드하고, 이 라이브러리 안에 존재하는 Tk 클래스 객체를 root라는 이름으로 불러낸 다음에 mainloop() 메서드를 호출하는 것이다. 즉, '라이브러리 안에 있는 그래픽 창을 root라는 이름으로 쓰겠다'는 의미로 생각하면 된다. mainloop()는 한 번 실행하고 끝이 아니라, 사용자와 계속 반응하도록 대기를 타도록 명령하는 것이다. 이제 GUI 프로그래밍을 하기 위한 기본적인 창의 토대를 만들었다.

Tip 창 이름 쓰기

창 이름은 관용적으로 'root' 또는 'window'를 주로 사용한다.

02 tkinter 구성 요소 파악하기

tkinter는 사용자에게 대화식 그래픽 창을 제공한다. 이 라이브러리가 제공하는 위젯은 다음과 같다.

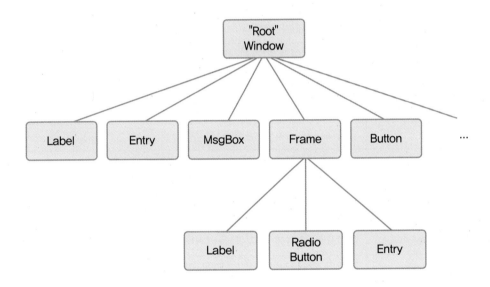

앞서 만들었던 창이 'Root'이다. 이 Root 안에 들어갈 수 있는 것들이 바로 Label, Entry, MsgBox, Frame, Button 등이다. 이외에도 Text(Box), Radio Button, Check Button 등 여러 가지가 있다. 한두 개를 배우면 대부분 기능이 비슷하니, 주요 기능을 다루어 보고 나머지는 간단하게 배운다. 각각의 명칭과 생김새는 다음과 같다.

명칭	설명
Button	이벤트를 발생시키는 버튼을 만든다.
Canvas	선을 그리거나 도형을 그릴 수 있는 캔버스를 만든다.
Checkbutton	몇 개의 옵션을 선택할 수 있는 버튼을 만든다.
Entry	텍스트를 입력할 수 있는 한 줄짜리 칸을 만든다.
Frame	Root 아래 다시 여러 위젯을 묶는 컨테이너를 만든다.
Label	사용자에게 보일 한 줄짜리 텍스트를 넣는다.
Listbox	리스트 중 하나를 선택한다.
Menubutton	Root에 Menu를 만든다.
Menu	메뉴 버튼 아래 각각의 메뉴를 구성한다.
Message	사용자에게 여러 줄의 텍스트를 보여 준다.
Radiobutton	여러 옵션 중 하나를 선택한다.
Scale	슬라이더를 사용한 위젯을 제공한다.
Scrollbar	여러 리스트를 스크롤바가 있는 박스로 보여 준다.
Text	여러 줄의 텍스트를 사용자에게 보여 준다.
Toplevel	독립된 윈도우 창을 하나 더 띄운다.
Spinbox	화살표로 숫자의 크기를 올리거나 내리는 창을 만든다.
PanedWindow	정렬된 여러 개의 프레임 판을 만든다.
LabelFrame	이름이 있는 프레임을 만든다.
tkMessageBox	사용자에게 메시지 박스에 메시지를 실어 출력한다.

03 Label과 Entry, Button

기본적인 라벨과 엔트리 위젯을 만들어 보자. 라벨은 윈도우 창에 표시되는 글이고, 엔트리 위젯은 간단한 텍스트를 입력할 수 있는 텍스트 박스이다.

```
from tkinter import *
root = Tk()

label = Label(root, text="Welcome, Please input your name")
label.pack()

entry = Entry(root)
entry.pack()

button = Button(root, text="확인")
button.pack()

root.mainloop()
```

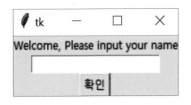

Tk 클래스에서 root라는 윈도우 창을 생성하고 그 사이에 라벨, 엔트리, 버튼 위젯을 넣어 보았다. 각각의 이름인 label, entry, button은 임의대로 이름을 설정할 수 있으나 위젯을 만들기 위한 Label, Entry, Button 등은 대소문자를 구분하여 써 주어야 한다. 괄호에는 어느 윈도우 창에 있을 것인지를 쓰고, 여러 가지 옵션들을 쓴다. 그렇게 만들고 나면, pack()으로 위젯을 위치시켜 주어야 한다. 나중에 한꺼번에 pack()을 해 주어도 된다. pack()한 순서대로 화면에 나타난다. 라벨, 엔트리, 버튼은 아래처럼 기억해 두자.

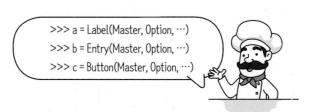

```
>>> a = Label(Master, Option, …)
>>> b = Entry(Master, Option, …)
>>> c = Button(Master, Option, …)
```

이제 Option을 몇 가지 알아보자. 옵션은 글씨체, 색, 배경 색 등을 의미한다. 방금까지는 text="텍스트"만 입력했지만 이제 꾸며 본다. 옵션의 종류는 매우 많지만, 파이썬은 모두 머릿속에 담아 두는 것이 아니라 필요한 것을 찾아가면서 사용하는 것이다. 따라서 공통적으로 사용하는 파라미터들을 알아 두자.

명칭	설명	사용법
bg	background, 배경 색	bg="pink"
bd	border line, 테두리 굵기	bd=3
font	글씨체	font="arial"
fg	글씨의 색	fg="red"
text	위젯에 들어갈 내용	text="blah"
height	위젯의 세로 크기	height=100
width	위젯의 가로 크기	width=100
highlightcolor	위젯이 선택되었을 때 나타날 색	highlightcolor="beige"
cursor	위젯에 마우스를 올릴 때 나타나는 커서 모양	cursor="pirate"

위의 파라미터는 위젯 중 80% 이상에서 공통적으로 적용되는 것들이다. 이외에도 필요한 것이 있으면 인터넷에서 tkinter를 검색하면 쉽게 찾을 수 있다. 우리가 만든

간단한 창의 색을 바꾸어 다시 만들어 보자.

```python
from tkinter import *
root = Tk()

label = Label(root, text="Welcome, Please input your name", bg="beige",
font="arial")
label.pack()

entry = Entry(root, text="input here", bd=5, cursor="pirate")
entry.pack()

button = Button(root, text="확인", fg="red", cursor="arrow", height=10)
button.pack()

root.mainloop()
```

보다시피 예전의 모양이 바뀌어 있는 것을 알 수 있다. 조금 괴상한 모습이지만 우리가 실험한 예를 확인할 수 있다. 코드를 하나씩 뜯어 보면 매우 쉽게 이해할 수 있다. 하지만 이를 실제로 실행해 보면 엔트리 부분의 text 옵션이나 버튼 부분의 cursor 옵션이 적용되지 않은 것을 알 수 있다. 왜냐하면 해당 위젯에는 없는 옵션이기 때문이다. 자동으로 적용되지 않기 때문에 잘못 쓰는 것에 대한 부담을 크게 가질 필요는 없다. 이제 이 위젯을 쓸모 있게 만들어 볼 차례이다. 버튼을 눌렀을 때의 이벤트를 만들어 보자.

Practice

레이블, 엔트리, 확인 버튼의 가로 크기가 같도록 일렬로 배열해 보자.

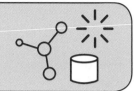

04 버튼 이벤트 만들기

위젯을 만들었으면 이 위젯이 실제로 무엇인가 동작하도록 만들어야 한다. 버튼을 눌렀을 때 동작을 만드는 방법을 알아보자. 이벤트 함수를 이용하자.

```python
from tkinter import *

def buttonclick():
    ent_text = et.get()
    print(ent_text)
    lb['fg'] = ent_text
    et.delete

window = Tk()
window.title("버튼 이벤트 만들기")                # 창의 제목

lb = Label(window, text="아래 빈칸에 텍스트를 입력하세요", width=40)
et = Entry(window, width=40)
bt = Button(window, text="확인", width=40, bg="pink", command=buttonclick)
lb.pack()
et.pack()
bt.pack()

window.mainloop()
```

이벤트는 사용자가 클릭하거나 글자를 입력하거나 창의 크기가 달라지거나 화면의 변화가 생기는 등 GUI 창에 사건이 일어나는 것을 의미한다.

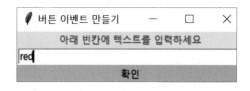

이전의 프로그램과 다른 점은 함수를 정의하는 부분(def)과 버튼 command 옵션이 추가된 것이다. command에는 함수의 이름을 그대로 써 주면 버튼을 클릭했을 때 함수가 동작하게 된다. 이를 콜백 함수(callback function)라고 부른다. 콜백 함수는 내가 프로그램을 실행하는 도중 이벤트가 발생하면 실행하는 함수를 의미한다.

```
def buttonclick():          #함수 buttonclick()을 정의한다.
    ent_text = et.get()     #ent_text 변수에 et(엔트리)에 쓰인 값을 얻어(.get())
                            저장한다.
    print(ent_text)         #ent_text를 출력한다. 셀에서 확인할 수 있다.
    lb['fg'] = ent_text     #lb(레이블)의 fg(글자 색) 속성을 ent_text로 변경한다.
    et.delete               #et(엔트리)에 있는 값을 삭제(.delete)한다.
```

위와 같은 방식으로 tkinter 내에서도 여러 값을 변경하거나 속성을 바꿀 수 있고, 변수에 값을 저장하여 여러 다른 프로그램을 만들 수도 있다. 위와 같은 방식으로 사용할 수 있는 관련 메서드(method)를 알아보자.

명칭	설명	사용법
.get()	담긴 텍스트를 추출한다.	et.get()
.delete()	담긴 텍스트를 삭제한다.	et.delete()
.insert(index, "문자열")	index 위치에 텍스트를 추가한다.	et.insert(" ")
.destroy()	해당 창 또는 위젯을 삭제한다.	et.destroy()

이 메서드 역시 위젯의 종류마다 다양하며 필요할 때마다 찾아서 사용하는 것이 더 도움이 된다. 위의 것들은 거의 공통적으로 적용되는 것들이다.

이번에는 내용을 읽어서 메시지를 출력해 보자. 사용자에게 확인 버튼을 클릭하기를 요구하는 창을 띄울 수 있다. 이 역시 tkinter 안의 messagebox를 이용한다.

```python
from tkinter import *
from tkinter import messagebox
def buttonclick():
    ent_text = et.get()
    print(ent_text)
    lb['fg'] = ent_text
    et.delete

    messagebox.showinfo("제목", ent_text+"(으)로 색을 변경합니다.")
    # showinfo() showwarning() showerror() 종류의 메시지 박스가 있습니다.

window = Tk()
window.title("버튼 이벤트 만들기")                    # 창의 제목
lb = Label(window, text="아래 빈칸에 텍스트를 입력하세요", width=40)
et = Entry(window, width=40)
bt = Button(window, text="확인", width=40, bg="pink", command=buttonclick)
lb.pack()
et.pack()
bt.pack()
window.mainloop()
```

Tip 윈도우 창의 속성

윈도우 창에도 .title("제목") .geometry("너비x높이+x좌표+y좌표") .resizable(상하, 좌우) 등 여러 속성이 있다.

Practice

취소 버튼을 하나 더 만들어 취소를 누르면 창이 닫히도록 해 보자.

버튼 이벤트-아이디와 패스워드 입력

아이디와 패스워드를 입력하도록 요구한 후, 틀리면 메시지를 출력하고 맞으면 창을 종료하자. 아이디와 패스워드는 미리 저장해 둔다.

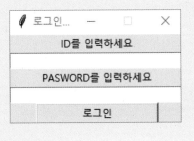

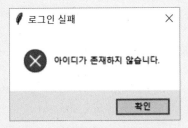

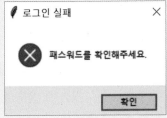

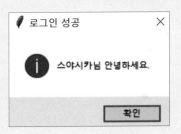

비밀번호에 타이핑하는 문자 대신 "*"를 출력하고 싶을 때는 옵션에 show="*"를 추가합니다.

```python
from tkinter import *
from tkinter import messagebox
root = Tk()
root.title("로그인하세요.")
root.resizable(False, False)

IDPW = {"시르메":"abc123", "스야시카":"abc123", "모티":"abc123"}

def check_IDPW():
    get_id = user_id.get()
    if get_id in IDPW:
        if IDPW[get_id]==user_pw.get():
            messagebox.showinfo("로그인 성공", get_id+"님 안녕하세요.")
            root.destroy()
        else:
            messagebox.showerror("로그인 실패", "패스워드를 확인해 주세요.")
    else:
        messagebox.showerror("로그인 실패", "아이디가 존재하지 않습니다.")

label1 = Label(root, text="ID를 입력하세요")
user_id = Entry(root, width=30)
label2 = Label(root, text="PASWROD를 입력하세요")
user_pw = Entry(root, width=30, show="●")
button = Button(root, text="로그인", width=20, command=check_IDPW)
label1.pack()
user_id.pack()
label2.pack()
user_pw.pack()
button.pack()
root.mainloop()
```

05 위젯 위치 관리하기
Grid, Place Manager

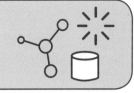

　위젯 위치를 관리하는 기하 관리자(Geometry Management)는 3가지가 있다. 첫 번째는 지금까지 했던 팩(pack) 매니저, 두 번째는 표처럼 관리하는 그리드(grid) 매니저, 세 번째는 절대 위치(place) 매니저이다. 여기서는 Grid 매니저와 Place 매니저를 사용해 보자.

　먼저 앞에서처럼 ID와 PASSWORD를 일렬로 만들지 말고, 우리가 일반적으로 아는 것처럼 양 옆에 위치하도록 Grid 매니저를 사용해 보자.

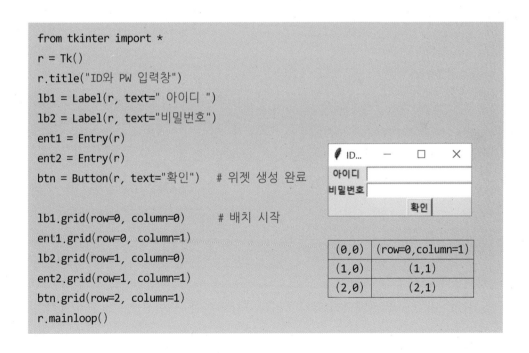

```
from tkinter import *
r = Tk()
r.title("ID와 PW 입력창")
lb1 = Label(r, text=" 아이디 ")
lb2 = Label(r, text="비밀번호")
ent1 = Entry(r)
ent2 = Entry(r)
btn = Button(r, text="확인")      # 위젯 생성 완료

lb1.grid(row=0, column=0)          # 배치 시작
ent1.grid(row=0, column=1)
lb2.grid(row=1, column=0)
ent2.grid(row=1, column=1)
btn.grid(row=2, column=1)
r.mainloop()
```

(0,0)	(row=0,column=1)
(1,0)	(1,1)
(2,0)	(2,1)

　보통 위젯을 만들면 바로 배치하지만, 배치하는 것을 이해하기 쉽게 하기 위해 한꺼

번에 배치하였다. .grid()에서 row는 행을 의미하고, column은 열을 의미한다. 따라서 표의 틀을 가정하고 그 위치에 들어가게 된다. 표 안의 하나의 크기는 그 위젯의 크기에 따라 결정된다. 만약 하단의 확인 버튼을 표에 상관없이 위치하고 싶다면 [btn.grid(row=2, column=1)] 대신에 [btn.grid(row=2, column=0, columnspan=2)]라고 사용하면 해당 셀부터 2개의 셀을 합쳐서 배치하게 된다.

이번에는 Place 매니저를 이용하여 절대 위치로 위치를 정해 주자. 좌표를 이용한다. 기능 없이 배치만 해 보자. .place(x=좌표 y=좌표)를 이용한다.

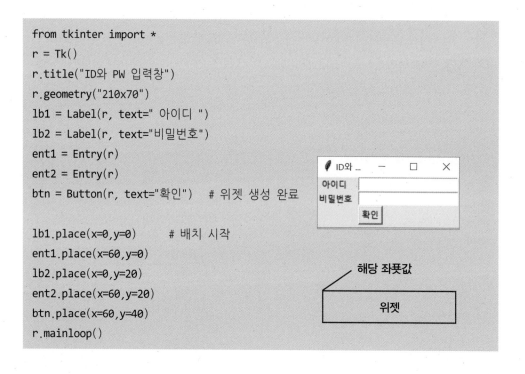

```
from tkinter import *
r = Tk()
r.title("ID와 PW 입력창")
r.geometry("210x70")
lb1 = Label(r, text=" 아이디 ")
lb2 = Label(r, text="비밀번호")
ent1 = Entry(r)
ent2 = Entry(r)
btn = Button(r, text="확인")    # 위젯 생성 완료

lb1.place(x=0,y=0)        # 배치 시작
ent1.place(x=60,y=0)
lb2.place(x=0,y=20)
ent2.place(x=60,y=20)
btn.place(x=60,y=40)
r.mainloop()
```

좌푯값을 잘못 두면 위젯끼리 겹쳐서 나타나기도 한다. 쓰여진 좌푯값은 위젯의 왼

쪽 윗부분이 해당 좌푯값이 된다. 윈도우 창의 크기를 정해 두지 않으면 좌푯값이 커진 만큼 윈도우 창의 크기도 같이 커지게 된다.

　지금까지 총 3개의 기하 관리자를 살펴보았다. 위치에 따라 다양하게 쓰고, 이 세 가지를 조합하여 쓸 수도 있다. 프로그램에 맞게 선택해서 사용하자.

```
>>> a.pack()                              # Pack Manager
>>> a.grid(row=0, column=0, columnspan=0)  # Grid Manager
>>> a.place(x=0, y=0)                      # Place Manager
```

Practice

레이블 배치를 이용하여 알파벳 'D' 모양을 만들어 보자.

프로그램 만들기

반복문으로 배치하기

그리드 매니저를 이용할 때 많은 수의 레이어나 버튼이 필요한 경우에 이를 일일이 row와 column을 지정하여 배치하는 것은 쉽지 않다. for 문을 이용하여 16개의 레이어를 4×4로 배치하고자 한다. 아래와 같이 배치해 보자.

✳ SOURCE

```python
from tkinter import *
root = Tk()
root.title("반복문으로 배치하기")

names = [0,1,2,3,4,5,6,7,8,9,10,11,12,13,14,15]
i = 0
for a in range(4):
    for b in range(4):
        label = Label(root, text=names[i], width=10, bg="yellow", fg="red")
        i = i + 1
        label.grid(row=a, column=b)

root.mainloop()
```

반복문으로 배치하기	— □ ✕
0	1	2	3
4	5	6	7
8	9	10	11
12	13	14	15

Tip 여러 개의 객체 동시 반복

여러 개의 객체를 동시에 반복하고 싶을 때에는 for a,x zip(A,B)와 같이 사용할 수 있다. 빨리 끝나는 쪽에 맞추어 동작이 끝난다.

```python
for a,x in zip(range(4),range(0,16,4)):
    for b,y in zip(range(4),range(0,4)):
        label = Label(root, text=names[x+y], width=10, bg="yellow", fg="red")
        label.grid(row=a, column=b)
        print(a,b,x,y)
```

06 메뉴 만들기

이제 tkinter에서 자주 쓰이는 것은 거의 알아보았다. 물론 전체 요소들 중 절반도 안 되지만, 나머지는 비슷한 원리로 쓰이기 때문에 이 내용을 토대로 만들면 된다. 마지막으로 tkinter에 메뉴를 만들어 보자. 메뉴를 만들고, 해당 메뉴에 함수를 지정하면 메뉴를 구성할 수 있다.

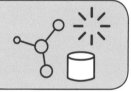

```python
from tkinter import *
from tkinter import messagebox
root=Tk()

def msgbox():
    messagebox.showinfo("안내","아직 지원하지 않습니다.")
def quit():
    root.destroy()
    root.quit()

menubar=Menu(root)                    # 메뉴바를 menubar라는 이름으로 담기

f1=Menu(menubar, tearoff=0)           # 메뉴바에 들어갈 f1 Menu를 생성하고 저장
                                      # tearoff=0 절취선 없애기
f1.add_command(label="새 파일", command=msgbox) # f1에 메뉴 등록
f1.add_command(label="열기", command=msgbox)
f1.add_command(label="저장", command=msgbox)
f1.add_separator()                              # f1에 가로선 등록
f1.add_command(label="Exit", command=quit)

menubar.add_cascade(label="File",menu=f1)  # f1 메뉴 "File" 이름으로 마감
root.config(menu=menubar)                  # 메뉴바를 root 창에 등록

root.mainloop()
```

절차가 조금 복잡하지만 메뉴가 생기는 순서를 머릿속에 떠올리면 기억하기 쉽다.

① 메뉴바(변수)에 Menu(윈도우 창)를 담아 둔다.
② 상위 메뉴 1(위의 "File")을 메뉴바에서 생성한다.
③ 상위 메뉴 1에 하위 메뉴들을 등록한다.
④ 상위 메뉴 1을 마감한다.
⑤ 상위 메뉴를 더 만들 경우 ②~④를 반복한다.
⑥ 만든 모든 메뉴들을 메뉴바에 등록한다.

메뉴 만들기 연습

메뉴 만드는 과정을 다시 한 번 연습해 보자. 두 번째 메뉴까지 만들어 보자.

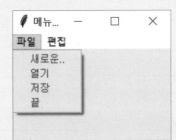 

```python
from tkinter import *
window = Tk()
window.title("메뉴 만들기 문제")

def nothing():
    print("Nothing to do")
def quit():
    window.quit()
    window.destroy()


bar = Menu(window)

File = Menu(bar, tearoff=0)
File.add_command(label="새로운..", command=nothing)
File.add_command(label="열기", command=nothing)
File.add_command(label="저장", command=nothing)
File.add_command(label="끝", command=quit)
bar.add_cascade(label="파일", menu=File)
```

```
menulist = ["삽입", "삭제", "복사"]
Edit = Menu(bar, tearoff=0)
for i in range(3):                # command가 같을 때만 사용 가능
    Edit.add_command(label=menulist[i], command=nothing)
bar.add_cascade(label="편집", menu=Edit)

window.config(menu=bar)
window.mainloop()
```

Tip GUI 창 종료

GUI 창을 종료할 때는 root.quit()와 root.destroy()를 동시에 사용한다. 각각 프로세스를 죽이는 명령과 창을 없애는 명령이다.

07 이벤트 처리 고급-바인딩

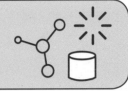

이벤트 처리는 이전에 배운 콜백 함수를 이용하는 것이 가장 편리하다. 알고리즘도 직관적이고 사용 방법도 쉽다. 그러나 버튼 이벤트가 단순하다는 단점이 있다. 만약 화면 위에 마우스를 올렸다가 내리는 것만으로도 이벤트를 발생시키고 싶거나 더블 클릭을 한다거나 오른쪽 버튼을 클릭하는 것을 구현하고 싶다면 tkinter에서 제공하는 bind() 메서드를 이용하는 이벤트 바인딩을 사용한다.

실행하면 아무것도 없는 빈칸이지만 마우스를 클릭하면 이벤트에 대한 정보가 나오고, 좌표를 출력할 수도 있으며, 키보드 키를 감지할 수도 있다. 이를 이용하면 더 다양하게 프로그램을 만들 수 있다.

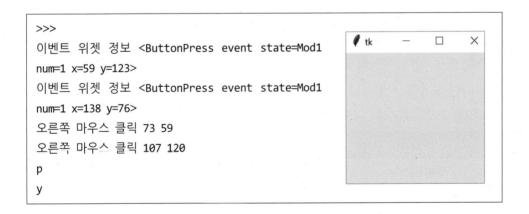

```
>>>
이벤트 위젯 정보 <ButtonPress event state=Mod1
num=1 x=59 y=123>
이벤트 위젯 정보 <ButtonPress event state=Mod1
num=1 x=138 y=76>
오른쪽 마우스 클릭 73 59
오른쪽 마우스 클릭 107 120
p
y
```

```python
from tkinter import *
root = Tk()

def click(key):
    print("이벤트 위젯 정보", key)
def click2(event):
    print("오른쪽 마우스 클릭", event.x, event.y)
def click3(event):
    print(event.char)

root.bind("<Button-1>", click)
root.bind("<Button-3>", click2)
root.bind("<Key>", click3)

root.mainloop()
```

bind(이벤트명, 핸들러)로 이루어진 bind()는 이벤트와 핸들러를 연결시켜 주는 역할을 한다. 이벤트는 클릭하거나 키보드를 누르거나 더블클릭하는 행위(사건)이고, 핸들러는 여기에서 알 수 있는 정보들(이벤트 발생 키보드 문자, 마우스 위치, 이벤트 발생 위젯 등)이다. 무엇이 있는지 파악해 두기만 하자. 다음은 이벤트 종류와 핸들러를 나타낸 것이다. 이외에도 매우 많다.

이벤트명	설명
<Button-1>	마우스 왼쪽 클릭
<Button-2>	마우스 중간 클릭
<Button-3>	마우스 오른쪽 클릭
<B1-Motion>	마우스 왼쪽 버튼을 누른 채로 드래그할 때
<ButtonRelease-3>	마우스 오른쪽 버튼을 뗄 때
<Double-Button-2>	마우스 가운데 더블클릭

이벤트명	설명
\<Key\>	키보드 키 입력
\<Up\>	위쪽 방향키가 입력되었을 때
\<Return\>	Enter 키 입력
\<Home\>	Home 키가 입력되었을 때
\<Leave\>	위젯 밖으로 마우스 포인터가 나갔을 때

핸들러	설명
num	마우스 이벤트 번호 Button-(1,2,3)
x, y	마우스 좌표(위젯)
x_root, y_root	마우스 절대 좌표(윈도우 창)
char	키보드 이벤트 발생 문자
key	이벤트 발생 위젯
keycode	키보드 이벤트 키 코드

위젯.bind(이벤트명, 함수명)처럼 입력하면 위에서 정의한 함수에서 이를 실행한다. 함수명에서는 매개변수(파라미터)를 이용하여 이 핸들러를 다양하게 사용한다. 핸들러의 경우에는 바인딩에서만 사용하는 것이 아니라 콜백 함수에서도 매개변수를 이용하여 동일하게 사용할 수 있다.

이 부분에서 tkinter를 이용하여 다양한 프로그램을 만들 수 있는 기반이 만들어진다. 만약 게임을 만든다면 이러한 이벤트 바인딩을 다양하게 사용할 것이다.

Practice

빈 화면에서 왼쪽 상단을 클릭하면 프로그램이 종료되도록 비밀 명령을 만들어 보자.

메모장

기능이 간단한 메모장을 만들어 보자. 메모장은 Entry가 아닌 Text를 이용한다. 메뉴는 새 파일, 열기, 저장, 끝 4가지가 있고, 열기와 저장은 파일 이름을 지정하여 실제로 저장되도록 한다.

[새 파일] : 전체 텍스트를 삭제한다.

[열기] : memojang.txt의 내용을 불러들여 현재 텍스트에 덮어씌운다.
  만약 memojang.txt 파일이 없을 경우 오류 메시지를 출력하라.

[저장] : memojang.txt에 텍스트를 저장한다. 기존 파일이 있을 경우 덮어씌운다.

[종료] : 메모장을 종료한다.

Tip Text 위젯

Text 위젯은 여러 줄짜리 텍스트를 입력할 수 있는 위젯이다.

위젯명.delete(1.0, END) : 처음부터 끝까지 내용 삭제하기

위젯망.insert(1.0, "추가할 내용") : 처음 위치로 가서 내용을 추가한다.

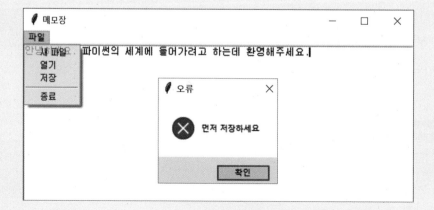

❋ SOURCE

```python
from tkinter import *
from tkinter import messagebox
root = Tk()
root.title("메모장")

def newfile():
    txt.delete(1.0, END)
def openfile():
    try:
        f = open('memojang.txt', 'r')
        a = f.read()
        txt.delete(1.0, END)
        txt.insert(1.0, a)
        f.close()
    except:
        messagebox.showerror("오류", "먼저 저장하세요")

def savefile():
    f = open('memojang.txt', 'w')
    f.write(txt.get(1.0, END))
    f.close()
def quit():
    root.quit()
    root.destroy()

txt = Text(root)
txt.pack()

menubar = Menu(root)
file = Menu(menubar, tearoff=0)
file.add_command(label="새 파일", command=newfile)
file.add_command(label="열기", command=openfile)

file.add_command(label="저장", command=savefile)
file.add_separator()
file.add_command(label="종료", command=quit)
menubar.add_cascade(label="파일", menu=file)
root.config(menu=menubar)
root.mainloop()
```

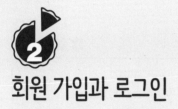

회원 가입과 로그인

특정 함수를 실행하면 회원 가입을 할 수 있는 프로그램을 띄우고, 다른 함수를 실행하면 로그인하는 폼을 띄워 보자. 회원 가입한 아이디와 비밀번호는 user_list.txt에 저장한다.

화면

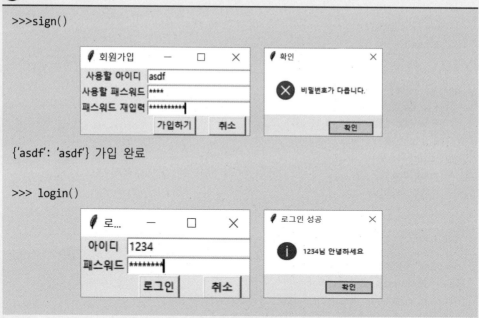

Tip Pickle 라이브러리

자료형을 그대로 저장하기 위해서는 Pickle 라이브러리를 이용한다.

✽SOURCE

```python
from tkinter import *
from tkinter import messagebox
import pickle
# 회원 가입
def sign():
    root = Tk()
    root.title("회원 가입")

    def ok():
        if ent2.get() == ent3.get():
            idpw = {ent1.get():ent2.get()}
            with open('user_list.txt', 'ab') as f:
                    pickle.dump(idpw, f)
            root.quit()
            root.destroy()
            print(idpw, "가입 완료")
            f.close()
        else:
            messagebox.showerror("확인", "비밀번호가 다릅니다.")
    def cancel():
        root.quit()
        root.destroy()

    lb1 = Label(root, text="사용할 아이디")
    lb2 = Label(root, text="사용할 패스워드")
    lb3 = Label(root, text="패스워드 재입력")
    ent1 = Entry(root)
    ent2 = Entry(root, show="*")
    ent3 = Entry(root, show="*")
    btn1 = Button(root, text="가입하기", command=ok)
    btn2 = Button(root, text="  취소  ", command=cancel)
    lb1.grid(row=0, column=0)
```

```python
        lb2.grid(row=1, column=0)
        lb3.grid(row=2, column=0)
        ent1.grid(row=0, column=1, columnspan=2)
        ent2.grid(row=1, column=1, columnspan=2)
        ent3.grid(row=2, column=1, columnspan=2)
        btn1.grid(row=3, column=1)
        btn2.grid(row=3, column=2)
        root.mainloop()

# 로그인
def login():
    window = Tk()
    window.title("로그인")

    def ok():
        with open('user_list.txt', 'rb') as f:
            idpw_dic = {"":""}
            while True:
                try:
                    idpw = pickle.load(f)
                    print(idpw)
                except EOFError:
                    break
                idpw_dic.update(idpw)
            if ent1.get() in idpw_dic and idpw_dic[ent1.get()] == ent2.get():
                messagebox.showinfo("로그인 성공", ent1.get()+"님 안녕하세요")
                window.quit()
                window.destroy()
            else:
                messagebox.showerror("오류", "아이디와 비밀번호를 확인하세요.")
        f.close()
    def cancel():
        window.quit()
```

```
        window.destroy()

lb1 = Label(window, text="아이디")
lb2 = Label(window, text="패스워드")
ent1 = Entry(window)
ent2 = Entry(window, show="*")
btn1 = Button(window, text="로그인", command=ok)
btn2 = Button(window, text=" 취소 ", command=cancel)
lb1.grid(row=0, column=0)
lb2.grid(row=1, column=0)
ent1.grid(row=0, column=1, columnspan=2)
ent2.grid(row=1, column=1, columnspan=2)
btn1.grid(row=2, column=1)
btn2.grid(row=2, column=2)
window.mainloop()
```

3

프로그램 만들기

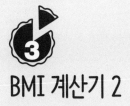

BMI 계산기 2

파이썬을 맨 처음 시작할 때 BMI 계산기를 만들었다. 이를 다시 GUI 프로그래밍으로 바꾸어 보자. 다양하게 꾸며 보는데, 나오는 값에 따라 텍스트를 변화시켜 보자.

BMI 지수	< 18.5	18.5~22.9	23.0~24.9	> 25
판단	저체중	정상	과체중	비만

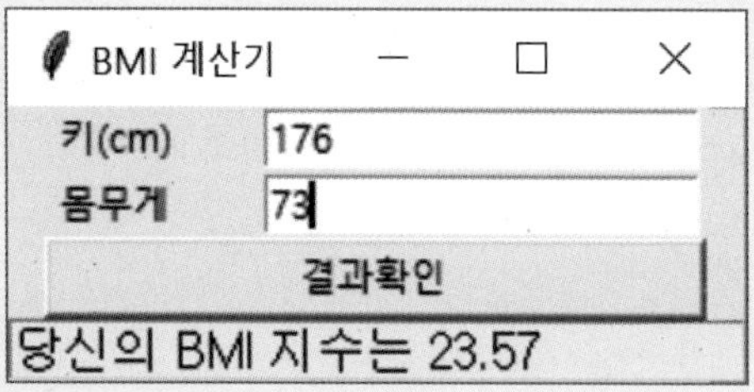

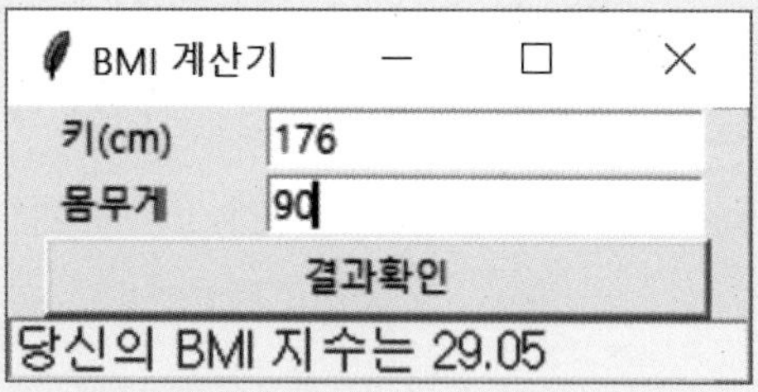

✽ SOURCE

```
from tkinter import *
root = Tk()
root.title("BMI 계산기")

def ok():
    m = int(t.get()) / 100                    # t.get()을 정수형으로
    bmi = round(int(k.get()) / (m*m), 2)    # BMI 계산 후 소수 둘째 자리 반올림

    if bmi > 29.9:
        conclusion.config(bg="pink", fg="red", font="bold")
    elif bmi >= 26:
```

```
            conclusion.config(bg="yellow", fg="blue", font="bold")
        elif bmi >= 18.5:
            conclusion.config(bg="beige", fg="black", font="bold")

        else:
            conclusion.config(bg="gray", fg="black")
        conclusion.delete(0,END)
        conclusion.insert(0, "당신의 BMI 지수는 %s"%bmi)

tl = Label(root, text="키(cm)")
kl = Label(root, text="몸무게")
t = Entry(root)
k = Entry(root)
btn = Button(root, text="결과 확인", command=ok)
tl.grid(row=0, column=0)
kl.grid(row=1, column=0)
t.grid(row=0, column=1)
k.grid(row=1, column=1)
btn.grid(row=2, column=0, columnspan=2, ipadx=80)

conclusion = Entry(root, text="결과")
conclusion.grid(row=3,column=0, columnspan=2, ipadx=40)
root.mainloop
```

4 계산기

매우 간단한 계산기를 만들어 보자. 버튼이 있는 계산기에 버튼을 입력하면 해당 문자가 창에 입력되고, '=' 버튼을 클릭하면 창에 계산 결과가 표시되도록 한다.

Tip 버튼 이벤트에 인자값 전달하기 / 그리드 매니저의 가로, 세로 쓰기 조절

함수 abc(a)에 매개변수를 command로 전달하기 위해서는 람다식을 이용한다.

  예) button = Button(root, command=lambda: abc(7))

그리드 매니저에서 가로, 세로의 크기를 조절하는 옵션은 ipadx, ipady이다.

❋ SOURCE

```python
from tkinter import *
root = Tk()
root.title("계산기")

def numinput(event):
    ent.insert(END, event)
def delentry():
    ent.delete(0,END)
def calc():
    con = eval(ent.get())
    ent.delete(0,END)
    ent.insert(0, con)

# 7 8 9 + 4 5 6 - 1 2 3 X C 0 = / 순서대로 배치
ent = Entry(root)
ent.grid(row=0, column=0, columnspan=4)
```

```
button7 = Button(root, text="7", command=lambda: numinput(7)).grid
(row=1,column=0, ipadx=10)
button8 = Button(root, text="8", command=lambda: numinput(8)).grid
(row=1,column=1, ipadx=10)
button9 = Button(root, text="9", command=lambda: numinput(9)).grid
(row=1,column=2, ipadx=10)
buttonplus = Button(root, text="+", command=lambda: numinput("+")).grid
(row=1,column=3, ipadx=10)
button4 = Button(root, text="4", command=lambda: numinput(4)).grid
(row=2,column=0, ipadx=10)

          …(중략)          # 나머지 버튼도 만들어 보자.

buttonmultiply = Button(root, text="X", command=lambda: numinput("*")).grid
(row=3,column=3, ipadx=10)
buttonC = Button(root, text="C", command=delentry).grid(row=4,column=0,
ipadx=10)
button0 = Button(root, text="0", command=lambda: numinput(0)).grid
(row=4,column=1, ipadx=10)
buttoneval = Button(root, text="=", command=calc).grid(row=4,column=2, ipadx=10)
buttondivision = Button(root, text="/", command=lambda: numinput("/")).grid
(row=4,column=3, ipadx=10)
ent.delete(0,END)

root.mainloop()
```

한 걸음 더

버튼을 반복문을 이용하여 리스트로 생성해 보자.

tkinter에 대한 자세한 라이브러리를 알아보려면 인터넷에서 tkinter를 검색하거나 https://docs.python.org/3/library/tkinter.html을 방문하세요.

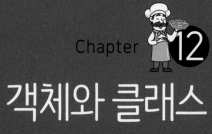

Chapter 12

객체와 클래스

객체는 독립적인 하나의 사물로 우리 주변에서 볼 수 있는 사람, 고양이, 소나무, 자동차 등을 말한다. 이러한 각각의 객체는 상태(state)와 행동(behavior)이라는 특징을 가진다. 예를 들어, 자동차는 주행 속도나 주행 거리 등의 상태를 나타내고, 출발하고 정지하기 등의 행동을 나타낸다. 프로그램에서의 객체는 객체와 관련된 변수(상태)와 함수(행동)들의 모음이다. 클래스는 객체의 속성으로, 프로그래밍 과정에서 객체를 정의하는 데이터와 이를 활용하는 기능을 통해 무수히 많은 객체를 만들어 낼 수 있다.

컴퓨팅 사고 기존의 문제 해결에 사용된 자료와 절차를 새로운 문제에 재사용하라.

 Python

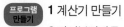

01   객체(Object)와 클래스(Class)

  사전적으로 객체는 독립적인 하나의 사물을 의미한다. 프로그래밍에서도 마찬가지이다. 객체는 하나의 독립적인 함수와 변수들의 묶음을 의미한다. 아무것도 없는 66m²(20평) 정도의 실내를 생각해 보자. 이제 그곳에 칠판, 책상, 의자, 분필, 지우개, 컴퓨터, 에어컨, 바닥 등을 놓아 보자. 익숙한 공간이 눈앞에 펼쳐질 것이다. 그 공간에서는 가르치고 배우는 행위와 절차가 존재한다. 이 모든 것들이 모여서 우리가 아는 강의실이 되는 것이다. 이 강의실 안에 놓인 하나하나가 객체이다. 이 각각의 객체들이 모였을 때 강의실이 되듯이, 이 객체들이 모여 프로그램이 되는 것이다. 파이썬에서는 이 객체가 매우 많이 사용된다. 이제 우리는 객체를 정의하고 만들어 보면서 객체에 대해 새로운 개념을 정립할 것이다.

  클래스는 객체의 기본 틀이 되는 속성이다. 마커펜을 생산하는 공장을 생각해 보자. 공장에서는 같은 마커펜이라도 각각 다른 색으로 생산되어 나온다. 공장에서 펜의 틀을 만드는 기계는 수많은 마커펜을 만들지만 각각의 마커펜은 다른 색 잉크와 다른 커버가 붙어 나온다. 이처럼 마커펜을 만드는 공장의 기계를 클래스라고 할 수 있다. 그리고 각각 다른 색 잉크와 다른 커버가 붙은 각각의 마커펜을 객체라고 할 수 있다.

와플을 생각해 보자. 격자 모양의 홈을 가진 기계 틀이 '클래스'이고 그 기계 틀로 찍어낸 와플이 '인스턴스'이다. 하나의 기계로 여러 개의 똑같은 모양의 와플을 찍어낼 수 있다. 이 와플에 치즈를 넣거나 버터를 넣거나 초콜릿을 넣을 수 있다. 들어간 재료는 달라도 기계 틀은 똑같이 표준화된 틀의 모양을 따라 와플을 찍어 낸다. 이처럼 별개의 인스턴스가 바로 객체이다.

먼저 클래스를 만들어 보고, 이로부터 객체를 생성해 보자.

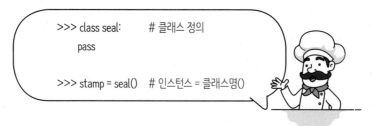

```
>>> class seal:        # 클래스 정의
        pass

>>> stamp = seal()     # 인스턴스 = 클래스명()
```

'class 클래스명:'으로 클래스를 생성하였고, 아무것도 하지 않는 pass를 써 두었다. 그리고 설계도를 이용하여 새로운 객체를 만들었다. 이제 seal 클래스로 만든 stamp의 타입을 확인해 보자.

```
>>> type(stamp)
<class '__main__.seal'>
```

타입은 '__main__.seal'임을 확인할 수 있다. 이 타입은 이 객체가 seal 클래스로부터 만들어진 인스턴스(instance, 클래스의 구조로 만들어진 실체)라는 의미이다. 클래스와 객체를 다루다 보면 __main__처럼 언더바(_)를 자주 보게 될 것이다. 예전 C++이나 java에서 사용된 클래스에서는 함수를 이런 이름으로 작성하였고, 이것이 그대로 파이썬에 적용되어 생성자, 즉 클래스를 초기화할 때 쓰는 함수 이름으로 사용되었다. 이런 종류의 이름은 __doc__처럼 클래스에서 한 번씩만 쓰게 된다.

02 객체지향 프로그래밍(OOP)이란?

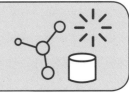

파이썬은 객체지향 프로그래밍(Object Oriented Programming)을 지원하는 언어 중 하나이다. 객체지향 프로그래밍이란 프로그래밍의 패러다임 중 하나이다. 여러 객체가 상호작용하여 프로그램을 만드는 방법이 바로 객체지향 프로그래밍이다.

초기에 프로그래밍의 패러다임은 절차형 프로그래밍이었다. 명령어로 이루어진 코드를 위에서부터 쭉 실행하여 하나의 프로그램을 만드는 것이다. 그러나 일렬로 이루어진 코드는 파악하기 쉽고 흐름을 쉽게 따라갈 수 있는 장점이 있으나 한 프로그램의 길이가 너무 길어지는 단점이 있었다. 프로그램 실행 중 다른 코드로 이동하려면 goto(위치) 명령을 사용하였는데, goto 문을 찾아서 알고리즘의 절차를 오류 없이 처리하고 문제가 되는 부분을 찾으려면 한나절이 걸리고는 했다. 이러한 코드는 goto 문으로 인해 실행 절차가 이리 뛰고 저리 뛰고 하면서 실타래처럼 엉키곤 하여 스파게티 소스라고 하였다.

그러다가 등장한 것이 구조형 프로그래밍이었다. 절차형은 100명을 일렬로 쭉 늘어뜨리는 것이고, 구조형은 이를 키, 성별, 성격, 몸무게 등으로 나누어서 100명을 세우는 것이다. 비구조적인 절차형에 비해 프로그램의 형태가 모듈을 이루고 일정한 조각으로 구조화되었기 때문에 조금 더 파악하기가 쉽고 관리 및 유지 보수가 쉬워졌다. 하지만 구조형 프로그래밍 방식도 여전히 여러 프로그래머가 일관되게 작성하고 관리하면서 유지 보수하는 데 어려움을 겪었다. 이러한 절차형과 구조형 프로그래밍을 제대로 구현해 낼 수 있는 사람은 소수의 똑똑한 사람뿐이었다.

마침내 객체지향(Object-Oriented) 패러다임이 등장하였다. 객체지향은 코드를 잘 묶는 형태에서 벗어나, 각각의 객체에서 각 데이터를 함수로 처리하여 결과를 토대로 객체끼리 소통(메시징)함으로써 프로그램을 만드는 것이다. 데이터는 객체 안에서만 처리되도록 하는 캡슐화 개념 덕분에 객체 안의 함수나 데이터는 서로 중복되지 않고 에러가 발생할 가능성이 현저히 줄어들었다. 게다가 코드에 문제가 생겨도 문제가 발생한 객체 안에서만 수정을 하면 되기 때문에 관리가 쉬웠다. 가장 좋은 점은 다른 사람이 만든 객체를 여러 사람들이 쉽게 공유하여 사용할 수 있게 되었다는 점이다.

　파이썬은 명확히 객체지향형 언어는 아니다. 다양한 프로그래밍 언어의 패러다임을 지원하기는 하지만 그 중간쯤에 있다고 할 수 있다. 하지만 파이썬이 세상에 영향력을 미치고 있는 이유는 객체지향형 언어를 지원하기 때문이다. 이제 우리도 이 객체와 클래스를 이용하여 이 강력함의 근간을 체험해 보자.

클래스 만들기
　class 클래스명:
　　　클래스의 특징이나 성격을 정의
　　　함수 등을 정의　　　# 클래스에 정의된 함수를 메서드
　　　　　　　　　　　　　　　(method)라고 함

인스턴스 만들기
　인스턴스명 = 클래스명()

클래스 메서드 사용하기
　인스턴스.메서드()

우선 아무것도 하지 않는 클래스 block_factory()를 만들었다. 그리고 block이라는 변수에 클래스 이름을 써 주는 것만으로도 객체를 생성할 수 있다. block_factory()로 객체를 생성하고 block 객체에 이 클래스를 할당하였다. 이것은 변수에 어떠한 자료를 입력하는 것과 같은 방법인데, block이 변수가 아니고 객체이다.

이제 클래스에 가장 기본이 되는 초기화(initialization) 메서드를 이용하여 '__init__'를 사용해 보자.

```
>>> class block_factory:
        def __init__(self):
                pass
```

'__init__'가 들어간 이 시점부터 진짜 클래스가 정의되었다. 여기서 self는 자기 자신을 가리키는 것이다. 관용적으로 self는 첫 번째에 무조건적으로 쓰고, 클래스 자기 자신을 가리킨다. 왜 그런지는 나중에 설명한다. 이제 여기에 매개변수 하나를 넣어 초기화를 시켜 보자.

```
>>> class block_factory:
        def __init__(self, company):
                self.company = company

>>> block = block_factory("Gole")
```

company 매개변수가 인자 'Gole'를 전달하여 이 block_factory()로부터 객체를 생성하였다. 즉, company 매개변수가 이 인자를 전달받아 값을 저장한 후 company에 'Gole'를 저장한 후 block에 객체를 연결해 주는 것이다. 파이썬에서는 모든 객체를 이와 같은 방식으로 만들어 준다. 그렇다면 잘 되었는지 확인해 보자.

```
>>> print("The block came from", block.company)
The block came from Gole
```

클래스에서 스스로 지칭할 때는 self.company로 접근하였고, 객체 block에서는 block.company로 접근하였다. 이 방법으로 여러 객체를 만들어 보자.

04 객체 생성하기(1)

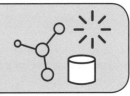

앞서의 블록 클래스에서 여러 객체를 만들어 보고, 객체의 정보를 출력해 주는 간단한 프로그램을 만들어 보자.

```
class block_factory:
    def __init__(self, company):
        self.company = company          # 객체 생성 시 company만 초기화

newblock = block_factory("Gole")        # 객체 생성(초기화 company는 인자 전달)
newblock.color = "blue"                 # 속성 지정
newblock.shape = "long"                 # 속성 지정 2

print("블록 정보 출력")
print("제조 회사 :", newblock.company)
print("블록 컬러 :", newblock.color)
print("블록 모양 :", newblock.shape)
```

🔘 화면

```
블록 정보 출력
제조 회사 : Gole
블록 컬러 : blue
블록 모양 : long
```

처음 __init__에 다른 메서드(.color/.shape)를 넣지 않아도 뒤에 newblock을 불러오고 난 뒤 초기 속성값을 지정할 수 있다. 이 정보들을 전부 '__init__'에 넣어 객체를

만들 때에 초기화를 할 수 있도록 해 보자.

```python
class block_factory:
    def __init__(self, company, color, shape):
        self.company = company                  # 초기화
        self.color = color
        self.shape = shape


newblock = block_factory("Gole", "blue", "long") # 객체 생성 방법 변화

print("블록 정보 출력")
print("제조 회사 :", newblock.company)
print("블록 컬러 :", newblock.color)
print("블록 모양 :", newblock.shape)
```

이제 __init__ 생성자가 외부에서 전달되는 초깃값들을 모두 받을 수 있게 되었다. 별 차이 없어 보이지만 만약 여러 개의 객체를 생성할 때는 이 방법이 훨씬 편리하다.

클래스인 블록 공장에서 나온 이 블록 개체들을 어디 한 번 맞추어 볼까?

05 객체 생성하기(2) 여러 객체 생성

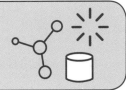

이제 여러 개의 객체를 생성해 보자. 블록 하나가 아니라, 여러 개의 블록 인스턴스를 만들어 보자.

```python
class block_factory:
    def __init__(self, company, color, shape):
        self.company = company                          # 초기화
        self.color = color
        self.shape = shape

newblock = block_factory("Gole", "blue", "long")        # 객체 생성
newblock2 = block_factory("Gole", "black", "short")
newblock3 = block_factory("Oxfold", "red", "big")

print("블록 정보 출력")
print("제조 회사 :", newblock.company, "블록 컬러 :", newblock.color, "블록 모양 :",
newblock.shape)
print("제조 회사 : %s 블록 컬러 : %s 블록 모양 : %s"%(newblock2.company,
newblock2.color, newblock2.shape))
print("제조 회사 : {0} 블록 컬러 : {1} 블록 모양 : {2}".format(newblock3.company,
newblock3.color, newblock3.shape))
```

🎯 화면

```
블록 정보 출력
제조 회사 : Gole 블록 컬러 : blue 블록 모양 : long
제조 회사 : Gole 블록 컬러 : black 블록 모양 : short
제조 회사 : Oxfold 블록 컬러 : red 블록 모양 : big
```

클래스를 한 번 정의하고 나니 객체를 매우 쉽게 생성할 수 있었다. 우리가 지금까지 다루었던 모든 함수가 이와 같은 방법으로 정의되어 있다. a=list(b)라고 하면 여기서 a가 newblock, list()가 block_factory(), b가 company 등의 인자가 되는 것이다.

```
class block _factory():
```

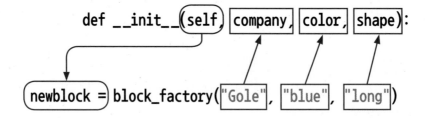

06 객체 생성하기(3) 메서드 추가하기

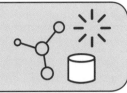

객체라는 것은 데이터와 함수(메서드)를 포함하는 개념이다. 데이터가 뭔가 수행하는 작업을 메서드라고 하는데, 클래스 안에 이를 정의해 두면 객체의 동작을 지시하는 방법을 만들 수 있다. 블록의 색이 부족해서 다른 색의 블록을 만든다고 생각해 보자.

```python
class block_factory:
    def __init__(self, company, color, shape):
        self.company = company                    # 초기화
        self.color = color
        self.shape = shape

    def make_pink(self):
        self.color = "PINK"

newblock = block_factory("Gole", "blue", "long")      # 객체 생성
print("블록 정보 출력")
print("제조 회사 :", newblock.company, "블록 컬러 :", newblock.color, "블록 모양 :",
newblock.shape)

newblock.make_pink()                                  # self.color 변경 함수 호출

print("블록 정보 재출력")
print("제조 회사 :", newblock.company, "블록 컬러 :", newblock.color, "블록 모양 :",
newblock.shape)
```

 화면

블록 정보 출력
제조 회사 : Gole 블록 컬러 : blue 블록 모양 : long
블록 정보 재출력
제조 회사 : Gole 블록 컬러 : PINK 블록 모양 : long

다른 색의 블록을 만드는 make_pink()를 실행하여 그 결과로 블록 컬러가 'PINK'로 바뀌었다. 이를 프로그래머처럼 이야기하면 make_pink() 메서드를 만든 후, 객체에서 make_pink() 메서드를 호출하여 실행한 것이다. 특별히 무언가를 하지 않고도 메서드를 호출함으로써 make_pink() 결과를 받을 수 있게 되었다.

Practice

블록 모양을 같게 만드는 메서드 make_short()을 만들어 호출해 보자.

계산기 만들기

　객체를 이용하여 간단한 기능을 하는 계산기를 만들어 보자. 이미 관련된 함수가 존재하지만 이를 무시하고 클래스를 이용하여 객체 형태로 연습해 보자.

> 클래스 이름 : Calculator
> 생성자(initializer) : 없음
> 메서드(method) : (plus(self, x, y), minus(self, x, y), multiply(self, x, y),
> 　　　　　　 divide(self, x, y)
> 객체 이름 : calc

❋ SOURCE

```python
class Calculator:
    def plus(self, x, y):
        return x+y
    def minus(self, x, y):
        return x-y
    def multiply(self, x, y):
        return x*y
    def divide(self, x, y):
        return x/y

calc=Calculator()
print(calc.plus(10, 5))
print(calc.minus(10, 5))
print(calc.multiply(10, 5))
print(calc.divide(10, 5))
```

🔘 화면

```
15
5
50
2.0
```

프로그램 만들기

라이브러리 Turtle과 tkinter로부터 객체 생성하기

두 마리 거북 생성하기

이전 장에서 터틀 라이브러리를 import하여 거북 프로그램을 구현하였다. 한 개의 거북을 불러서 그림을 그리고 이동하도록 한 것이다. 거북(커서)도 Turtle 클래스로부터 생성된 객체이다. 따라서 거북 커서를 하나가 아니라 두 개 이상 객체를 생성하여 사용할 수 있다. 이제 거북 커서 두 개의 객체를 움직여 각기 다르게 한 번 움직여 보자.

❈ SOURCE

```
from turtle import *
a = Turtle()        # import tutle의 경우 a=turtle.Turtle(), 거북 a 인스턴스 생성
b = Turtle()        # import tutle의 경우 b=turtle.Turtle(), 거북 b 인스턴스 생성
a.shape('circle')   # a 모양은 원 모양
b.shape('turtle')   # b 모양은 거북 모양
a.left(90)
a.forward(100)
b.backward(100)
```

창 두 개 생성하기

❈ SOURCE

```
from tkinter import *

a = Tk()
b = Tk()
a.title("1번 창")
b.title("2번 창")
```

07 클래스 상속하기

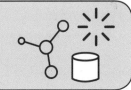

  객체지향 언어를 사용하다 보면 심심치 않게 듣는 단어가 바로 상속(inheritance)이다. 상속이라는 것은 부모의 것을 물려받는 것을 의미한다. 이 클래스의 상속도 마찬가지이다. 클래스가 하나 존재할 때, 이미 존재하는 클래스의 특징인 메서드를 그대로 이어받은 것을 의미한다. 우선 클래스 하나와 메서드 하나를 만들어 보자.

```
class Korea:
    def say(self):
        print("I'm from Korea")
```

  South Korea 클래스를 하나 더 만들어 korea 클래스로부터 메서드 say를 상속받도록 할 것이다. 클래스를 만들되, 부모 클래스의 이름을 괄호에 써 준다.

```
class korea:                    # 부모 클래스
    def say(self):
        print("I'm from Korea")

class South_korea(Korea):       # 자식 클래스: 부모로부터 상속받기
    pass
```

  메서드 say()가 제대로 상속되었는지 확인해 보자.

```
>>> a = Korea()
>>> b = South_korea()
>>> a.say()
I'm from Korea
>>> b.say()
I'm from Korea
```

Korea 클래스로부터 South_korea가 메서드를 상속받았고, say() 메서드를 그대로 쓸 수 있게 되었다. 이 경우에 Korea를 부모 클래스, South_korea를 자식 클래스라고 이야기한다.

Practice

Turtle의 클래스를 그대로 상속하는 클래스 TT를 만들고 이를 a 객체에 할당해 보자.

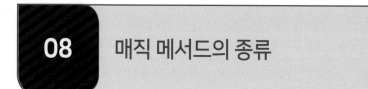

08   매직 메서드의 종류

매직 메서드(magic method)는 클래스를 다채롭게 사용할 수 있게 만들어 주는 마법 같은 방법이다. 처음에 배운 생성자(__init__) 역시 매직 메서드의 일종이다. 이 매직 메서드는 모두 언더바 두 개(__)를 이용하여 다른 것들과 겹치지 않게 정의되어 있다. 매직 메서드의 종류들과 하는 일을 알아보자.

먼저 __init__()처럼 객체가 시작되거나 종료될 때이다.

이름	설명
__init__(cls, ..)	인스턴스가 생성되면 처음 하는 동작 지정
__new__(self, ..)	인스턴스가 생성되면 처음 실행하는 동작 지정
__del__(self)	객체가 소멸할 때 동작 지정

객체를 표현하는 방법을 알아보자. 객체를 출력했을 때 나오는 문자를 지정할 수 있다.

이름	설명
__str__(self)	객체의 데이터를 문자열로 만들어서 반환, print(a)로 출력하면 해당 부분 호출(return)

객체의 속성과 관련된 부분을 알아보자. 데이터를 참조할 때 호출한다.

ㄴ

이름	설명
__getattribute__(self, name, ..)	객체의 속성(데이터)을 참조할 때 무조건 호출
__getattr__(self, name, ..)	참조 시, 속성이 존재하지 않을 때 호출
__setattr__(self, name, ..)	객체의 속성을 변경할 때 호출

다른 객체를 변경하는 데 사용하는 클래스에서 사용하는 것들이다.

이름	설명
__get__(self, instance, owner)	특정 객체의 값을 참조할 때 호출
__set__(self, instance, value)	특정 객체의 값을 변경할 때 호출

연산자들을 재정의하기 위해 사용하는 것들이다.

이름	설명
__neg__(self)	-a(객체)를 정의한다.
__gt__(self, other)	x>y를 정의한다.
__add__(self, other)	x+y를 정의한다.
__int__(self)	int(a)를 정의한다.

이런 매직 메서드의 종류는 수십 가지가 더 있다. 어떤 종류들이 있는지 알아 두면 나중에 찾아서 사용하기 용이할 것이다.

Practice

클래스를 이용하여 객체를 생성하고, 해당 객체를 print()하면 객체에 대한 값을 설명과 함께 출력해 보자.

2인용 터틀

터틀 그래픽을 이용하여 두 마리의 터틀을 움직일 수 있도록 해 보자. 두 터틀은 각각 색이 다른 거북 모양으로 만들어 보자. 이전에 함수 부분에서 만들었던 키 입력 이벤트를 참고하자.

> 터틀 1 : 초록색, 터틀 모양, 상하좌우 방향키로 움직이기
> 터틀 2 : 빨간색, 터틀 모양, w, s, a, d 키보드로 움직이기

turtle 라이브러리 안의 Turtle()이 거북을 생성합니다.

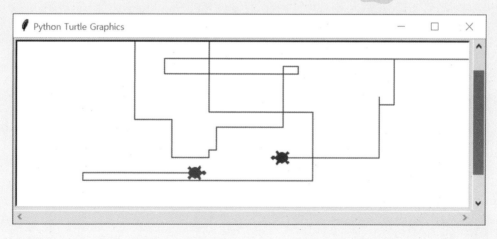

터틀의 onkeypress는 거북 객체가 아니라 터틀 화면 객체에서 처리하는 거예요.

❋ SOURCE

```python
import turtle
t1 = turtle.Turtle()
t2 = turtle.Turtle()

def t1up():
    t1.setheading(90)
    t1.forward(10)
def t1down():
    t1.setheading(270)
    t1.fd(10)
def t1left():
    t1.seth(180)
    t1.fd(10)
def t1right():
    t1.seth(0)
    t1.fd(10)
def t2up():
    t2.setheading(90)
    t2.forward(10)
def t2down():
    t2.setheading(270)
    t2.fd(10)
def t2left():
    t2.seth(180)
    t2.fd(10)
def t2right():
    t2.seth(0)
    t2.fd(10)

t1.shape("turtle")      # 거북 모양 바꾸기
t2.shape("turtle")
t1.color("green")
t2.color("red")
turtle.onkeypress(t1up, "Up")
turtle.onkeypress(t1down, "Down")
turtle.onkeypress(t1left, "Left")
turtle.onkeypress(t1right, "Right")
turtle.onkeypress(t2up, "w")
turtle.onkeypress(t2down, "s")
turtle.onkeypress(t2left, "a")
turtle.onkeypress(t2right, "d")


turtle.listen()
turtle.mainloop()
```

연봉 계산하기

객체와 클래스를 구성하는 것은 객체지향 프로그래밍의 스킬이기도 하지만, 그 자체로 머릿속의 생각이나 현재 세상을 컴퓨터로 옮겨 오는 추상화 작업이기도 하다. 아래의 조건에 맞는 클래스와 객체를 생성해 보자.

어느 회사에서 직급에 따라 연봉을 다르게 준다. 직급은 연차가 쌓이면 자동으로 승진하게 되는 구조이다. 고용된 사람들은 이름과 연차 정보를 가지고 있다. 최근 회사에서 경력직을 대상으로 채용을 하고 있고 경력을 100% 인정한다.

클래스는 이름과 연차를 입력한 객체를 만들면 이름과 연차를 먼저 출력한다.

메서드 1 : 연차를 이용하여 이름과 연봉을 출력한다.

메서드 2 : 학위 소지 시 연봉에 1200만 원을 더해 이름과 연봉을 출력한다.

연차 5년 이하 : 사원 - 3000만 원 + (연차 × 100만 원)

연차 10년 이하 : 대리 - 3500만 원 + (연차 × 110만 원)

연차 10년 이상 : 과장 - 4000만 원 + (연차 × 130만 원)

🔘 화면

```
>>> a = employ("파이썬", 7)
파이썬님의 연차는 7입니다.

>>> a.salary()
파이썬 님의 연봉은 4270만 원입니다.

>>> a.degree()
파이썬 님의 연봉은 학위 소지로 인하여 5270만 원입니다.

>>> a.money                    # __getattr__
잘못된 값입니다.

>>> a.name, a.salary_d
('파이썬', 5270)
```

```python
class Employ:
    def __init__(self, name, career):
        self.name = name
        self.career = career
        print(self.name+"님의 연차는", str(self.career)+"입니다.")

    def salary(self):
        if self.career <= 5:
            self.salary = (self.career * 100) + 3000
        elif self.career <= 10:
            self.salary = (self.career * 110) + 3500
        elif self.career > 10:
            self.salary = (self.career * 130) + 4000

        print("%s 님의 연봉은 %d만 원입니다."%(self.name, self.salary))

    def degree(self):
        self.salary_d = int(self.salary) + 1000
        print("%s 님의 연봉은 학위 소지로 인하여 %d만 원입니다."%(self.name,
self.salary_d))

    def __getattr__(self,anything):
        print("잘못된 값입니다.")
```

Tip 클래스 내의 함수

클래스 내의 함수 부분에서는 기본 인자, 키워드 인자 등 함수의 기본 기능을 모두 사용할 수 있다.

캐릭터의 싸움

한 클래스에서 두 개의 객체를 만들어 서로의 데이터값에 영향을 주는 코드를 작성
해 보자.

화면

```
>>> 나 = 캐릭터생성("전사", 100)
>>> 적 = 캐릭터생성("흑마법사", 100)
>>> 나.공격(적)
상대 흑마법사에게 10 피해를 입혔습니다.
전사 : 100   흑마법사 : 90

>>> 나.방어()
전사 은(는) 5 피해를 입었습니다.
전사 : 95
```

✽ SOURCE

```python
class 캐릭터생성:
    def __init__(self, job, hp):
        self.job = job
        self.hp = int(hp)
    def 공격(self, enemy):
        enemy.hp = enemy.hp - 10
        print("상대 %s에게 10 피해를 입혔습니다."%enemy.job)
        print("%s : %d   %s : %d"%(self.job, self.hp, enemy.job, enemy.hp))

    def 방어(self):
        self.hp = self.hp - 5
        print(self.job, "은(는) 5 피해를 입었습니다.")
        print("%s : %d"%(self.job, self.hp))
```

Chapter 13

객체와 클래스 프로젝트

객체와 클래스를 이용한 프로젝트로 재미있는 게임을 만들어 본다. 게임은 파이터틀 라이브 러리로 간단하게 제작한다. 프로젝트를 통해 파이썬의 문법 내용을 복습하면서 객체지향 프 로그래밍의 패러다임을 익힌다.

컴퓨팅 사고 문제 해결 방법을 설계를 통해 모델링하고 자동화로 시뮬레이션하라.

 Python

01 객체와 클래스를 이용한 프로젝트

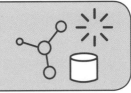

 이전 장에서 객체와 클래스를 이용하여 객체지향 프로그래밍의 기본을 체험하였다. 클래스를 이용하여 인스턴스를 생성하면 프로그램의 데이터와 절차를 마치 독립된 생물처럼 여러 개 동작하게 만들 수 있기 때문에 현재 프로그래밍에서는 매우 중요하다. 여러분이 경험하는 게임들 중에서 온라인 게임처럼 규모가 크고 우연적인 요소가 들어가는 경우에는 대부분 객체지향 프로그램으로 개발되었다고 보면 된다.

 이제 객체와 클래스의 개념을 이용하여 재미있는 게임을 만들어 보자. 게임은 파이터틀 라이브러리를 이용하여 간단하게 만들 예정이다. 파이터틀은 교육용으로 만든 라이브러리로 게임을 만들기에 적합한 라이브러리는 아니다. 하지만 사용 방법이 쉽고 우리가 이미 익숙하게 사용하고 있어 앞서 다루었던 파이썬의 문법적 내용을 복습하면서 객체지향 프로그래밍의 패러다임을 익히는 기회가 될 것이다. 어떤 게임인지 이해한 뒤 관련된 모듈들을 하나씩 구현하다 보면 어느새 직접 게임 프로그램을 만든 여러분을 보게 될 것이다.

 우리가 만들 게임은 주인공 거북이 적을 피해 돌아다니면서 보물을 찾는 게임이다. 단순히 생각하면 클래스를 쓰지 않고 기존의 터틀 라이브러리에서 터틀 객체만 생성하는 것으로도 가능하다. 하지만 우리는 여기에 게임의 난이도를 조정할 수 있도록 객체의 숫자를 지정할 수 있도록 만들 것이다. 이처럼 클래스로 게임을 만들면 쉽게 확장할 수 있다.

[게임 설명]

입력

1. 초록 거북(주인공)의 이동속도를 입력받는다.
2. 적 거북의 숫자를 입력받는다.
3. 적 거북의 이동속도를 입력받는다.
4. 보물(사각형)의 개수를 입력받는다.

처리

1. 초록 거북이 돌아다니면서 보물을 얻는다.
2. 초록 거북이 보물을 얻으면 10점씩 증가한다.
3. 적 거북은 무작위로 돌아다니면서 초록 거북을 위협한다.
4. 적 거북과 초록 거북이 충돌하면 10점씩 감소한다.

출력

1. 보물을 다 얻으면 화면에 Success라고 출력하고 종료한다.
2. 만약 점수가 0점보다 낮아지면 Failed라고 출력하고 종료한다.

〈실행 화면〉

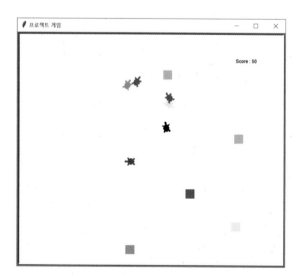

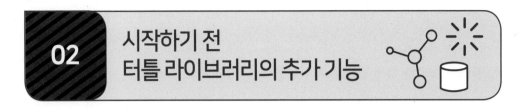

02 시작하기 전
터틀 라이브러리의 추가 기능

터틀 라이브러리 중 우리가 사용하지 않았던 몇 가지의 함수와 클래스에 대해 살펴보자. 인터넷을 찾아보거나 소스만 보아도 쉽게 이해되는 것들이지만, 직접 타이핑해 보면서 익혀야 하기에 간단한 내용들을 먼저 알아 두고 시작하자.

```python
import turtle

class tt(turtle.Turtle):               # 부모 클래스(상속)
    def __init__(self):                # 초기화
        turtle.Turtle.__init__(self)   # 부모 클래스의 초기화 가져오기
        self.penup()
        self.hideturtle()              # 터틀 모양 숨기기
        self.goto(0,0)
        self.write("Python Turtle", align="center")       # 글자 쓰기

    def location(self):
        h = self.heading()
        x = self.xcor()
        y = self.ycor()
        dis = self.distance(self)
        print("터틀의 현재 위치는")
        print("X 좌표 :", x, "Y 좌표 :", y, "방향 :", h)
        print("self와의 거리는", dis)

a = tt()
a.location()
turtle.mainloop()
```

소스를 자세히 보면 이해할 수 있을 것이다. 클래스 옆에 이름을 써 주면서 turtle.Turtle의 클래스를 그대로 이어받고, __init__()에 부모 클래스 turtle.Turtle.__init__()를 불러와 초기화 설정을 그대로 사용한다. 그래야 원래 Turtle()에 포함된 메서드들을 그대로 사용할 수 있다. 그리고 turtle.heading()은 현재 보고 있는 방향을 나타내고, turtle.xcor(), turtle.ycor()은 각각 현재 터틀의 위치를 나타내며, turtle.distance(a)는 인스턴스 a와의 거리를 나타낸다. 이를 실행하면 다음과 같이 인터프리터 셸에 텍스트가 나타난 뒤 터틀 화면창이 나타난다.

```
터틀의 현재 위치는
X 좌표 : 0 Y 좌표 : 0 방향 : 0.0
self와의 거리는 0.0
```

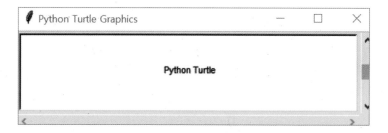

03 시작하기 전 반복하여 객체 생성하기

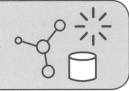

　하나의 클래스로 객체를 반복하여 생성하고자 할 때는 어떻게 해야 할까? 변수에 값을 대입하는 것처럼 클래스명을 인스턴스에 대입하여 여러 번 생성하면 된다. 심지어 같은 이름으로 생성해도 여러 개를 만들 수 있다. 하지만 이런 경우에는 문제가 있다. 만약 a라는 이름으로 10번을 생성하고 이를 컨트롤하려고 하면 이 10개의 객체 중 어떤 것이 자신이 제어해야 할 객체인지 몰라 원하는 코딩이 불가능하다. 이럴 때 가능한 방법이 리스트를 이용하는 것이다. 아래 예를 보자. 앞의 예를 조금 변형한 것이다.

```python
import turtle
import sys

class tt(turtle.Turtle):          # 부모 클래스(상속)
    def __init__(self):           # 초기화
        turtle.Turtle.__init__(self)  # 부모 클래스의 초기화 가져오기
        self.penup()
        self.goto(0, 0)
        self.showturtle()
        self.speed(1)             # 속도(1-Slow, 10,0-Fastest)

turtles = []                      # list()
for a in range(5):                # 5번 반복
    turtles.append(tt())          # turtles 리스트에 객체 넣기
    print(turtles)
for a in turtles:                 # 객체 순회 iterator
    a.fd(100)                     # 하나씩 100 전진

turtle.mainloop()
```

코드를 실행해 보면 다섯 개의 커서가 순서대로 화면 중앙에서 하나씩 100만큼 전진하는 모습을 볼 수 있을 것이다. 처음 for 문은 turtles라는 리스트에 tt()로 만든 객체를 5개 저장한다. 그리고 두 번째 for 문은 이 객체들을 순회하면서 앞으로 하나씩 보낸다. 같은 방식으로 turtles[2]처럼 그 객체를 지정하여 사용할 수 있다. 리스트를 출력하면 각 객체가 미묘하게 다른 이름들로 저장되어 있는 것을 확인할 수 있다.

```
>>> print(turtles)
[<__main__.tt object at 0x03097470>, <__main__.tt object at 0x0354C770>,
<__main__.tt object at 0x0354CD10>, <__main__.tt object at 0x0354CCB0>,
<__main__.tt object at 0x0354CDD0>]
```

객체를 여러 개 생성하는 방법은 반복문을 이용하여 리스트와 같은 반복형 자료에 값을 추가하는 것임을 알아 두자.

이제 거북 보물찾기 게임을 만들어 보자. 개발 순서는 다음과 같다.

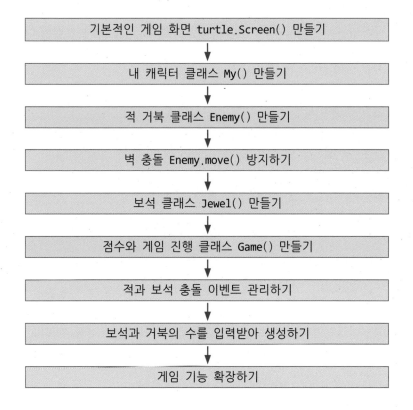

이 게임을 만드는 순서는 완벽히 알고리즘을 작성하고 코딩하는 것이 아닌 머릿속에서 떠오르는 게임을 구상하면서 만드는 방향으로 진행된다. 그리고 같은 결과일지라도 다른 방법들로 구성되기도 한다. 하나씩 따라가면서 나라면 어떻게 할지 생각해 보고, 나만의 코드를 만들어 가자.

05 기본적인 게임 화면 turtle.Screen() 만들기

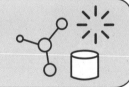

기본적인 화면을 만들어 보자. 터틀을 그냥 불러와서 앞으로 이동하게 하면 화면이 강제로 실행된다. 하지만 여기서는 터틀의 Screen()을 이용하도록 한다. 터틀의 움직임은 원래 느렸지만, 이 Screen()을 이용하여 화면을 빠르게 다시 찍으면 터틀이 매우 빠르게 움직일 수 있다.

```python
import turtle
s = turtle.Screen()
s.title("프로젝트 게임")
# 클래스 및 함수 들어갈 부분
s.tracer(0)              # 화면을 빠르게 업데이트
turtle.listen()
while True:               # 게임 메인 루프
    s.update()
```

s.tracer(0)는 스크린이 업데이트하는 시간을 정해 준다. 0이 가장 빠르다. 그리고 무한 반복 루프를 통해 스크린이 계속 업데이트되도록 만들어 준다. 이 메인 루프는 게임이 실행될 때 반복적으로 계속 해야 하는 작업들이며 while 문 안에 모두 들어갈 것이다. 코드를 실행하면 화면만 실행되고 아직 화면상에 큰 변화는 없을 것이다. 아무것도 움직이는 것이 없기 때문이다. 그럼 이제 나만의 캐릭터 클래스를 만들어 보자.

06 내 캐릭터 클래스 My() 만들기

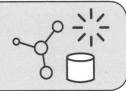

내 캐릭터, 즉 주인공 클래스를 만들어 볼 차례이다. 내 캐릭터는 하나만 사용할 것이기 때문에 클래스로 생성하지 않아도 되지만, 주인공 거북을 이용하여 적 거북을 만들 것이기 때문에 함께 만들어 보자. 앞에서 배운 것처럼 먼저 초기화를 한다. turtle. Turtle의 초기화 정보도 함께 가져오도록 한다.

- class My(내 터틀) : 펜 올리기, 거북 모양, 초록색
- method KeyEvents : 키보드 상하좌우 화살표

```python
# 내 터틀 클래스
class My(turtle.Turtle):
    def __init__(self, speed=1):
        turtle.Turtle.__init__(self)
        self.penup()
        self.shape("turtle")
        self.color("green")
        self.speed = speed
    def up(self):
        self.setheading(90)
    def down(self):
        self.setheading(270)
    def left(self):
        self.seth(180)
    def right(self):
        self.seth(0)
s = turtle.Screen()
s.title("프로젝트 게임")
my = My(0.1)
```

```
turtle.onkeypress(my.up, "Up")
turtle.onkeypress(my.down, "Down")
turtle.onkeypress(my.left, "Left")
turtle.onkeypress(my.right, "Right")
turtle.listen()
s.tracer(0)
```

터틀의 펜 상태, 모양, 색을 바꾸고 스피드를 정의하였다. 초기화 메서드 __init__에 거북의 초기 speed를 1로 정의하고 이를 만들었다. 그리고 키 이벤트를 이용하여 주인공 터틀이 움직일 수 있도록 해 준다. 터틀을 움직이는 건 나의 캐릭터뿐이므로 클래스 안에 메서드로 정의하였다. 이제 주인공 터틀이 움직일 수 있도록 한다. 움직임을 만드는 메서드 move()를 만들어 보자. 이 메서드는 self.speed만큼 앞으로 움직이도록 한다. 그리고 메인 루프 안에서 이 move()를 계속 불러들이도록 한다. 주인공 캐릭터 클래스 My() 내부에 move() 메서드를 만들어 보자.

```
# My 클래스 내부
    # 터틀 움직임
    def move(self):
        self.forward(self.speed)
```

그리고 이 거북이 계속 움직일 수 있도록 한다. 메인 루프 안에 이를 추가한다.

```
# 게임 메인 루프
while True:
    s.update()
    my.move()
```

그럼 앞의 터틀 전체 코드와 함께 실행해 보자. 터틀이 내 상하좌우 이동키에 의해 움직이는 것을 볼 수 있을 것이다. 메인 루프에 my.move()를 통해 정해진 speed만큼 계속 움직이게 되는 것이다.

 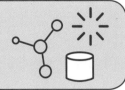

07 적 거북 클래스 Enemy() 만들기

주인공 클래스 My()를 만든 것을 이용하여 적 클래스도 만들어 보자. 코드를 복사하여 적 거북처럼 꾸며 보자.

> • 클래스 Enemy : 다양한 색을 가진 거북 모양, 첫 위치 랜덤으로 지정
> • 메서드 move : 정해진 속도만큼 앞으로 이동

```python
import random        # random 모듈 import

colors = ["beige", "yellow", "pink", "orange", "red", "black"]  # 적 거북 컬러 선택지
# 적 거북 클래스
class Enemy(turtle.Turtle):
    def __init__(self, speed=1):
        turtle.Turtle.__init__(self)
        self.penup()
        self.color(colors[random.randint(0,5)])    # 다양한 색
        self.shape("turtle")
        self.speed = speed
        self.goto(random.randint(-250, 250), random.randint(-250,250))

    def move(self):
        self.forward(self.speed)
```

적 거북 Enemy() 클래스를 앞서 만든 주인공 거북 My() 클래스와 비슷하게 만들었다. 또한 움직임 메서드도 똑같이 만들었다. 대신 적 거북은 주인공 거북과 다르게 컬

러를 다양하게 만들고, 처음 시작 위치를 랜덤으로 다양한 위치에 만들었다. 시작 위치가 화면을 벗어나면 이에 맞게 적당히 조정한다.

  적 거북이 일정하게 움직이면 게임이 예측 가능하고 재미없을 것이다. move() 메서드에 주인공 거북을 향해 가끔은 쫓아오도록 만들어 본다. 랜덤을 이용하여 1/1000 확률로 주인공을 보도록 하자. 하지만 무한 반복이기 때문에 1/1000의 확률도 엄청나게 자주 나타난다.

```python
# 적 거북 Enemy 클래스
    def move(self):    # move() 메서드
        self.forward(self.speed)
        if random.randint(1,1000) == 1:
            self.seth(self.towards(my))
enemy = Enemy(0.2)  # enemy 객체 생성
while True:
    enemy.move()    # 게임 메인 루프 부분에 enemy.move() 추가
```

  seth는 setheading으로 방향을 주인공 캐릭터 my를 보도록 하고, .towards()는 자신으로부터 상대가 어느 방향에 있는지 알아내는 것이다. 실행해 보면 적 거북이 주인공 거북을 향해 돌진하는 것을 확인할 수 있다.

08 벽 충돌 Enemy.move() 방지하기

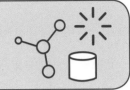

적 거북이 주인공 거북을 잘 따라온다는 것을 실행 결과 알 수 있다. 0.1% 확률에도 주인공의 위치를 잘 찾아온다. 그러나 문제점이 하나 있다. 경계선 없이 화면 밖으로도 막 움직인다는 것이다. 그건 주인공 캐릭터도 마찬가지이다. My 클래스와 Enemy 클래스의 move() 메서드에 둘 다 벽을 통과하지 않도록 경계선을 설정해 준다. 일단 Enemy의 경우 일정 선을 넘어가면, 즉 화면을 벗어나려 하면 방향을 반대로 보도록 유도한다. 터틀의 .xcor() .ycor()를 이용한다.

Enemy.move() : x 좌표가 250을 넘어가면 머리를 반대 방향으로 돌린다. 각 네 방향에 대하여 똑같이 적용한다.

```
# Enemy 클래스
    # move() 메서드
    def move(self):
        self.forward(self.speed)
        if self.xcor() > 250:
            self.setheading(180)
        elif self.xcor() < -250:
            self.seth(0)
        elif self.ycor() > 250:
            self.seth(270)
        elif self.ycor() < -250:
            self.seth(90)
        if random.randint(1,1000) == 1:
            self.seth(self.towards(my))
```

거북의 좌표를 알아내어 만약 일정 좌표를 넘어가면 머리 방향을 반대로 돌리도록 한다. 그럼 적 거북이 일정한 공간에서 움직이며 창의 밖으로 넘어가지 않게 된다.

주인공 캐릭터의 움직임에도 제한을 두도록 만들어 보자. 주인공 캐릭터 역시 경계에 부딪치면 반대로 가도록 구현할 수 있으나 그러면 예상치 못한 튕김으로 인해 게임을 제어하기 힘들 수 있다. 이런 경우 움직임에 제한된 경계에서 계속 그 방향으로 가려고 하면 스피드를 감소시키고, 다른 방향으로 가려고 할 경우 스피드를 다시 증가하도록 한다. 구현을 위해 주인공 캐릭터의 스피드를 없애는 메서드를 다시 만들 수도 있으나, 변수 하나를 더 추가하여 다른 곳에 잠시 변수를 저장했다가 가져오는 방법으로 쉽게 만들도록 하자.

```python
# My 터틀 클래스
class My(turtle.Turtle):
    def __init__(self, speed=1):
        turtle.Turtle.__init__(self)
        self.penup()
        self.shape("turtle")
        self.color("green")
        self.speed = speed
        self.speed2 = self.speed        # self.speed2에 속도 미리 저장

    # 터틀 움직임
    def move(self):
        self.forward(self.speed)
        # 좌표를 넘어가면서도 해당 방향을 계속 보고 있으면 속도 0, 다른 방향이면 회복
        if self.xcor() > 250 and self.heading()==0:
            self.speed = 0
        elif self.xcor() < -250 and self.heading()==180:
            self.speed = 0
```

```
    elif self.ycor() > 250 and self.heading()==90:
        self.speed = 0
    elif self.ycor() < -250 and self.heading()==270:
        self.speed = 0
    else:
        self.speed = self.speed2

# 터틀 키 이벤트 움직임
def up(self):
    self.setheading(90)
def down(self):
    self.setheading(270)
def left(self):
    self.seth(180)
def right(self):
    self.seth(0)
```

09 보석 클래스
Jewel() 만들기

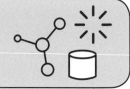

그냥 적 거북만 계속 피해서는 게임의 재미가 감소된다. 주인공 캐릭터가 뭔가 성취하고 게임을 승리할 수 있게 만들어 주자. 반짝이는 보석을 만들어 주인공 거북이 이를 획득할 수 있도록 해 볼 것이다. 거북 캐릭터와 마찬가지로 보석을 터틀 클래스로 만든다.

- class Jewel() : 네모난 보석이 화면에 생기도록 한다.
- method twinkle() : 여러 색을 이용하여 보석 색이 계속 바뀐다.
- method eat() : 거북이 매우 가까이 다가오면 보석이 화면 바깥으로 이동한다.

거북 모양 대신 네모난 모양으로 화면에 랜덤하게 흩뿌려 두고, 여러 가지 컬러를 계속 바꾸어 줌으로써 반짝거리게 할 것이다. 그냥 컬러를 지정해도 좋으나, 앞의 color 리스트를 이용하자.

마지막으로 메인 루프에 twinkle()을 추가해 계속 반짝이도록 해 보자.

```python
# 보석 클래스
class Jewel(turtle.Turtle):
    def __init__(self):
        turtle.Turtle.__init__(self)
        self.penup()
        self.color("red")
        self.shape("square")
        self.goto(random.randint(-250,250), random.randint(-250,250))
```

```
    # 보석 반짝이게 만들기
    def twinkle(self):
        self.color(colors[random.randint(0,5)])   # colors 리스트 이용


jewel = Jewel()

# 게임 메인 루프
while True:
    jewel.twinkle()
```

저 녀석이 보석을
가져갈 수 있을까?

10 점수, 게임 진행 클래스 Game() 만들기

이제 점수를 만들 차례이다. 점수 역시 터틀의 텍스트 기능을 이용하여 만들 것이다.

- class Game() : 터틀을 생성해 해당 위치로 가서 글을 쓸 준비를 한다.
- method scoring() : 점수를 오른쪽 상단에 기재한다. 만약 점수가 0보다 작아지면 모든 거북들이 멈추고 난 후 화면 중간에서 Failed를 출력한다. 만약 점수가 10점이 되면 화면 가운데 Success를 출력한다.
- method plus_score() : score 변수에 10점을 더 추가한다.

```python
# 점수를 만들고 게임 종료 조건을 설정하기 위해 만든 클래스
class Game(turtle.Turtle):
    def __init__(self):
        turtle.Turtle.__init__(self)
        self.penup()
        self.hideturtle()
        self.speed(0)
        self.color("black")
        self.goto(200,200)
        self.score = 0

    def scoring(self):              # 점수 기능, 게임이 끝났을 때에도 처리
        self.clear()
        if self.score == 10:
            self.goto(0,0)
            self.write("Success / Score : %d"%self.score, align="center")
            enemy.speed = 0
            my.speed = 0
```

```
        elif self.score < 0:
            self.goto(0,0)
            self.write("Failed", align="center")
            enemy.speed = 0
            my.speed = 0
        else:
            self.write("Score : %d"%self.score, align="left")


    def plus_score(self, point):    # 점수를 10점씩 더하는 메서드
        self.score = self.score + point


game = Game()                    # 객체 생성
while True:                      # 메인 루프에 스코어 기능 추가
    game.scoring()
```

난 녀석이 해낼 줄 알았어.

11 적 거북과 보석의 충돌
이벤트 관리하기

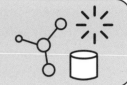

점수 기능을 만들었지만 사실 점수가 언제 증가하는지 또는 감소하는지에 대한 기능이 없다. turtle의 메서드 .distance(a)를 이용한다.

- 점수 상승 조건 : 보석에 닿으면 **10점**이 증가한다. 닿은 보석은 사라진다.
- 점수 하락 조건 : 적 거북에 닿으면 **10점**이 감소한다. 닿은 적 거북은 사라진다.

```python
# 보석 클래스 Jewel에 추가
    def eat(self):              # 보석이 거북에게 먹혔을 때
        if self.distance(my) < 15:
            self.goto(500,500)
            game.plus_score(10)
```

보석 내부에 메서드 eat()을 추가하여 보석과 거리가 매우 가까워졌을 때 보석을 멀리 보내 사라지게 만듦과 동시에 game.plus_score() 메서드를 이용하여 10점을 증가하게 하였다. 보석을 사라지게 만드는 것이 가장 좋지만, 직관적인 부분이 아니므로 쉬운 방법으로 보석을 화면 밖으로 보내 보이지 않는 방법을 사용하였다.

```
# 내 거북 클래스 My에 추가
    def collision(self):                    # 적 거북과 충돌 관리
        if self.distance(enemy) < 10:
            enemy.speed = 0
            enemy.goto(500,500)             # 화면 밖으로 이동하여 사라짐
            game.score = game.score - 10
```

적 거북과 충돌했을 때 적 거북 역시 멈추게 만들고 화면 밖으로 보내 보이지 않게 한다. game 클래스 내부의 plus_score() 메서드를 호출해도 좋고, 위처럼 변수에서 직접 빼도 좋다. 다른 클래스의 변수라도 차원이 같으면 지역변수 오류를 호출하지 않는다.

이제 메인 루프에 위 과정도 추가하자. 화면에서 계속적으로 감시하고 실시간으로 움직여야 하는 것은 전부 메인 루프에 들어간다.

```
# 게임 메인 루프
while True:
    my.collision()
    jewel.eat()
```

이제 실행해 보면 보석을 하나만 먹어도 Success가, 거북과 닿기만 해도 Failed가 되는 것을 볼 수 있다. 이제 거의 개발이 다 되었다.

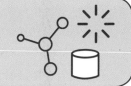

12 보석과 거북의 수를 입력받아 생성하기

우리가 클래스를 만든 이유는 여러 객체를 이용하기 위해서였다. 만약 이것들을 하나씩만 사용할 예정이었다면 클래스를 만들지 않고 함수만으로도 이것을 구성할 수 있었을 것이다. 그럼 이제 앞에서 배운 것처럼 보석과 적 객체를 여러 개로 만들 수 있도록 준비해 보자. 배포하는 게임이라면 바로 난이도가 정해져서 나가겠지만, 여기서는 난이도를 정하면서 시작해 보자. input으로 묻고 답할 예정이다.

```
# 사용자에게 스피드와 보물, 적의 수를 물어본 후 시작
myspeed = int(input("나의 스피드는 1~20 : "))
enemycount = int(input("적의 숫자는 : "))
enemyspeed = int(input("적의 스피드는 1~20 :"))
jewelcount = int(input("보물의 개수는 : "))
myspeed = myspeed / 10
enemyspeed = enemyspeed / 10
```

물론 이렇게 하면 위에서 My, Enemy 클래스에 기본 인자 1을 넣어 둔 것이 의미가 없다. int()는 빈 객체를 허용하지 않기 때문이다. 끊임없이 화면을 업데이트할 때 1이라는 숫자조차도 빠르게 움직이므로 거북의 스피드를 느리게 만들어 주었다. 이를 이용해서 객체를 반복해서 만들어 보자.

```
enemys = []
jewels = []
my = My(myspeed)
for enemy in range(enemycount):        # 객체를 반복적으로 생성하기
    enemys.append(Enemy(enemyspeed))
for jewel in range(jewelcount):
    jewels.append(Jewel())
game = Game()
```

객체를 생성하는 부분이 바뀌었다. 리스트를 만들어 리스트 안에 객체를 각각 넣어 주는 것이다. 이렇게 되면 바꾸어야 하는 부분이 많아진다. 하나씩 바꾸어 보자. 먼저 가까운 Jewel() 클래스에서 게임 완료 조건을 바꾸기 위해서 입력받은 jewelcount의 개수를 세도록 하자.

```
# 보석 Jewel 클래스
    def eat(self):                     # 보석이 거북에게 먹혔을 때
        global jewelcount              # 함수 밖에서 변수를 사용하기 위해
        if self.distance(my) < 15:
            self.goto(500,500)
            game.plus_score(10)
            jewelcount = jewelcount - 1
```

보석을 다 먹으면 게임이 끝나도록 하기 위하여 변수를 하나씩 빼 준다. 함수 안에서 외부에 있는 변수의 값을 바꾸어 주기 위해서는 global 변수로 선언해야 한다.

충돌 관리에서도 하나의 거북만 충돌하거나 한 개의 보석만 얻는 것이 아니므로 모든 객체에 대하여 감시를 해 주어야 한다. 이는 메서드 내부에서도 가능하고, 메인 루프에서도 가능하다. 만약 메서드 내부에서 한다면 다음처럼 될 것이다.

```
# My 터틀 클래스
    def collision(self):      # 적 거북과 충돌 관리
        for enemy in enemys:
            if self.distance(enemy) < 10:
                enemy.speed = 0
                enemy.goto(500,500)
                game.score = game.score - 10
```

위처럼 enemys 리스트에 들어 있는 모든 객체를 감시하는 것이다. 그래서 모든 객체가 부딪치는지 확인해야 한다. 반대로 메인 루프에서도 가능하다. 모든 적 거북의 move(), 모든 보석의 twinkle(), 모든 보석의 획득 eat()은 메인 루프에서 감시하자.

```
# 게임 메인 루프
while True:
    s.update()
    my.move()
    game.scoring()
    my.collision()
    for enemy in enemys:      # 객체를 전부 감시
        enemy.move()

    for jewel in jewels:
        jewel.twinkle()

    for jewel in jewels:
        jewel.eat()
```

마지막으로 게임이 끝나는 조건도 바꾸어 주자. 게임이 끝나는 조건은 보석이 모두 없어졌을 때로 바꾸어 준다. 또한 게임이 멈출 때 멈추는 거북을 모든 객체로 반복해야 한다.

```python
# 점수를 만들고 게임 종료 조건을 설정하기 위해 만든 클래스 Game
    def scoring(self):  # 점수 기능, 게임이 끝났을 때에도 처리
        self.clear()
        global jewelcount
        if jewelcount == 0:
            self.goto(0,0)
            self.write("Success / Score : %d"%self.score, align="center")
            for enemy in enemys:
                enemy.speed = 0
            my.speed = 0

        elif self.score < 0:
            self.goto(0,0)
            self.write("Failed", align="center")
            for enemy in enemys:
                enemy.speed = 0
            my.speed = 0
        else:
            self.write("Score : %d"%self.score, align="left")
```

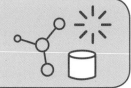

13 게임 기능 확장하기

거북의 속도와 보석의 개수, 적의 수와 속도 등으로 난이도 조절이 가능한 게임이 되었다. 이를 조금만 변형해도 기능과 난이도가 다른 여러 스테이지가 있는 형태의 게임도 만들 수 있다. 다른 모듈을 넣어서 어떤 것들이 가능한지 함께 살펴보자.

게임 종료 – 소스에 포함

```
sys 모듈
게임 종료 시 sys.exit(1)로 터틀 루프 종료
```

스크린 배경 그림 넣기

```
s = turtle.Screen()
s.bgpic("배경 그림 파일")
```

캐릭터, 적 거북, 보석 이미지 바꾸기

```
image = "이미지 파일"
s = turtle.Screen()
s.addshape(image)
turtle.shape(image)
```

효과음 넣기(따로 재생)

```
import os
os.system('file_path/파일 이름.mp3')
```

이외에도 여러 가지 확장을 위한 아이디어가 있을 것이다. 아이디어가 생각이 나면 인터넷에서 그 방법을 찾아보자. 그리고 그것을 적용하여 프로그램을 확장해 보자. 이 확장 프로젝트를 통해 진정한 파이써니스타가 될 것이다.

14 전체 소스 살펴보기

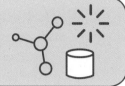

✽ SOURCE

```
import turtle
import random
import sys

# 점수를 만들고 게임 종료 조건을 설정하기 위해 만든 클래스 Game
class Game(turtle.Turtle):
    def __init__(self):
        turtle.Turtle.__init__(self)
        self.penup()
        self.hideturtle()
        self.speed(0)
        self.color("black")
        self.goto(200,200)
        self.score = 0

    # 점수 메서드, 게임이 끝났을 때에도 처리
    def scoring(self):
        self.clear()
        global jewelcount
        if jewelcount == 0:
            self.goto(0,0)
            self.write("Success / Score : %d"%self.score, align="center")
            for enemy in enemys:
                enemy.speed = 0
            my.speed = 0
```

```
            sys.exit(1)
        elif self.score < 0:
            self.goto(0,0)
            self.write("Failed", align="center")
            for enemy in enemys:
                enemy.speed = 0
            my.speed = 0
            sys.exit(1)
        else:
            self.write("Score : %d"%self.score, align="left")
    def plus_score(self, point):   # 점수 +10 메서드
        self.score = self.score + point
        self.scoring()


# 내 터틀 클래스 My
class My(turtle.Turtle):
    def __init__(self, speed=1):
        turtle.Turtle.__init__(self)
        self.penup()
        self.shape("turtle")
        self.color("green")
        self.speed = speed
        self.speed2 = self.speed


    # 터틀 움직임
    def move(self):
        self.forward(self.speed)
        if self.xcor() > 250 and self.heading()==0:
            self.speed = 0
        elif self.xcor() < -250 and self.heading()==180:
            self.speed = 0
        elif self.ycor() > 250 and self.heading()==90:
            self.speed = 0
```

```
            elif self.ycor() < -250 and self.heading()==270:
                self.speed = 0
            else:
                self.speed = self.speed2


    # 적 거북과 충돌 관리
    def collision(self):
        for enemy in enemys:
            if self.distance(enemy) < 10:
                enemy.speed = 0
                enemy.goto(500,500)
                game.score = game.score - 10


    def up(self):
        self.setheading(90)
    def down(self):
        self.setheading(270)
    def left(self):
        self.seth(180)
    def right(self):
        self.seth(0)


# 적 거북 클래스 Enemy
class Enemy(turtle.Turtle):
    def __init__(self, speed=1):
        turtle.Turtle.__init__(self)
        self.penup()
        self.color(colors[random.randint(0,5)])
        self.shape("turtle")
        self.speed = speed
        self.goto(random.randint(-250,250), random.randint(-250,250))
```

```python
    # 적 거북의 움직임
    def move(self):
        self.forward(self.speed)
        if self.xcor() > 250:
            self.setheading(180)
        elif self.xcor() < -250:
            self.seth(0)
        elif self.ycor() > 250:
            self.seth(270)
        elif self.ycor() < -250:
            self.seth(90)

        if random.randint(1,1000) == 1:
            self.seth(self.towards(my))

# 보석, 거북 색 구현 위한 리스트
colors = ["beige", "yellow", "pink", "orange", "red", "black"]

# 보석 클래스 Jewel
class Jewel(turtle.Turtle):
    def __init__(self):
        turtle.Turtle.__init__(self)
        self.penup()
        self.color("red")
        self.shape("square")
        self.goto(random.randint(-250,250), random.randint(-250,250))

    # 보석 반짝이게 만들기
    def twinkle(self):
        self.color(colors[random.randint(0,5)])
```

```
        # 보석이 거북에게 먹혔을 때
        def eat(self):
            global jewelcount
            if self.distance(my) < 15:
                self.goto(500,500)
                game.plus_score(10)
                jewelcount = jewelcount - 1


# 사용자에게 난이도를 물어본 후 시작
myspeed = int(input("나의 스피드는 1~20 : "))
enemycount = int(input("적의 숫자는 : "))
enemyspeed = int(input("적의 스피드는 1~20 :"))
jewelcount = int(input("보물의 개수는 : "))
myspeed = myspeed / 10
enemyspeed = enemyspeed / 10


s = turtle.Screen()
s.title("프로젝트 게임")

 # 객체 생성
enemys = []
jewels = []
my = My(myspeed)
for enemy in range(enemycount):        # 객체 반복 생성
    enemys.append(Enemy(enemyspeed))
for jewel in range(jewelcount):
    jewels.append(Jewel())


turtle.onkeypress(my.up, "Up")
turtle.onkeypress(my.down, "Down")
turtle.onkeypress(my.left, "Left")
turtle.onkeypress(my.right, "Right")
```

```
game = Game()

turtle.listen()
s.tracer(0)

# 게임 메인 루프
while True:
    s.update()
    my.move()
    game.scoring()
    my.collision()
    for enemy in enemys:    # 객체를 전부 감시
        enemy.move()

    for jewel in jewels:
        jewel.twinkle()

    for jewel in jewels:
        jewel.eat()
```

이미지 편집 라이브러리

여기에서는 이미지 편집 라이브러리인 Pillow
에 대해 배운다. Pillow는 매우 인기 있는 라이
브러리로 tkinter와도 좋은 호환성을 보이고 있
어 파이썬으로 이미지 관련 코딩을 할 때 매우
많이 쓰인다. Pillow는 여러 이미지 파일 포맷을
지원하고, 이미지 내부 데이터를 엑세스할 수 있
으며, 다양한 이미지 처리 기능을 제공한다.

컴퓨팅 사고 문제 해결을 위해 컴퓨터 과학자처럼 생각하고 프로그래머처럼 생각하라.

 Python

01 이미지 편집 라이브러리 Pillow

　이번 장에서는 간편한 이미지 처리를 할 수 있는 Pillow를 배운다. Pillow는 파이썬 안에 내장되어 있는 라이브러리가 아니라 따로 설치해야 하는 라이브러리이다. 지금까지 배운 파이썬의 문법들은 우리가 쓰는 한글의 글자를 조합하여 문장을 만드는 역할을 한다. 글을 쓰기 위해서는 기본적으로 글자의 구성을 알아야 하듯이 파이썬의 기본 문법을 알아야 프로그래밍을 할 수 있다. 이제 문장 자체가 아니라 문장을 이용한 문학의 다양한 분야 중 한 분야를 새롭게 시작하려 한다. Pillow 라이브러리는 매우 인기 있는 라이브러리로, 파이썬으로 이미지 관련 코딩을 할 때 많이 사용되는 라이브러리이다. Pillow는 우리가 배웠던 tkinter와도 좋은 호환성을 보이고 있고, 무엇보다 어렵지 않아 쉽게 배울 수 있다. 이제 하나하나 익혀 가며 실험해 보자.

새 라이브러리 설치하기

　라이브러리를 설치하기 전, 외부의 라이브러리를 설치할 수 있는 pip를 먼저 설치해야 한다. pip는 이미 파이썬을 설치할 때 함께 설치되었다. 만약 파이썬을 처음 설치할 때 옵션에 'Add python 3.8 to PATH'에 체크했다면 이를 아무데서나 실행할 수 있다.

　파이썬을 설치할 때 아무런 옵션 변경 없이 설치했다면, 새로운 라이브러리를 설치하는 일은 매우 쉽다. pip를 이용하면 다운로드부터 설치까지 한 번에 실행할 수 있다. [시작]에서 [명령 프롬프트]를 찾아서 실행하자. [pip install pillow]라고 입력하고 엔터를 누른다. 파이썬을 처음 설치할 때 pip라는 명령어를 컴퓨터에 넣어 두었기 때문에, 아무데서나 실행해도 이것이 가능하다. 만약 처음에 제대로 설치가 안 되었을 경우 pip 명령어가 제대로 들지 않을 수 있다. 이럴 때는 파이썬 설치 폴더 내의 scripts 폴더로 이동해서 pip 명령어를 실행해보도록 한다.

> pip install 라이브러리명

만약 위와 같은 메시지가 아니라 pip 버전을 업그레이드하라는 메시지가 나올 수 있다. 그러한 경우에는 명령 프롬프트에서 pip를 업그레이드하고 난 후 다시 실행해야 한다.

```
> python -m pip install --upgrade pip
```

만약 업그레이드와 같은 명령어가 아니라 pip 명령을 찾을 수 없다는 메시지가 뜨면 윈도우-10 기준으로 [제어판] - [시스템 및 보안] - [시스템]에서 왼쪽 [고급 시스템 설정] - [고급] 탭 - [환경 변수]에서 변수 Path를 더블클릭한 후 [새로 만들기]를 통해 [..\파이썬설치폴더\Scripts\] 폴더를 지정해야 한다.

파이썬 설치 폴더를 찾으려면 찾기를 이용하거나, 파이썬에서 sys 모듈을 임포트한 뒤 sys.excutable을 하면 된다. 그리고 이후에 pip 명령을 통해 설치하면 된다.

만약 위의 경우가 모두 안 될 때에는 패키지와 모듈을 사용하기 위해서 해당 파일을 인터넷에서 직접 다운로드해야 한다. 그냥 찾아도 쉽게 찾을 수 있지만, 더 쉽게 찾기 위해 파이썬에서는 이런 라이브러리들을 한꺼번에 모아 관리를 하고 있다. https://pypi.org/가 그곳이다. 해당 사이트에 접속하여 pillow를 찾는다.

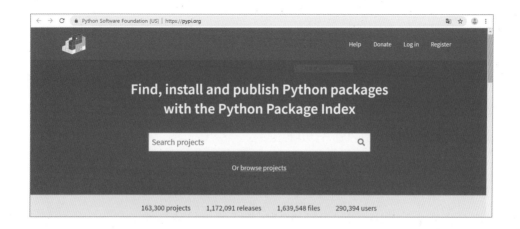

검색 결과 중 가장 위의 것을 설치하면 된다. 관련성 기준으로 자동 정렬되기 때문에 대부분의 경우 맨 위에 가장 대표적이고 큰 조각이 나온다. 책 출판 기준으로 Pillow 7.0.0 버전이 가장 최신이다. 클릭하여 들어가면 해당 라이브러리에 대한 설명이 나온다. 왼쪽 메뉴 중 [Download files]를 들어가면 된다. 그럼 매우 많은 파일들이 나온다.

그중에서 자신에게 맞는 것을 골라야 한다. 책과 함께 설치한 보통의 사용자는 Pillow-7.0.0-cp38-cp38-win_amd64.whl (2.0 MB)를 골라서 설치하면 된다. cp38은 파이썬의 버전이고, 그 뒤의 win은 운영체제이다. 독자들은 보통 linux나 mac보다 윈도우를 사용하고 있을 테니 이를 고르면 된다. 만약 자신이 오래된 32비트 컴퓨터를 사용하고 있거나 처음 설치할 때 32비트로 설치했다면(셸 모드에서 확인 가능)

win32 버전을 다운로드하면 된다. 해당 파일을 클릭하면 파일이 다운로드될 것이다.

hugovk	Pillow-7.0.0-cp38-cp38-manylinux1_x86_64.whl (2.1 MB)	Wheel	cp38	Jan 2, 2020	View
radarhere	Pillow-7.0.0-cp38-cp38-win32.whl (1.8 MB)	Wheel	cp38	Jan 2, 2020	View
wiredfool	Pillow-7.0.0-cp38-cp38-win_amd64.whl (2.0 MB)	Wheel	cp38	Jan 2, 2020	View
	Pillow-7.0.0-pp373-pypy36_pp73-win32.whl (1.7 MB)	Wheel	pp373	Jan 2, 2020	View
Classifiers	Pillow-7.0.0.tar.gz (38.2 MB)	Source	None	Jan 2, 2020	View
Development Status					
◦ 6 - Mature					

그리고 다운로드한 이 외부 라이브러리 파일을 [..\파이썬설치폴더\Script\]에 저장한 후, 명령 프롬프트에서 해당 폴더로 cd 명령어를 통해 접속하여 [pip3 install 파일명]을 실행해도 똑같이 설치할 수 있다.

실습에 사용될 이미지 하나를 인터넷에서 다운로드하자. 이미지 처리를 위한 것이기 때문에 예제로 사용할 이미지를 받아 온다. 이름도 간단하게 저장하자. 그리고 파이썬 설치 폴더나 자신의 파이썬 예제 실습 폴더 안에 넣어 둔다.

사용할 이미지

02   Pillow 시작하기

예전 파이썬에서는 PIL이라는 이미지 라이브러리를 이용하여 이미지 처리를 하였다. 그러나 PIL은 10년 전쯤 업데이트를 중단하였고, 이 명맥을 유지하기 위해 나온 것이 바로 Pillow이다. Pillow는 이를 계승하여 PIL보다 사용하기 쉬우면서도 PIL과 완벽하게 호환되도록 만들었다. 따라서 Pillow는 PIL이라는 이름으로 임포트하여 사용한다. 그리고 우리는 주로 PIL 안의 Image 클래스를 이용하여 작업할 것이다.

```
>>> from PIL import Image
```

https://pillow.readthedocs.io에 접속하면 Pillow에 대한 매뉴얼 문서가 제공된다.

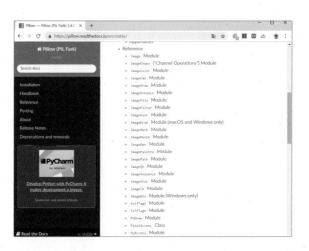

Pillow의 레퍼런스를 보면 사용하는 모듈들의 목록을 볼 수 있다. from PIL import Image의 의미는 PIL은 Pillow 라이브러리 안에 있는 모듈들 중에 Image 처리 기능을 불러서 사용한다는 의미이다.

이제 Pillow의 Image 모듈을 이용하여 불러온 그림 파일을 객체에 넣어 저장한다.

```
>>> img = Image.open('baby.jpg')        # 대소문자를 꼭 구분한다.
```

그런 후 이미지의 여러 정보를 알아보자. 먼저 이미지의 크기와 포맷 정보(jpeg, png, bmp, gif 등)를 알아본다. 이미지의 종류에 따라 다른 값이 나올 것이다.

```
>>> print(img.size)
(1280, 853)
>>> print(img.format)
JPEG
```

이제 이미지를 볼 수 있게 출력하자. 윈도우 창에서 열게 된다.

```
>>> img.show()
```

이미지 파일 이름을 자세히 보면 'tmpvoibiyth.BMP'처럼 우리가 아는 그 파일 이름이 아니라 다른 파일임을 알 수 있다. img 변수에 넣어 둔 객체가 임시 이미지 파일을 임의로 생성하여 이를 실행한 것임을 알 수 있다.

 03 이미지 잘라내기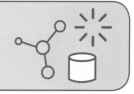

이제 이미지를 편집할 차례이다. 이미지를 원하는 만큼 잘라내고, 이를 다른 파일로 저장해 보자. 이미지를 잘라내기 위해서는 왼쪽 위의 좌표와 오른쪽 아래의 좌표가 필요하다. 크기를 미리 확인하여 크기를 넘지 않도록 한다.

```
>>> from PIL import Image
>>> img = Image.open('baby.jpg')
>>> print(img.size)
(1280, 853)
```

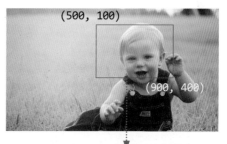

img.crop(좌표)을 입력하면 이미지를 잘라내게 된다. 좌표를 입력해 잘라낸다.

```
>>> xy = (500, 100, 900, 400)
>>> crop_img = img.crop(xy)
>>> crop_img.show()
```

이제 잘라낸 사진을 파일로 저장해 보자. 저장은 .save(파일 이름)으로 한다.

```
>>> crop_img.save('crop_baby.jpg')
```

파이썬 설치 폴더에 들어가면 crop_baby.jpg로 저장된 것을 볼 수 있을 것이다.

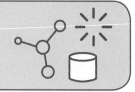

04 이미지 병합하기

 이제 두 개의 이미지를 병합해 보자. 이미지 병합은 두 개 이상의 이미지를 병합하는 것이다. 병합하는 방법에는 여러 가지가 있지만 가장 간단한 방법을 알아보자. 먼저 병합 대상이 되는 크기를 알아야 한다.

```
>>> from PIL import Image
>>> img = Image.open('baby.jpg')          # 기존 사진
>>> crop_img = Image.open('crop_baby.jpg')   # 병합할 사진
>>> print(crop_img.size)
(400, 300)
```

 크기가 (400, 300)인 것을 알았으니 이 크기에 맞게 들어갈 곳을 지정해 주어야 한다. 여기서는 왼쪽 상단에 위치하도록 만들어 본다. 마찬가지로 왼쪽 위 좌표와 오른쪽 아래 좌표를 지정해 준 뒤 .paste(병합할 사진, 크기)를 이용하여 붙인다.

```
>>> xy = (0, 0, 400, 300)
>>> img.paste(crop_img, xy)
```

 이제 이미지를 확인하고 저장해 보자.

```
>>> img.save('paste_img.jpg')
>>> img.show()
```

Practice

1. 같은 사진을 다른 위치에 붙여 보자.

2. 인터넷에서 다른 이미지를 다운로드하여 baby 사진과 병합해 보자.

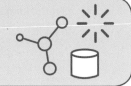

05 이미지 회전, 리사이즈, 뒤집기

지금까지 볼 수 있듯 이러한 작업들은 간단한 명령어만으로도 이미지가 바뀌는 것을 볼 수 있다. Image 클래스가 여러 메서드를 정의해 두었기 때문에 우리는 쉽게 이를 해 낼 수 있다. 그럼 이미지를 회전하고, 크기를 바꾸고, 뒤집는 것을 함께 해 보자. 먼저 이미지를 회전시킨다. 회전은 .rotate(각도)를 이용한다. 이를 실행하면 회전한 그림을 볼 수 있다.

```
from PIL import Image
img = Image.open('baby.jpg')
img_r = img.rotate(90)              # img_r에 90도 회전한 것을 할당
img_r.show()
```

이제 크기를 조정해 보자. 현재 그림 크기는 (1280, 850)이지만 이를 정사각형으로 바꾸어 본다. 그림은 찌그러져 이상하지만 편집의 효과는 매우 확연히 드러날 것이다.

```
from PIL import Image
img = Image.open('baby.jpg')
img_s = img.resize((500, 500))    # 크기를 (x, y) 형태로 지정
img_s.show()
```

마지막으로 사진을 뒤집어 보자. 좌우 또는 상하로 반전시켜 대칭의 모양을 만들 수 있다. 좌우 반전은 .transpose(Image.FLIP_LEFT_RIGHT)를 이용하고 상하 반전은 .transpose(Image.FLIP_TOP_BOTTOM)을 이용한다.

```
from PIL import Image
img = Image.open('baby.jpg')
img_opp = img.transpose(Image.FLIP_LEFT_RIGHT)  # 좌우 반전 FLIP_LEFT_RIGHT
img_opp.show()
```

.rotate(90)

.resize((500,500))

.transpose(Image.FLIP_LEFT_RIGHT)

06 RGB 처리하기

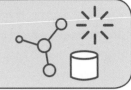

RGB는 빛의 삼원색을 이용하여 색을 표현하는 방식이다. R(Red), G(Green), B(Blue)를 이용하여 색을 혼합할수록 밝아진다. TV나 컴퓨터 같은 디지털 기기들은 거의 대부분 RGB로 색을 표현한다. 하나의 작은 점(픽셀)은 사실 3개로 나누어져 있어 3가지의 색이 각각 하나씩 빛을 발하고, 우리 눈에는 이것이 합쳐져서 하나의 색이 되는 것이다. 물론 지금은 좀 더 자세하고 미세한 구조로 나오지만 어디까지나 RGB의 패러다임은 유지하고 있다. 각 색의 정도에 따라 0~255의 값을 가지고, 3가지 색을 합하면 $256 \times 256 \times 256 = 16777216$가지의 색을 표현할 수 있다.

Tip CMYK

CMYK는 Cyan Magenta Yellow and (Black)Key의 약자로 감산 혼합이라고 한다. 명도를 낮아지게 하는 혼합으로 마젠타, 사이언, 옐로, 블랙을 원색으로 하여 컬러 프린터나 인쇄기에서 인쇄할 때 사용한다.

이제 RGB를 실제로 체험해 보자. RGB 모드를 확인하기 위해서 .mode를 이용한다. 그리고 split()을 이용하여 색상값을 각각 R, G, B로 나누어 r, g, b 변수에 담은 후 하나씩 확인해 보자.

```
>>> from PIL import Image
>>> img = Image.open('baby.jpg')
>>> print(img.mode)
RGB
>>> r, g, b = img.split()    # R, G, B로 색상값을 split(), 즉 잘라낸다.
>>> r.show()
>>> g.show()
>>> b.show()
```

| R | G | B |

그냥 보면 진한 정도 말고는 같은 흑백사진으로 큰 차이가 없어 보인다. 하지만 RGB 순서를 바꾸어 보면 기존 사진과 다른 색들이 나타난다. 값이 서로 뒤바뀌었기 때문이다. 이 세 가지 r, g, b를 원래대로 합친 것과 순서를 바꿔서 합친 것을 직접 비교해 보자. 그림 전체를 합칠 때는 merge(모드, 순서)를 이용한다.

```
>>> RGB_img = Image.merge("RGB", (r,g,b))      # RGB 모드 r, g, b로 merge
>>> RGB_img.show()
>>> BRG_img = Image.merge("RGB", (b,r,g))      # RGB 모드 b, r, g로 merge
>>> BRG_img.show()
```

Image.merge("RGB", (r,g,b))   Image.merge("RGB", (b,r,g))

이와 같은 효과를 이용하면 사진에 여러 가지 필터를 씌운 듯한 효과를 만들 수 있고, 이를 좀 더 개선하면 각 RGB 값을 변경하여 색을 자유롭게 변형할 수도 있다.

Practice

1. 두 개의 사진을 RGB로 분리하여 다르게 조합한 후, 두 사진을 합쳐 보자.
2. https://stackoverflow.com/을 참고하여 그림의 색을 다양한 필터 효과가 나타나게 변형해 보자.

07 이미지에 필터 씌우기

필터는 이미지를 구성하는 픽셀을 규칙적으로 재배치하여 새로운 형태의 이미지를 나타낸다. 필터 효과는 PIL 내의 ImageFilter 클래스를 이용한다. 먼저 임포트하고 시작하자.

```
>>> from PIL import Image          # 이미지 정보와 편집을 위한 모듈 불러오기
>>> from PIL import ImageFilter    # 이미지 필터 처리 모듈 불러오기
>>> img = Image.open('baby.jpg')
```

필터는 대략 10가지의 종류가 있는데, 다음과 같다.

BLUR	CONTOUR	DETAIL	SMOOTH	EDGE_ENHANCE
EMBOSS	FIND_EDGES	SHARPEN	SMOOTH_MORE	EDGE_ENHANCE_MORE

대부분 들어 본 단어일 것이다. 완벽하게 아는 것이 아니더라도 글자 뜻 그대로이므로 필터 효과를 쉽게 유추해 볼 수 있다. 여기서는 효과가 명확히 드러나는 필터(BLUR, EMBOSS, CONTOUR)만 사용해 본다. 여러분의 컴퓨터로 실습하면 다른 것들의 효과도 확연하게 볼 수 있다. 필터를 적용하는 방법은 .filter(ImageFilter.필터명)이다.

```
>>> img1 = img.filter(ImageFilter.BLUR)
>>> img2 = img.filter(ImageFilter.EMBOSS)
>>> img3 = img.filter(ImageFilter.CONTOUR)


>>> img1.show()
>>> img2.show()
>>> img3.show()
```

BLUR EMBOSS CONTOUR

08 tkinter에 이미지 띄우기

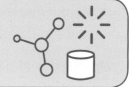

우리는 앞서 tkinter 라이브러리를 사용하였다. GUI를 구현하기 위하여 이용하였던 라이브러리이다. Pillow는 tkinter를 이용할 수 있도록 클래스를 지원하고 있다. 이를 이용하여 이미지를 tkinter의 윈도우 창에 직접 띄워 보자. PIL의 ImageTk를 이용한다.

```
>>> from PIL import Image, ImageTk
>>> import tkinter
```

이전에는 tkinter의 모든 모듈을 사용하기 위해 [from tkinter import *]처럼 이용했으나, 클래스를 전부 임포트하면 겹치는 클래스 이름 때문에 오류가 발생하여 라이브러리별로 클래스를 따로 분리해서 써 주어야 한다.

이제 윈도우 창도 열고, 이미지도 열어 보자. 지난번 tkinter 때는 배우지 않았던 것 중 Canvas라는 것이 있다. 버튼, 엔트리와 같은 위젯 중 하나로 위에 다각형이나 원 같은 것들을 쉽게 그릴 수 있는 말 그대로의 캔버스이다.

```
>>> root = tkinter.Tk()
>>> canvas = tkinter.Canvas(root, width=1200, height=867)
>>> canvas.pack()
>>> img = Image.open('baby.jpg')
```

이제 이미지를 tkinter에서 사용할 수 있도록 만들어 주어야 한다. 기존의 Image 형식에서 tkinter에서 사용할 수 있는 형식으로 바꾸어 주는 것이라고 생각하면 된다.

```
>>> img_tk = ImageTk.PhotoImage(img)
```

그럼 변환한 이미지를 캔버스에 띄워 보자. 캔버스에 그릴 때는 캔버스명.create_image(위치(x,y), image=[ ])를 이용한다.

```
>>> canvas.create_image(600, 430, image=img_tk)
```

결과를 확인해 보자. 크기와 위치가 맞으면 사진이 알맞게 tkinter의 윈도우 창 안에 배치되어 있을 것이다.

✱SOURCE

```
from PIL import Image, ImageTk
import tkinter
>>> root = tkinter.Tk()
canvas = tkinter.Canvas(root, width=1200, height=867) # 캔버스 지정
canvas.pack()                                         # 캔버스 생성
img = Image.open('baby.jpg')
img_tk = ImageTk.PhotoImage(img)             # 이미지 tkinter 형식으로
canvas.create_image(600, 430, image=img_tk)  # 캔버스에 이미지 생성
```

Tip 🍵 도형 그리기

캔버스에는 수학에서 사용하는 다양한 도형을 그릴 수 있다.

예) cv = Canvas(root, width=300, height=300)

    line = cv.create_line(10, 10, 20, 20, 20, 130, 30, 140, fill='pink')

    arc = cv.create_arc(100, 100, 300, 300, start=0, extent=150, fill='black')

    oval = cv.create_oval(100, 200, 150, 250, width=3)

    square = cv.create_rectangle(50, 50, 100, 100, fill='red', outline = 'blue')

    polygon = cv.create_polygon(50, 50, 170, 170, 100, 170, outline='red')

 Practice

사진을 자른 후 일부를 tkinter의 창에 나타내 보자.

09 RGB picker 만들기

라이브러리의 확장성을 체험하는 의미에서 RGB picker를 만들어 보자. 보통 인간이 일반적인 색을 세밀하게 구분할 수 있으나 이를 똑같은 색으로 선택하는 것은 어렵다. 인간의 눈은 천만 개 이상의 색을 구분한다고 한다. 하지만 같은 색을 구분해 내는 것은 쉽지 않다. 이럴 때 사용하는 것이 RGB 채집기이다. 이미지의 일정 부분을 클릭하면 그 부분의 RGB 값을 출력하는 프로그램을 만들어 보자.

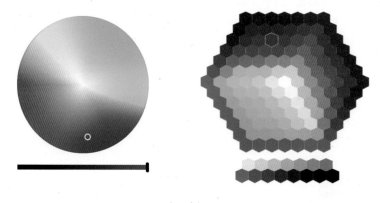

color picker

먼저 tkinter를 실행하여 마우스를 클릭할 때 마우스의 그 좌표를 얻을 수 있도록 해야 한다. 잠깐 언급했던 바인딩을 이용하여 클릭했을 때 매개변수로 event를 받아 event.x와 event.y를 알아낼 수 있도록 하자.

```
import tkinter

root = tkinter.Tk()
cv = tkinter.Canvas(root, width=500, height=300)
def click(event):                        # 클릭 이벤트
    print("클릭 위치 :", event.x, event.y) # event.x는 클릭 이벤트 시의 x 좌표

cv.bind("<Button-1>", click)             # <Button-1>은 마우스 왼쪽 클릭
cv.pack()

root.mainloop()
```

이제 tk 창의 캔버스 부분을 클릭하면 인터프리터 셀에 클릭 위치가 표시될 것이다.

```
클릭 위치 : 235 129
클릭 위치 : 232 128
클릭 위치 : 74 122
클릭 위치 : 297 129
         ...
```

이제 이 부분에 그림을 불러와야 한다. 그림을 tkinter 캔버스에 표시할 수 있도록 하자.

```
from PIL import Image, ImageTk

img = Image.open('baby.jpg')
img_tk = ImageTk.PhotoImage(img)
cv.create_image(250,250, image=img_tk)
```

이제 그림이 tk 창에 띄워진 상태로 클릭했을 때 클릭 위치가 확인될 것이다. 픽셀
위치의 RGB 값을 얻어 보자. .getpixel((x,y))를 이용하면 해당 픽셀 부분의 RGB 값을

알 수 있다. 클릭했을 때 호출하는 콜백 함수에서 이를 처리하자.

```
r, g, b = img.getpixel((event.x, event.y))    # 해당 좌표의 pixel 값 구하기
print("R:%d  G:%d  B:%d"%(r,g,b))
```

Tip 콜백 함수

콜백(callback) 함수는 함수의 호출 실행 시점을 프로그래머가 아닌 시스템에서 결정하는 함수이다. 프로그래밍에서 콜백(callback)은 다른 코드의 인수로서 넘겨주는 실행 가능한 코드를 말한다. 콜백을 넘겨받는 코드는 이 콜백을 필요에 따라 즉시 실행할 수도 있고, 아니면 나중에 실행할 수도 있다.

출력되는 값을 GUI로 전환하면 충분한 하나의 프로그램이 된다.

🔘 화면

```
클릭 위치 : 316 171
R:230  G:237  B:196
클릭 위치 : 204 170
R:221  G:231  B:196
      ...
```

✿ SOURCE

```python
import tkinter
from PIL import Image, ImageTk

root = tkinter.Tk()
cv = tkinter.Canvas(root, width=500, height=300)
def click(event):                       # 클릭 이벤트 (매개변수 : 이벤트 정보)
    print("클릭 위치 :", event.x, event.y)        # 이벤트 내 x, y 좌표
    r, g, b = img.getpixel((event.x, event.y))  # 해당 좌표 픽셀 정보
    print("R:%d  G:%d  B:%d"%(r,g,b))


cv.bind("<Button-1>", click)                    # <Button-1> 이벤트 바인딩
cv.pack()


img = Image.open('baby.jpg')
img_tk = ImageTk.PhotoImage(img)                # 이미지 형식 tkinter
cv.create_image(250,250, image=img_tk)          # 캔버스에 이미지 출력


root.mainloop()
```

10   Pillow 확장

Pillow는 수많은 기능을 가진 라이브러리이다. 우리가 보았던 ImageFilter와 같은 하위 라이브러리만 해도 20여 가지가 넘는다. 이미지로 편집하고 처리할 수 있는 거의 모든 것을 지원한다고 생각하면 된다. 이번 장에서 배운 것은 그중의 일부이다.

이미지 자체의 처리를 위해서라면 Pillow만으로도 충분히 모든 것을 할 수 있고, 다른 라이브러리와의 간단한 기능 혼합 역시 이것 하나로 충분하다. 만약 그래픽을 통한 데이터 처리나 얼굴 인식과 같은 기능을 이용한다면 OpenCV라는 이미지 프로세싱 라이브러리를 사용할 수 있다.

앞에서도 밝혔듯 하나의 자료를 통해 파이썬과 코딩의 모든 것을 배운다고 생각해서는 안 된다. 우리는 여기에서 하나씩 배워서 적용하고 다른 지식으로 전이시키는 습관을 기르는 것이 필요하다. 만약 파이썬의 한 분야를 계속적으로 파고들고자 한다면 인터넷의 자료와 친해져야 한다. 특히, 파이썬 공식 문서(https://docs.python.org/3/)나 스택오버플로우(https://stackoverflow.com/)처럼 수많은 사람들의 공유된 지식이 모인 곳을 잘 활용해야 한다. 따라해 보고 생각한 것을 적용하기만 하면 된다.

Practice

1. tkinter 메뉴를 이용하여 필터 기능을 각각 적용하는 메뉴를 만들어 보자.
2. tkinter 하위의 filedialog 모듈을 적용하여 이미지 불러오기 메뉴를 만들어 보자.
3. 기타 기능을 추가하여 나만의 프로그램을 만들어 보자.

## Chapter 15

유용한 라이브러리

라이브러리(library)는 도서관을 뜻하는 말로, 컴퓨터에서는 소프트웨어 개발에 쓰이는 하부 프로그램들의 모임이라고 부를 수 있다. 파이썬에 내장된 라이브러리도 있고 외부에 공개된 라이브러리도 있다. 이 장에서는 수많은 라이브러리 중 기초적인 통계에 유용한 NumPy, 데이터 분석에 유용한 BeautifulSoup, 차트를 만드는 데 유용한 Matplotlib 라이브러리를 배운다.

컴퓨팅 사고   홀로 해결하지 말라. 거인의 어깨에서 시작하고 문제를 해결하라.

 Python

NumPy, BeautifulSoup, Matplotlib의 활용

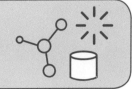

파이썬의 장점을 기억하는가? 파이썬의 가장 큰 장점은 오픈 소스(Open Source, Open Software) 기반의 언어라는 것이다. 오픈 소스로 인해 수많은 파이썬 사용자들의 지식이 모여 공유의 장을 이끌어 내었고, 그 결과로 엄청나게 많은 외부 라이브러리가 생성되었다. 내장된 표준 라이브러리로도 쉽게 프로그래밍하고 결과물을 만들 수 있지만, 무료로 제공되는 외부 라이브러리를 통해 수많은 분야의 융합 세상에 접근할 수 있다. 인공지능이 인간의 지능을 뛰어넘는 특이점의 시대에 컴퓨팅 파워는 대세이다. 이 컴퓨팅 파워를 제대로 활용하고 접근하기 쉬운 언어가 파이썬이고, 파이썬에서의 라이브러리 활용은 필수이다.

이 장에서는 데이터베이스, 인터넷, 데이터 분석, 빅데이터, 인공지능, 로보틱스 등 다양한 분야에 적용 가능한 파이썬 라이브러리를 가볍게 살펴본다. 첫술에 배부를 수는 없는 법이다. 다양한 라이브러리를 안내하기 위하여 기초적인 것을 배워 본다. 그 이후는 여러분의 몫이다.

나에게 맡겨 둬. 통계는 NumPy 라이브러리로, 데이터 분석은 BeautifulSoup 라이브러리로, 차트는 Matplotlib 라이브러리로 해결할 테니까.

- **NumPy** : 대수, 행렬, 통계 금융 등 수학 및 과학 계산을 위한 라이브러리
- **BeautifulSoup** : 웹 데이터 수집, 웹 크롤링, 웹 데이터를 추출하는 라이브러리
- **Matplotlib** : 데이터의 차트, 플롯 시각화를 지원하는 라이브러리

02 BeautifulSoup

BeautifulSoup은 인터넷 문서인 HTML이나 XML 같은 구조에서 명확한 데이터를 추출하고 처리하기 위해 사용되는 라이브러리이다. 인터넷 웹 페이지에는 접속하는 클라이언트 컴퓨터에게 항상 같게 정보를 제공하도록 명확하게 프로그래밍되어 있으므로 BeautifulSoup 라이브러리를 이용하여 접근하고 데이터를 추출할 수 있다. 간단하게 개념을 익혀 보고, 어떤 방식인지 알아 두기만 해도 인터넷 분석에 큰 도움이 될 것이다. 먼저 설치부터 해 보자. 명령 프롬프트에서 [pip install bs4]를 입력한다.

```
> pip install bs4
```

설치가 되지 않을 때에는 파일을 다운로드 후 설치하면 된다. pypi에서는 BeautifulSoup을 검색하면 다운로드할 수 있고, 책에서 활용한 것을 기준으로 4.4.7.0 버전이 최신이다.

먼저 웹을 이해하기 위해 클라이언트-서버에 대해 알아보자. 웹의 문서와 파일, 데이터를 서비스하기 위해 제공하는 컴퓨터를 서버라고 한다. HTML 문서나 Database 등도 서버에서 제공한다. 일반 데스크톱, 노트북, 스마트폰 등 서버에게 서비스를 요청하여(Request) 받는 컴퓨터가 클라이언트이다. 서버는 접속을 위해 url 주소를 가지고 있으며 210.110.35.12와 같은 ip 주소와 www.computing.or.kr과 같은 도메인 주소로 표현된다.

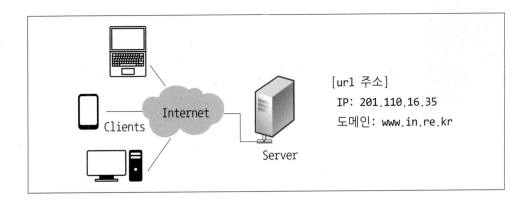

BeautifulSoup을 사용하기 위해서는 클라이언트−서버 시스템의 구조와 함께 urllib 과 request를 조금은 알아야 한다. 외장 함수를 학습할 때 우리는 표준 라이브러리인 urllib으로 웹 페이지를 읽어온 적이 있다. request는 urllib의 하위에 들어 있는 라이브러리인데, 이를 통해 우리가 웹 페이지에 요청을 보내면, 요청에 대한 응답을 받을 수 있다. 그리고 그것을 BeautifulSoup으로 분석한다. request는 urllib.request처럼 사용할 수 있다. 그럼 가장 간단하게 BeautifulSoup을 사용해 보자.

```
>>> from urllib.request import urlopen          # url을 여는 모듈
>>> from bs4 import BeautifulSoup               # BeautifulSoup
>>> a = urlopen("http://python.org")
>>> soup = BeautifulSoup(a.read(), "html.parser") # a를 호출해 html을 parser(구
                                                    문을 분석함)
>>> print(soup.h1)              # soup에서 <h1> 부분만을 출력함
<h1 class="site-headline">
<a href="/"><img alt="python™" class="python-logo" src="/static/img/python-
logo.png"/></a>
</h1>
```

위 소스에서 파이썬 사이트에서 정보를 모두 수집하여 필요한 부분만을 골라내어 출력하였다. 페이지는 urllib을 통해 담고 BeautifulSoup이 이를 분석하여 필요한 부분으로 나누어 주는 것이다.

HTML의 구문을 대충 알아 두면 도움이 된다. HTML의 구조는 다음과 같다.

```
<HTML>
    <HEAD> 웹 페이지 정보, 제목, 검색어 등 전반적 사항
        <BODY>
                웹 페이지에 표시되는 내용들, 이미지, 표 등등
        </BODY>
    </HEAD>
</HTML>
```

HTML에서 전체 페이지는 <html></html> 사이에 들어간다. <head></head>는 페이지 제목, 메타 정보와 같은 정보들이, <body></body>는 웹 페이지의 직접적인 내용들이 들어가고, 전부 <이름>과 </이름> 사이에 들어가도록 문법이 정해져 있다.

<div>는 레이아웃이다. 내용을 담는 프레임 공간이라고 생각하면 된다. div는 보통 css라고 하는 클래스를 적용하여 모양, 위치, 색 등을 만들고 div id를 이용하여 속성을 지정한다. <p>는 줄바꿈 기능을 한다. <h1>은 제목 스타일로 크고 굵은 글씨를 적용한다. 이런 HTML이나 CSS 적용은 하나의 패러다임이라 바뀔 수 있는 것이지만, 지금까지는 매우 효율적인 구조이기 때문에 이에 관한 구조를 알아 두어도 좋다.

```
<html>
    <head>
        <title>페이지 제목</title>
    </head>
    <body>
    <div>
        <p>가</p>
    </div>
    <div class="ABC_class">
        <p>나</p>
    </div>
    <div id="ABC_id">
        <p>다</p>
    </div>
        <h1>헤더</h1>
        <p>내용</p>
    </body>
</html>
```

위의 html을 웹 브라우저에서 보면 다음과 같이 보일 것이다.

태그 추출하기 find(name, attrs, recursive, string, **kwargs)

이제 여기에서 웹 페이지의 구조를 추출해 보자. 앞의 소스처럼 웹 사이트를 열어도 좋고, 이 파일을 open으로 열어도 좋다. 문서를 열어서 하나씩 기능을 익혀 볼 것이다. 앞의 소스를 메모장에 쓴 후 example.html로 저장하여 파이썬 폴더에 저장하였다. 웹 페이지를 가져올 때는 urlopen을 이용하여 객체에 저장하지만, 파일을 열어도 가능하다.

```
>>> with open("example.html") as f:          # example.html을 f로 열기
        soup = BeautifulSoup(f, "html.parser")  # f를 html.parser로 구문 분석
        a = soup.find("div")                    # find("div") div 부분 찾기
        print(a)

<div>
<p>가</p>
</div>
```

해당 태그 모두 찾기 - find_all(name, attrs, recursive, string, limit, **kwargs)

구문 분석기 html.parser는 이외에도 다른 것들이 있지만 내장되어 바로 쓰기 편한 분석기이다. find 명령은 해당 조건이 있는 태그를 가져온다. 만약 여러 개라면 처음 것만 가져온다. 전부 다 가져오려면 find_all을 이용한다.

```
>>> a = soup.find_all("div")
>>> print(a)
[<div>
<p>가</p>
</div>, <div class="ABC_class">
<p>나</p>
</div>, <div id="ABC_id">
<p>다</p>
</div>]
```

find_all을 이용하면 div 클래스 이름이 ABC_class인 것만 추출하는 것도 가능하다.

```
>>> a = soup.find_all("div","ABC_class")
>>> print(a)
[<div class="ABC_class">
<p>나</p>
</div>]
```

만약 div id를 가져오고 싶다면 첫 번째 인자인 태그는 div를 그대로 두고, 두 번째 옵션인 속성에서 {'id':'ABC_id'}처럼 지정하면 div 태그 중 id 속성이 ABC_id인 것만 추출한다.

```
>>> a = soup.find_all('div', {'id':'ABC_id'})
>>> print(a)
[<div id="ABC_id">
<p>다</p>
</div>]
```

해당 태그에서 텍스트 추출하기 .text

만약 위의 것들 중에서 텍스트인 '다'만 가져오고 싶다면 어떻게 하면 될까? .text를 이용하면 태그를 제외한 텍스트만 추출한다. find_all에서는 사용할 수 없고 find에서 사용한다.

```
>>> a = soup.find('div', {'id':'ABC_id'}).text
>>> print(a)

다
```

04 영화 순위 크롤링하기

　　HTML의 구조와 BeautifulSoup의 사용법을 알았으니 이제 웬만한 웹 정보를 추출할 수 있을 것이다. 바로 실전으로 넘어가 보자. 여러 텍스트가 있는 것 중에서 정보를 추출하기 위하여 웹 포털 사이트 영화의 주간 박스 오피스를 선택하였다.

　　[https://movie.naver.com/movie/sdb/rank/rmovie.nhn] 접속하여 마우스의 오른쪽 버튼을 눌러 [페이지 소스 보기] 또는 [소스 보기]를 선택한다.

여기서 정보를 추출해 보자. 각 순위와 영화 정보가 나와 있으므로 정보를 추출할 수 있다. 먼저 이 페이지의 제목을 추출해 보자.

```
>>> from urllib.request import urlopen          # url을 여는 모듈
>>> from bs4 import BeautifulSoup               # BeautifulSoup
>>> a = urlopen("https://movie.naver.com/movie/sdb/rank/rmovie.nhn")
>>> soup = BeautifulSoup(a.read(), "html.parser")
>>> print(soup.title)
<title>랭킹 : 네이버 영화</title>
```

이제 조금 익숙해졌을 것이다. soup.title은 soup에 html.parser로 분석되어 저장된 것 중 title 부분을 추출해 낸 것이다. 이 페이지의 제목 부분이 추출되었다.

<title></title>이 <head>와 </head> 사이에 있기 때문에 soup.head.title이라고 해도 같은 결과를 보인다.

랭킹에 있는 영화 순위를 출력하기 위해서 좀 전의 페이지 소스를 분석해 보자. Ctrl+F를 눌러 찾다 보니 중간에 영화 이름이 보이는 곳을 찾았다. 이 부근의 소스를 확인해 보자.

❀ SOURCE

```
<td class="title">
<div class="tit3">
<a href="/movie/bi/mi/basic.nhn?code=151153" title="영화 이름1">영화 이름1</a>
</div>
</td>
<!-- 평점순일 때 평점 추가하기  -->
<!--------------------------------------->

<td class="ac"><img src="https://ssl.pstatic.net/imgmovie/2007/img/common/
icon_na_1.gif" alt="na" width="7" height="10" class="arrow"></td>
<td class="range ac">0</td></tr>

<tr><td class="ac"><img src="https://ssl.pstatic.net/imgmovie/2007/img/
common/bullet_r_r02.gif" alt="02" width="14" height="13"></td>

<td class="title"><div class="tit3"><a href="/movie/bi/mi/basic.nhn?
code=166092" title="영화 이름2">영화 이름2</a></div></td>
<!-- 평점순일 때 평점 추가하기  -->
<!--------------------------------------->
```

HTML의 경우 들여쓰기가 중요하지 않기 때문에 들여쓰기를 없애고, 영화 이름을 제거한 소스이다. 이 부분에서 규칙을 잘 찾아보면 <td class="title"><div class="tit3">라는 부분이 반복되고 그 뒤에 <a href="링크 주소", title="영화 이름"> 뒤에 영화 이름이 나오는 것을 확인할 수 있다. 이 정도로 확인하면 이제 이름을 추출할 수 있다. 일단 div class가 "tit3"인 것을 find_all을 이용하여 해당하는 모든 것을 가져와 보자.

```
>>> from urllib.request import urlopen          # url을 여는 모듈
>>> from bs4 import BeautifulSoup               # BeautifulSoup
>>> a = urlopen("https://movie.naver.com/movie/sdb/rank/rmovie.nhn")
>>> soup = BeautifulSoup(a.read(), "html.parser")
>>> movie = soup.find_all('div', 'tit3')
>>> print(movie)
[<div class="tit3">
<a href="/movie/bi/mi/basic.nhn?code=151153" title="영화 제목1">영화 제목1</a>
</div>, <div class="tit3">
<a href="/movie/bi/mi/basic.nhn?code=166092" title="영화 제목2">영화 제목2</a>
</div>, <div class="tit3">
                ...
<div class="tit3">
<a href="/movie/bi/mi/basic.nhn?code=171452" title="영화 제목3">영화 제목3</a>
</div>]
```

find_all에서 클래스 종류가 div, 이름이 tit3인 것을 모두 추출하였다. 이제 영화 이름만 추출할 차례이다. 먼저 웹 페이지에 들어 있는 자료를 확인해 보자.

```
>>> movie[0]
<div class="tit3">
<a href="/movie/bi/mi/basic.nhn?code=151153" title="영화 제목1">영화 제목1</a>
</div>
```

이렇게 지정한 클래스가 하나씩 들어 있는 것을 확인할 수 있다. find 명령어를 통해 <a href=" ">영화 제목1</a>에서 텍스트만 추출해 보자.

```
>>> for a in movie:
        print(a.find('a').text)


영화 제목1
영화 제목2
영화 제목3
...
영화 제목N
```

이렇게 모든 영화를 추출해 낼 수 있다. 여기에 앞에 순위까지 붙여 주면 완벽하다.

```
>>> i = 1
>>> for a in movie:
        print("%d위 : %s"%(i, a.find('a').text))
        i = i+1

1위 : 영화 제목1
2위 : 영화 제목2
   ...
50위 : 영화 제목50
```

이제 이 흐름을 생각하며 Source로 확인해 보자.

✽ SOURCE

```
from urllib.request import urlopen
from bs4 import BeautifulSoup
a = urlopen("https://movie.naver.com/movie/sdb/rank/rmovie.nhn")

soup = BeautifulSoup(a.read(), "html.parser")
print(soup.title)

movie = soup.find_all('div', 'tit3')

i = 1
for a in movie:
    print("%d위 : %s"%(i, a.find('a').text))
    i = i+1
```

현재까지 배운 방법으로도 충분히 많은 웹 사이트에서 정보를 추출할 수 있다. 이를 잘 활용하면 빅데이터를 위한 자료를 광범위하게 수집할 수 있고, 매일매일 바뀌는 영화 순위 등을 수집하여 데이터로 저장하거나 최근 몇 년간의 기사를 검색하여 원하는 단어가 들어 있는 기사를 추려내어 데이터베이스화하는 작업들도 가능하다.

BeautifulSoup에는 이외에도 웹 자료를 사용하기 위한 여러 가지 명령어, 정규 표현식 같은 방법과 스킬이 존재한다. 또한 같은 종류의 라이브러리 중에서 큰 프로젝트를 개발할 때는 Scrapy를 많이 사용한다. 새로운 세상에 대비하여 웹 데이터 분석과 데이터 가공, 빅데이터에 관심이 있는 사람은 꼭 이 분야에 대해서 더 깊게 공부해 보자.

Practice

음악사이트 하나를 골라 실시간 인기순위를 추출하여 텍스트 파일로 저장해 보자.

05 NumPy 수치 해석

일반적으로 파이썬은 대용량의 데이터나 수학 연산을 하게 되면 실행 속도가 느려 진다. 하지만 NumPy 라이브러리는 C와 포트 란 등의 언어로 개발되어 파이썬과 연계되므 로 실행 속도가 빠른 편이다. C나 포트란으로 수학 연산을 구현하기 어려운 것은 NumPy를 이용하여 파이썬으로 구현하면 쉽게 구현할 수 있다.

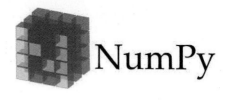

NumPy는 배열(행렬) 자료를 이용하여 수치해석을 쉽게 하는 라이브러리이다. 수학과 과학에서 주로 사용하는 연산식을 제공한다. 파이썬에서 정수와 문자, 리스트, 딕셔너리, 튜플, 셋 등의 자료를 사용하지만, NumPy에서는 기본적으로 array라는 자료를 만들고 이렇게 구조화된 형태를 바탕으로 입력, 저장, 연산, 색인, 정렬, 출력 등을 하는 기능을 제공한다. 난수를 생성하거나, 푸리에 변환 식을 수행하고, 다양한 행렬 연산과 간단한 통계 분석을 제공한다. 실제 응용 프로그램에서는 NumPy와 함께 Scipy, matplotlib, Pandas 등의 다른 Python 라이브러리를 사용하여 수치해석과 통계확률의 빅데이터 처리와 인공지능 알고리즘을 구현한다.

이제 NumPy를 설치해 보자. 명령 프롬프트에서 [pip install numpy]를 입력하면, pip가 이미 최신 버전일 때는 자동으로 다운로드 후 설치된다. 설치가 제대로 되지 않으면 pypi(https://pypi.org/) 사이트에서 NumPy 검색 후 다운로드하여 [python −m pip install 파일 경로 이름]을 통해 설치한다. NumPy의 경우 pypi 사이트가 아니더라도 이런 종류의 라이브러리를 개발한 scipy.org에서도 다운로드할 수 있다.

만약 설치가 제대로 실행되지 않는다면 이전처럼 pip 버전을 업그레이드해 준다.

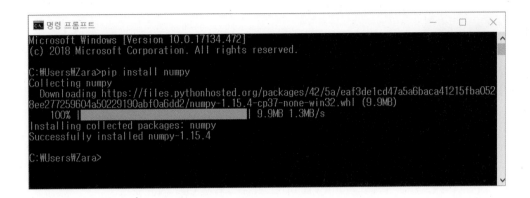

[python −m pip install −−upgrade pip]

NumPy는 연산이나 분석에 매우 유용하여 파이썬의 핵심
라이브러리 중 하나입니다. 다차원의 수치까지 다루고
계산 속도도 빨라 많이 사용합니다.

06 NumPy 시작하기

NumPy가 잘 설치되었는지 확인해 보면서 NumPy의 특징을 하나씩 알아보자. 파이썬 개발자들은 일반적으로 NumPy를 np란 이름으로 불러와 사용한다.

아래처럼 입력해 보자. 아마 우리가 랜덤 값에서 예상하는 결과와는 다르게 나올 것이다. 우리가 random에서 기대하는 것은 하나의 수일 것이다. 그러나 여기서는 수많은 수가 한꺼번에 나온다. 이는 바로 NumPy가 기본적으로 배열을 사용하기 위한 도구이기 때문이다. 배열은 우리가 수학에서 배운 행렬을 생각하면 편하다.

```
>>> import numpy as np
>>> np.random.rand(5, 2)              # 5*2 랜덤 값을 가진 배열
array([[ 0.16761291,  0.07650415],
       [ 0.14740938,  0.74776125],
       [ 0.05622651,  0.10989244],
       [ 0.09502396,  0.58957005],
       [ 0.7861445 ,  0.27601626]])
```

```
>>> e = np.random.rand(5,2)
>>> type(e)
<class 'numpy.ndarray'>
```

NumPy는 다차원 배열을 지원한다. 다차원 배열의 개념을 익혀 두자. 1차원 배열은 우리가 알고 있는 리스트의 개념을 생각하면 된다. 자료들이 일렬로 늘어서 있는 것이다. 2차원 배열은 우리가 알고 있는 행렬(matrix)의 개념이다. 행의 1차원 배열에 열을 추가해 2차원 배열을 만드는 것이다. 만약 3차원이라면 어떻게 할까? 3차원은 행렬

에 폭을 추가한 것이다. 이렇게 되면 데이터는 입체적인 구조를 가진다.

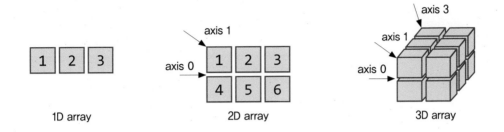

1D array　　　　　2D array　　　　　3D array

NumPy에서는 이러한 배열의 모양을 Shape라고 이야기하고, 데이터가 저장된 방향을 만들어진 순서대로 axis=0부터 지정하여 이용한다. 예를 들어, 2차원 배열이라면 1행 2행 등이 axis=0이, 1열 2열 등이 axis=1이 되는 것이다. 다음을 보자.

```
>>> import numpy as np
>>> np.arange(6)
array([0, 1, 2, 3, 4, 5])
>>> np.arange(12).reshape(4,3)
array([[ 0,  1,  2],
       [ 3,  4,  5],
       [ 6,  7,  8],
       [ 9, 10, 11]])
>>> np.arange(24).reshape(2,3,4)
array([[[ 0,  1,  2,  3],
        [ 4,  5,  6,  7],
        [ 8,  9, 10, 11]],

       [[12, 13, 14, 15],
        [16, 17, 18, 19],
        [20, 21, 22, 23]]])
```

NumPy에서 3차원 배열이 끝이 아니다. 그 이후의 배열도 가능하다. 그 이후의 배열부터는 시각적, 직관적으로 표시하기 어려운 벡터의 값이다. 즉, 우리는 하나의 이름에 두 가지, 세 가지 이상의 값을 가지는 자료를 처리하기 위하여 NumPy를 사용할 수 있다.

07 NumPy 배열 생성하기

이제 NumPy에서 기본적인 배열을 생성해 보자. 생성한 배열은 numpy.ndarray라는 이름으로 불리고, 하나의 객체로 생성된다. 먼저 우리가 알고 있는 리스트를 이용하여 배열을 생성해 보자.

```
>>> import numpy as np
>>> a = np.array([1, 2, 3])
>>> a
array([1, 2, 3])
```

앞에서 배웠던 1차원 배열이다. 그럼 2차원은 뛰어넘고 3차원 배열을 만들어 보자. 리스트에 저장한 것을 이용해 만들어 보자.

```
>>> import numpy as np
>>> a = [(1,2,3), ('a','b','c'), ("가","나","다")]
>>> b = np.array(a)
>>> b
array([['1', '2', '3'],
       ['a', 'b', 'c'],
       ['가', '나', '다']], dtype='<U11')
```

리스트 안에 3개의 튜플을 만들어 그대로 3차원 배열로 만들어 보았다. NumPy에서는 이런 식으로 배열이 저장되고 출력된다. 마지막에 있는 dtype='<U11'은 안에 들어

있는 원소의 데이터 타입이다. NumPy 배열의 특징은 모두 다 같은 데이터 타입을 가져야 한다는 것이다. 따라서 앞의 1, 2, 3도 문자열(유니코드)로 지정되어 저장되어 있는 것을 볼 수 있다.

그럼 데이터 타입도 함께 지정하여 저장해 보자.

```
>>> ar = np.array([(1,2,3), (4,5,6), (7,8,9)], dtype = float)
>>> ar
array([[1., 2., 3.],
       [4., 5., 6.],
       [7., 8., 9.]])
```

옵션으로 dtype을 지정하면 보다시피 일반 숫자에서 float(실수) 형태로 바뀌어서 저장된 것을 볼 수 있다. 이제 일일이 입력하지 않고 데이터의 조건을 지정하여 ndarray를 만들어 보자.

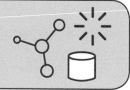

08 NumPy 초기화 배열 생성

　배열의 값을 일일이 지정하여 생성할 수 있으나 많은 값을 생성할 때에는 앞에서 사용했던 방법처럼 하지 않을 것이다. 원하는 구조를 생각하고 이를 그대로 배열로 생성하는 방법을 배워 보자. 많이 사용하는 것은 아래와 같다. 아래 s는 size(배열 형태)를 의미한다.

함수	설명	사용법
zeros((s), ..)	지정(s) 배열 생성 후 값을 모두 0으로 초기화	zeros((3,4))
ones((s), ..)	지정(s) 배열 생성 후 값을 모두 1로 초기화	ones((3,4))
full((s), n, ..)	지정(s) 배열 생성 후 값을 모두 n으로 초기화	full((3,4))
empty((s), ..)	지정(s) 배열 생성, 초기화 없음	empty((3,4))
eye(s, ..)	지정(s) 배열 생성 후 단위행렬(대각선이 1) 생성	eye(4)
like(a, ..)	지정한 배열(a)과 같은 배열 생성 후 초기화	zeros_like(a), ...

　여기에 쓰인 함수는 데이터 생성 후 초기화하는 함수들이다. 위의 것 중 full과 like를 실험해 보자. full은 배열을 생성한 후 지정한 숫자(n)로 모두 초기화한다. 옵션으로 타입도 지정해 본다. 다음의 예에서 (2,3)의 배열을 만들고 지정한 숫자 99로 모두 초기화를 한 것을 알 수 있다.

```
>>> a = np.full((2,3), 99, dtype=float)
>>> print(a)
[[99. 99. 99.]
 [99. 99. 99.]]
```

이제 이 배열을 like를 이용하여 만들어 본다. 같은 배열의 행렬을 만든다.

```
>>> b = np.ones_like(a)
>>> print(b)
[[1. 1. 1.]
 [1. 1. 1.]]
```

위에서 만든 a 행렬을 그대로 가져와 ones의 뒤에 _like가 붙은 함수를 이용하여 같은 (2,3) 배열을 만들었다. a를 그대로 승계했기 때문에 자료형 또한 float인 것을 알 수 있다.

Tip NumPy 자료형

- NumPy의 ndarray에서는 모두 같은 타입의 자료형이어야 한다.
- 우리가 알고 있는 type 이외에 int64(64비트 정수), float32(32비트 부동소수점), complex(복소수), bool(불린), object(객체), string_(고정 문자열), unicode_(고정 유니코드) 등도 지원한다.

Practice

axis가 3까지 있는 배열을 자유롭게 하나 만들고 모든 수를 0으로 초기화해 보자.

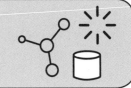

09 NumPy 조건 및 난수 배열 생성

배열을 생성할 때 모두 다 같은 수로 초기화하여 사용하는 것보다 각자 조건을 가진 다른 수로 배열을 생성하는 경우가 더 많다. 주어진 조건으로 데이터를 생성하는 함수를 알아보자.

함수	설명	사용법
arange(start, stop, step, ..)	데이터 기준으로 step 간격으로 데이터를 생성한 후 배열을 지정	arange(0, 1, 5)
linspace(start, stop, n, ..)	요소 기준으로 n개만큼 균일하게 배열 생성	linspace(0, 1, 5)
logspace(start, stop, n, ..)	로그 스케일로 n개만큼 균일하게 배열 생성	logspace(1, 10, 5)

이러한 함수를 이용하면 수를 다양한 범위로 만들 수 있다. 위의 arange와 linspace가 헷갈릴 수 있으니 다음처럼 실험해 보자.

```
>>> a = np.arange(0, 10, 5)
>>> b = np.linspace(0, 10, 5)
>>> print(a, b)
[0 5] [ 0.   2.5 5.   7.5 10. ]
```

보다시피 a는 5 기준만큼 뛰어서 세는 range와 비슷하고, linspace는 5개로 나누어 균등하게 분포하도록 만들었다.

그렇다면 이제 난수를 생성하는 방법을 알아보자. 통계 기반에서 난수 생성은 중요하게 여겨진다. 우리가 지금까지 배웠던 난수는 매우 무작위하게 난수를 추출했지만, 여기서는 조건을 주어 분포를 다르게 하는 난수를 생성할 수 있다. 무엇이 있는지 먼저 알아보자. numpy.random의 서브 패키지이다.

함수	설명
random.rand(s)	0부터 1까지 균등하게 무작위 추출하여 s 배열 생성 ex) random.rand(3, 4)
random.randint(start, end, (s), ..)	지정된 수 범위에서 정수를 균등하게 추출하여 s 배열 생성 ex) random.randint(1, 10, (3, 3))
random.randn(s)	정규분포로 수를 추출하여 s 배열 생성 ex) random.randn(5, 5)
random.normal(M, SD, (s), ..)	평균(M), 표준편차(SD)를 가지는 정규분포에서 추출하여 배열 생성 ex) random.normal(10, 1, (4, 4))

정규분포 추출은 지정된 수 사이에서 무작위 추출이 아니라 정규분포, 즉 평균 가까이에 데이터가 가장 가깝게 분포하도록 하는 것이다. 평균이 0이 아닌 정규분포로 배열을 만드는 random.normal을 실험해 보자.

```
>>> a = np.random.normal(15, 1, (2,4))
>>> print(a)
[[16.38487714 14.71925036 14.05298274 14.69856821]
 [14.7564685  15.85851754 16.9556349  16.18646164]]
```

수를 자세히 보면 15 근처에 수가 몰려 있는 것을 알 수 있다. 이것이 바로 정규분포에 맞게 수를 추출하는 것이다. 통계를 할 때 많이 사용된다.

이런 난수의 경우에는 항상 무작위로 추출하지만, 무작위의 범위를 달라지게 할 수 있다. 파이썬에서 이러한 경우를 주로 seed라고 부른다. 만약 무작위로 추출하지만, 언제 생성하든 똑같은 난수를 발생시키고 싶다면 이 seed를 설정하면 된다. seed를 설정한 후 두 번의 난수 생성을 살펴보자.

```
>>> np.random.seed(1000)
>>> np.random.rand(2,2)
array([[0.65358959, 0.11500694],
       [0.95028286, 0.4821914 ]])
>>> np.random.seed(1000)
>>> np.random.rand(2,2)
array([[0.65358959, 0.11500694],
       [0.95028286, 0.4821914 ]])
```

컴퓨터 입장에서 난수는 매우 쉽지 않은 숙제이다. 계속 달라지는 일정한 규칙에 의해서 난수 생성이 달라지는데, 이 달라지는 규칙을 일정하게 고정시켜 주는 역할을 하는 것이 seed이다. 이러한 난수 추출에서는 위의 경우 말고도 F분포에서 값을 추출하는 random.f(분자자유도, 분모자유도, 개수), 카이제곱분포에서 값을 추출하는 random.chisquare(자유도, 개수), t분포에서 값을 얻는 random.standart_t(자유도, 개수) 등이 있다. 또한 값을 무작위로 섞는 random.shuffle(a), 값을 무작위로 추출하는 random.choice(range(a), 개수) 등이 있다.

지금 당장은 이러한 다양한 무작위 추출, 분포 추출에 대한 사용에 대해 쓸 일이 많이 없겠지만, NumPy는 프로그래밍 그 자체보다 과학, 금융, 수학, 인공지능 분야를 사용하기 위한 기초이다. 따라서 컴퓨터를 활용한 자신의 분야의 전문가가 되길 원한다면 이 부분은 꼭 학습하고 넘어가길 권장한다.

Practice

2 이상 5 미만의 값을 가지는 무작위 수를 3차원 배열로 출력해 보자.

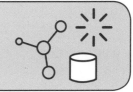

10 NumPy 배열 연산하기

NumPy 배열의 연산은 직관적으로 이루어진다. 고등학교 때 배우는 행렬의 연산보다 더 쉽다. 무엇이 있는지 먼저 알아보자.

함수	설명	함수	설명
a+b / add(a,b)	a, b를 더한다.	sqrt(a)	a의 제곱근을 구한다.
a-b / substract(a,b)	a에서 b를 감한다.	sin(a)	sin(a)를 구한다.(cos, tan)
a/b / divide(a,b)	a를 b로 나눈다.	log(a)	log(a)를 구한다.
a*b / multiply(a,b)	a를 b로 곱한다.	dot(a,b)	벡터의 내적을 구한다.
exp(b)	b의 지수를 구한다.	a==b	a와 b를 비교한다(<, > 등)

이것이 실제로 어떻게 이루어지는지 알아보자. 1~9까지 있는 3차원 배열을 두 개 설정하고 이를 연산해 보자. 곱하기를 확인해 보자. reshape도 확인해 보자.

```
>>> a = np.linspace(1,9,9,dtype=int)
>>> a = a.reshape(3,3)
>>> b = np.arange(1,10).reshape(3,3)
>>> print(a)
[[1 2 3]
 [4 5 6]                    a = ⎛ 1 2 3 ⎞
 [7 8 9]]                       ⎜ 4 5 6 ⎟
                                ⎝ 7 8 9 ⎠
>>> print(b)
[[1, 2, 3],
 [4, 5, 6],                 b = ⎛ 1 2 3 ⎞
 [7, 8, 9]]                     ⎜ 4 5 6 ⎟
                                ⎝ 7 8 9 ⎠
```

```
>>> print(a*b)
[[ 1,  4,  9],
 [16, 25, 36],
 [49, 64, 81]]
```

$$a \times b = \begin{pmatrix} 1\ 2\ 3 \\ 4\ 5\ 6 \\ 7\ 8\ 9 \end{pmatrix} \times \begin{pmatrix} 1\ 2\ 3 \\ 4\ 5\ 6 \\ 7\ 8\ 9 \end{pmatrix} = \begin{pmatrix} 1 & 4 & 9 \\ 16 & 25 & 36 \\ 49 & 64 & 81 \end{pmatrix}$$

같은 자리에 있는 수끼리 연산이 되어 나오게 된다. bool 타입도 확인해 보자.

```
>>> a >= b
array([[ True,  True,  True],
       [ True,  True,  True],
       [ True,  True,  True]])
```

모두 같은 수이기 때문에 각 요소들에 대하여 True가 나왔다. 보다시피 shape 그대로 각 값을 계산하여 돌려주기 때문에 직관적으로 어떤 식으로 연산이 되는지 알 수있다. 또한 한 배열을 각 행별로, 열별로, 즉 axis별로 연산이 가능하다. sum(), max(), mean(), corrcoef() 상관계수, std() 표준편차 등 다양한 요소별 접근을 제공한다.

```
>>> np.mean(a)
5.0
>>> np.mean(a, axis=1)
array([2., 5., 8.])
```

이외에도 다른 shape끼리 연산하는 브로드캐스팅 기능이나 벡터 연산을 지원하기도 한다. 거의 모든 종류의 연산을 할 수 있다.

11 NumPy 배열 슬라이싱, 인덱싱

마지막으로 리스트처럼 배열에서 값을 추출하기 위해 슬라이싱과 인덱싱을 해 보자. 하나를 추출하고 이를 변경해 볼 것이다. 리스트의 자료형과 비슷하다.

```
>>> a = np.ones((4,4), dtype=int)
>>> a[2,3] = 9
>>> print(a)
[[1 1 1 1]
 [1 1 1 1]
 [1 1 1 9]
 [1 1 1 1]]
```

axis=0이 행, axis=1이 열이기 때문에 2번 행(세 번째 행)과 3번 열(네 번째 열)을 지칭하고 변경하였다는 것을 알 수 있다. ()가 아니라 []를 쓴다. 슬라이싱도 마찬가지이다. 실행해 보자.

```
>>> a[1:3, 1:3] = 5
>>> print(a)
[[1 1 1 1]
 [1 5 5 1]
 [1 5 5 9]
 [1 1 1 1]]
```

이외에도 불린(boolean)형을 이용하여 각 값을 추출하는 방식이나 배열을 만들어 추출하는 팬시 배열 등 다양한 슬라이싱 방법이 존재한다. 여러분이 머릿속으로 상상할 수 있는 배열 추출, 변환, 생성 등의 방법을 매우 다양한 방법으로 한 번에 할 수 있도록 지원하고 있다. 게다가 NumPy는 배열을 파일로 저장하고 관리하는 것도 자체 모듈로 가능하다.

NumPy는 한 장에 나누어 담기에는 너무나도 방대하고 그 기능이 대단하고 중요한 라이브러리이다. 파이썬뿐만 아니라 데이터 분석만을 전문적으로 가르쳐 주는 책이 정말 많은데, 책의 초기 부분은 항상 NumPy를 다룬다. 자신의 전공 분야라면 NumPy와 관련된 함수를 연결하여 꼭 학습하기를 추천한다.

파이썬 NumPy에 관한 내용은 이 정도로 정리한다. 이외에도 배열을 다루는 종류가 몇 가지가 더 있고, 그 안에서도 다양한 함수와 다양한 기능을 제공하고 있다. NumPy의 세부 내용은 홈페이지(http://www.numpy.org/)를 참고한다.

> https://docs.scipy.org/나 GitHub의 http://cs231n.github.io/python−numpy−tutorial/에서는 NumPy의 기초부터 다양한 예제를 제공하고 있어요.

Practice

1~50까지의 수가 균등하게 분포하는 4차원 배열을 만들고 인덱싱과 슬라이싱을 이용하여 10 이상 30 미만의 수를 일정한 문자로 바꾸어 보자.

12 Matplotlib란?

데이터를 분석하여 그래프 등의 시각적 표현을 하는 부분에 있어 가장 많은 사람들이 사용하는 라이브러리가 Matplotlib이다. 앞서 배운 NumPy나 Pandas 같은 데이터프레임을 시각화할 때도 보통 Matplotlib을 이용한다. 이번에는 Matplotlib에 대하여 어떤 기능이 있는지 간단히 알아보자. 먼저 pip를 이용해 설치하자.

```
> pip3 install matplotlib
```

이제 Matplotlib을 import하고 사용할 준비를 해 보자. pyplot이라는 하위 라이브러리를 사용한다.

```
>>> import matplotlib.pyplot as plt
>>> MyGrowHeight = [130, 140, 150, 165, 175, 176]
>>> plt.plot(MyGrowHeight)
[<matplotlib.lines.Line2D object at 0x00DCA8D0>]
>>> plt.show()
```

plot() 함수가 이 숫자들을 그래프로 만들고, plt.show()를 통해 그래프 창을 열어 보여 준다. 그래프 뷰어에서는 확대나 축소가 가능하고, 이미지로 저장도 가능하다. 숫자를 바꿔 보면서 그래프를 여러 번 만들어 보는 것도 좋다.

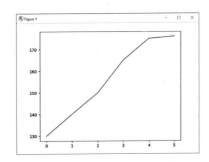

13 Matplotlib 제목과 레이블 설정하기

앞의 그래프에서는 아무 정보도 그래프에 표시되지 않았던 것을 볼 수 있다. 이번에는 그래프의 기본인 범례라고 하는 x 축과 y 축의 레이블, 제목까지 표시하자.

```python
import matplotlib.pyplot as plt
sqr = [10**2, 11**2, 12**2, 13**2]
plt.plot(sqr, linewidth=10)

plt.title("10 to 13 Square Numbers")
plt.xlabel("Order")
plt.ylabel("Squares Numbers", fontsize=15)

plt.show()
```

plt.plot에서 그래프를 만들 때, 선 굵기를 지정할 수 있다. plt.title은 제목을 정할 수 있고. plt.xlabel은 x 축의 레이블, plt.ylabel은 y 축의 레이블이며 스타일을 지정할 수 있다. x 축과 y 축에 있는 눈금 숫자의 크기가 너무 작다면 [plt.tick_parms(axis='both', labelsize=14)] 처럼 입력하면 숫자의 크기도 바

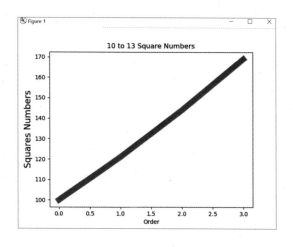

꿀 수 있다. axis='both'는 x 축과 y 축 둘 다 바꾼다는 의미이다.

이번에는 범례를 추가해 보자. 범례는 두 개 이상의 값이 있을 때 어떤 선이 무엇을 의미하는지 보여 주는 표이다. 범례는 legend를 이용한다.

```python
import matplotlib.pyplot as plt
sqr = [10**2, 11**2, 12**2, 13**2]
MyLoveNumber = [90, 105, 130, 180]

plt.plot(sqr, linewidth=10)
plt.plot(MyLoveNumber, linewidth=5)

plt.title("10 to 13 Square Numbers")
plt.xlabel("Order")
plt.ylabel("Squares Numbers", fontsize=15)
plt.legend(["SQR N", "LoveNumber"])
plt.show()
```

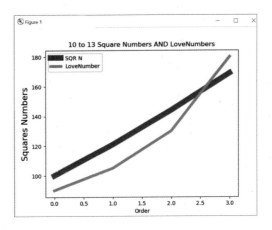

이제 선 그래프는 매우 쉽게 그릴 수 있을 것이다. 다른 그래프로 넘어가 보자.

─────

Tip 맷플롯 사이트

http://matpotlib.org/에는 맷플롯으로 만들 수 있는 여러 샘플과 코드가 있다. 활용해 보자.

14   Matplotlib 분포도, 막대그래프 만들기

분포표란 선이 아닌 점으로 그래프를 표시하는 방법을 말한다. 점으로 그래프를 표시하기 위해서는 (x, y) 형태의 자료들이 필요하다. 특이한 점은 자료들을 만들어 두면 반복을 이용하지 않더라도 matplotlib에서 알아서 자료를 읽어서 출력한다는 점이다. 아래와 같이 실행해 보자.

```python
import matplotlib.pyplot as plt

numX = [1,2,3,4,5,6,7,8,9,10]
numY = range(10,0,-1)

plt.scatter(numX, numY, s=50, c="green")
plt.title("scatter makes scatter graph")
plt.xlabel("X Label")
plt.ylabel("Y Label")
plt.show()
```

앞에서 선 그래프를 plot으로 그렸던 것처럼 여기서는 scatter를 이용하여 그릴 수 있다. numX와 numY에서 순서대로 하나씩 값을 추출하여 점을 찍는다. 두 개의 리스트의 크기는 같아야 한다. 추가로 s는 크기, c는 컬러를 의미하므로 자유롭게 사용하면 된다.

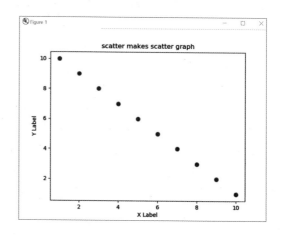

이제 막대그래프를 만들어 보자. 막대그래프는 plt.bar를 이용한다.

```python
import matplotlib.pyplot as plt

y = [100, 120, 130, 140, 80, 150]
x = range(len(y))
plt.bar(x, y, width=0.5, color="red")
plt.show()
```

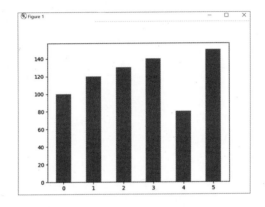

plt.bar는 막대그래프를 불러온다. x는 x 축에 들어갈 값, y는 y 축에 들어갈 값을 불러온다. width는 막대의 크기이다. 1로 설정하면 막대끼리 딱 붙게 되는 크기가 된다. 만약 bar가 아니라 barh를 사용하면 수직 그래프가 아닌 수평 그래프를 그리게 된다.

Practice

1. 친구들의 키를 조사해 이를 막대그래프로 나타내 보자. x 축은 이름, y 축은 크기로 한다.
2. 3개의 리스트로 막대그래프를 그리고 각각 색을 다르게 나타내 보자.

Tip 자동으로 그래프 저장

자동으로 그래프를 저장하고자 할 때는 plt.savefig("파일이름.png")을 사용한다.

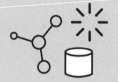

15 Matplotlib 누적 막대그래프, 원그래프

누적 막대그래프는 막대그래프 bar에서 매개변수 bottom을 사용하여 이전 값을 더해 주는 형태로 만들어진다. 아래를 보고 만들어 보자.

```python
import matplotlib.pyplot as plt
import numpy as np

x = [1,2,3,4]
a = np.array([10, 15, 20, 25])
b = np.array([50, 55, 60, 65])
c = np.array([100, 105, 110, 115])

plt.bar(x, a, color='pink')
plt.bar(x, b, color='green', bottom=a)
plt.bar(x, c, color='r', bottom=a+b)

plt.show()
```

bottom 매개변수를 통해 첫 번째 plt. bar에서 핑크색 부분의 그래프를 그려 주고, 아래에 a를 둔 다음 그 위에 초록색 그래프를 쌓고, 그 위에 다시 빨간색 부분을 쌓는 구조이다. 여기서 NumPy의 array를 사용하는 이유는 bottom 부

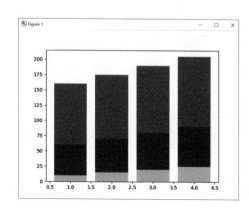

분에서 배열 간의 연산 a+b를 하기 때문이다.

이제 원그래프를 만들어 보자. pie 그래프라고도 불린다. 매우 쉽게 생성할 수 있다.

```
import matplotlib.pyplot as plt

ratio = [25,25,25,25]
plt.pie(ratio)
plt.show()
```

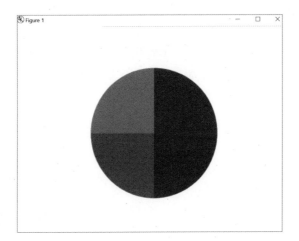

Practice

NumPy를 이용하여 3개의 배열로 랜덤 숫자를 생성하고 이를 누적 막대그래프로 그려 보자.

16   NumPy와 Matplotlib

    NumPy에서 어려운 점 하나는 자료를 시각적으로 확인하기 어렵다는 것이다. 정규분포를 생성한 것을 기억한다면 이것이 어떻게 이루어지는지 머릿속으로 확인하기는 어려울 것이다. 이런 경우에 Matplot을 사용하면 도움이 된다. 정규분포와 같은 그래프는 주로 히스토그램을 사용한다. 이를 사용해 한 번 NumPy의 수를 시각화해 보자. NumPy의 random.randn(기댓값: 0, 표준편차: 1 랜덤 생성)을 이용하여 먼저 랜덤 수를 성성하고, 그중 30개를 골라 그래프로 만들어 본다.

```python
import numpy as np
import matplotlib.pyplot as plt

a = np.random.randn(100)
plt.hist(a, bins=30)            # 100개 중에서 30개만 사용
plt.show()
```

    plt.hist는 히스토그램 그래프이다. 막대그래프와 같지만 히스토그램 그래프는 값들 사이에 빈틈이 없는 그래프이다. 여기서 bins 매개변수로 30을 지정하여 30개를 무작위로 뽑았음에도 평균이 0에 수렴하는 정규분포를 보이고 있음을 알 수 있다. 모집단 자체가 정규분포이

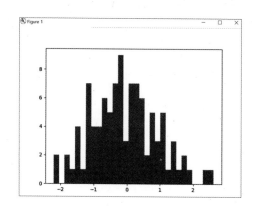

기 때문이다.

다른 정규분포 또한 실험해 보자. 이번엔 평균이 10, 표준편차가 3인 수를 생성하여 무작위로 뽑아 보자.

```python
import numpy as np
import matplotlib.pyplot as plt


a = np.random.normal(10, 3, 500)
plt.hist(a, bins=30, color="pink")
plt.show()
```

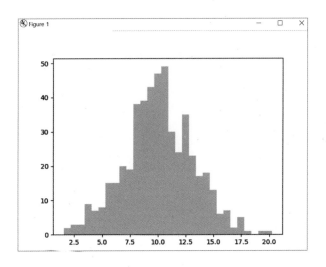

범례를 보면 평균이 10 근처이고 숫자가 가운데로 많이 몰려 있는 것을 알 수 있다. NumPy로 생산된 500개의 수가 이런 방식으로 분포되어 있는 것이다. 만약 표본 수를 늘렸다면 더 아름다운 곡선이 만들어졌을 것이다.

마지막으로 곡선 그래프에 색을 지정해 보자. fill_between(x 축, from, end, color, …)을 이용하면 그래프 안을 채울 수 있다.

```
import numpy as np
import matplotlib.pyplot as plt

X = np.linspace(1,100,10)
Y = np.sin(2*X)

plt.plot(X, Y+1, color='pink', linewidth=1)
plt.fill_between(X, 1, Y+1, color='pink')

plt.show()
```

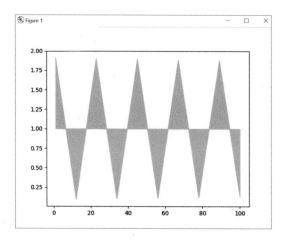

plt.fill_between을 이용하여 1부터 Y+1까지 'pink' 컬러로 채울 수 있다.

Tip 평균 상자 그림

평균을 나타내는 상자 그림은 plt.boxplot(a)을 이용한다.

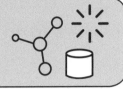

17 수많은 파이썬의 라이브러리

　C언어 같은 경우에는 파이썬과 같은 라이브러리가 존재하지 않는다. 물론 패러다임을 바꾼 C++ 같은 언어에서는 다양하게 존재하지만, 기본적으로 라이브러리가 없어도 프로그래밍이 가능하다.

　그러나 우리가 지금까지 배웠던 기능을 파이썬 기본 명령어를 가지고 구현한다고 생각해 보라. 이는 엄청나게 어려운 일이며 시간을 많이 소비하는 일이다. 파이썬 라이브러리는 이러한 면에서 엄청나게 큰 강점이다. 파이썬이 현재 가장 인기 있는 언어인 것도 이러한 점 때문이다. 프로그래밍 언어 자체가 오픈 소스이기 때문에 누구나 들여다볼 수 있는 구조이고, 다양한 라이브러리를 사용자끼리 만들어 공유하기 때문에 쉽게 프로그래밍이 가능해진 것이다.

　유용한 라이브러리를 잘 사용하면 가장 높은 곳에 우뚝 설 수 있다. 라이브러리는 프로그래밍 문법처럼 외우는 것이 아니다. 파이썬을 가장 잘하는 사람은 인터넷 검색을 가장 잘하는 사람이라는 말이 있다. 라이브러리를 자유자재로 사용한다는 것은 수많은 정보 속에서 찾은 라이브러리를 제대로 적용한다는 것을 말한다. 파이썬의 꼭 필요한 기능과 문법을 외우고, 다른 분야는 인터넷을 찾으면서 사용하는 것이 정석이다. 객체지향 프로그래밍을 사용하는 모든 프로그래머가 이 방식으로 작업을 한다.

　지금까지 라이브러리를 연속으로 다루어 본 것도 이 라이브러리를 완벽하게 익히기 위해서가 아니라 새로운 라이브러리를 맞닥뜨렸을 때 적용하는 스킬을 배우기 위해서이다. 이제 앞으로 여러분 앞에 펼쳐진 세상에서 편리하게 헤쳐 나갈 수 있는 수많은 도구들을 인터넷에서 찾아 자유자재로 다루어 보자. 변화하는 세상에서 어떤 것보다 가장 강력한 무기가 될 것이다.

파이써니스타가 된 여러분을 열렬히 응원한다.

찾아보기